Carsten Albers · Johannes Magenheim
Dorothee M. Meister (Hrsg.)

Schule in der digitalen Welt

Medienbildung und Gesellschaft
Band 8

Herausgegeben von

Winfried Marotzki
Norbert Meder
Dorothee M. Meister
Uwe Sander
Johannes Fromme

Carsten Albers
Johannes Magenheim
Dorothee M. Meister (Hrsg.)

Schule in der digitalen Welt

Medienpädagogische Ansätze
und Schulforschungsperspektiven

VS VERLAG

Bibliografische Information der Deutschen Nationalbibliothek
Die Deutsche Nationalbibliothek verzeichnet diese Publikation in der
Deutschen Nationalbibliografie; detaillierte bibliografische Daten sind im Internet über
<http://dnb.d-nb.de> abrufbar.

1. Auflage 2011

Alle Rechte vorbehalten
© VS Verlag für Sozialwissenschaften | Springer Fachmedien Wiesbaden GmbH 2011

Lektorat: Stefanie Laux

VS Verlag für Sozialwissenschaften ist eine Marke von Springer Fachmedien.
Springer Fachmedien ist Teil der Fachverlagsgruppe Springer Science+Business Media.
www.vs-verlag.de

Umschlaggestaltung: KünkelLopka Medienentwicklung, Heidelberg
Gedruckt auf säurefreiem und chlorfrei gebleichtem Papier
Printed in Germany

ISBN 978-3-531-16687-2

Inhalt

Der Einsatz digitaler Medien als Herausforderung von Schule - eine Annäherung

Carsten Albers, Johannes Magenheim und Dorothee M. Meister

1 Medien in der Schule: Entwicklungen

Auf der Schule, genauer gesagt ihrem Zukunfts- und Wandlungspotential, lastet seit geraumer Zeit ein vor allem außerschulischer Erwartungsdruck. Von verschiedenen Seiten wird die Forderung laut, Schule müsse stärker gesellschaftliche, wirtschaftliche und politische Erfordernisse berücksichtigen, solle sich stärker an Kompetenzen und lernpsychologischen Aspekten orientieren und könne in diesem Zusammenhang Informations- und Kommunikationstechnologien (IKT) noch stärker einbinden. Hinter diesen Forderungen steckt einerseits die Bestrebung, Schülerinnen und Schüler nahtlos anschlussfähig an den deutschen Arbeitsmarkt zu machen und andererseits internationalen Entwicklungen standhalten zu können. Erreicht werden soll dies auch durch den Einsatz digitaler Medien und die Auseinandersetzung mit neuen technologischen Entwicklungen, wie etwa dem Web 2.0.

Der Medieneinsatz weist in der Schule bekanntermaßen eine lange Tradition auf. Mit dem Aufkommen neuer – technisch basierter – Lernmöglichkeiten in Kombination mit vielfältigsten Reformen im Bildungsbereich wurde seit Ende der 60er/70er Jahre des vorigen Jahrhunderts die Technisierung der Lehr- und Lernvollzüge forciert. Verbunden waren damit anfangs Hoffnungen auf ein objektivierbares Lernverfahren mittels eines programmierten Unterrichts. Es ging darum, bestimmte personengebundene Leistungen an ein Lehrprogramm zu übertragen. Lernende sollten zu dauernden Aktivitäten innerhalb eines kontrollierten Programms angehalten werden. Das Ziel war ein Lernprozess, der auf das individuelle Lerntempo und den Lernrhythmus der Lernenden abgestimmt ist (vgl. Hagemann 2001: 34). Zu den Medien, die für ein programmiertes Lernen genutzt wurden, gehörten neben den Sprachlaboren der ‚programmierte Unterricht‘, die sich beide am ‚instruktiven‘ oder auch ‚behavioristischen‘ Paradigma orientierten. Diese Lernformen fanden allerdings nicht jene Akzeptanz, die von der Bildungstechnologie prognostiziert worden war, auch dann nicht, als der Computerunterstützte Unterricht (CUU) in den 80er Jahren ein individualisiertes

Lernen ermöglicht hätte. Zurückführen lässt sich dies neben dem unkomfortablen Handhaben der Geräte und der Programme auch auf eine schwierige „Vereinbarkeit mit dem traditionellen Klassenunterricht, in dem das Aufbrechen homogener Lerngruppen durch individuelle Lernformen von den Lehrkräften eher als Störung denn als Erleichterung empfunden wurde" (Issing / Strzebkowski 1995: 290).

Seit den 90er Jahren hat sich die Situation grundlegend verändert, da die Computerausstattung in den privaten Haushalten stark gestiegen ist und sich heute bis zur Vollversorgung bei Familien mit Kindern entwickelte, einschließlich der Internetzugänge (vgl. mpfs 2010). Hinzu kommt, dass sich die Schulen der Technisierung öffnen und die Computerausstattung der Schulen dementsprechend immer besser wird, auch wenn die Relation Schüler pro Computer verbesserungswürdig bleibt (BMBF 2006).

Die vielfältigen technischen Möglichkeiten des Computereinsatzes haben auch die Diskussion um die schulischen Einsatzmöglichkeiten seit Anfang des Jahrtausends beflügelt. Seither stehen die Lernprozesse selbst sowie die Planung und Auswertung von Lernprozessen noch mehr im Fokus. Auch die Zusammenarbeit der Lehrenden untereinander und bestehende und neue Formen von Fortbildung und Beratung sind hinzugekommen. Wichtig werden aber auch die Medienkompetenzen, die entwickelt bzw. gefördert werden können. Es geht beim Medieneinsatz nicht mehr nur um eine Steigerung der Anschaulichkeit im Kontext des bisherigen Unterrichtskonzepts beziehungsweise darum, welche Unterrichtsthemen mit welchen Technologien didaktisch sinnvoll unterstützt werden können. Vielmehr stellt sich die Frage, ob die neuen Medien nicht auch eine andere Art des Unterrichtens erfordern und die Rolle der Lehrperson verändern (vgl. Meister 2004).

Die zweite Erhebung der Second Information Technology in Education Study (SITES M2) zum Einsatz von Informations- und Kommunikationstechnologien (IKT) an Schulen in den OECD-Ländern hat in ihrer qualitativen Studie, basierend auf 174 Fallstudien aus 28 Ländern, anhand von ‚Best Practice'-Beispielen genau diese Veränderung der Lehrer-Schüler-Beziehungen beim Einsatz von IKT untersucht und festgestellt, dass sich bei fast 90 Prozent der beteiligten Lehrer das Rollenverhalten geändert hat hin zu einer stärker beratend und anleitenden Tätigkeit. Auffällig bei den Ergebnissen war auch das stärker strukturierende Lehrerhandeln (80%), das durch den Einsatz von IKT offenbar gefördert wird sowie ein den Lernfortschritt stärker überwachendes Verhalten (76%). Die Ergebnisse zeigen durch die Unterstützung von IKT auch einen Zugewinn an Aktivitäten, Schülerinnen und Schüler arbeiten zudem stärker projektförmig zusammen, sie arbeiten mehr selbstgesteuert und lernen zusammen mit anderen, recherchieren und erwerben auch stärker selbstständig Informationen (vgl. Schulz-Zander 2001). Basierend auf den empirischen Ergebnissen konnte für die innovative Praxis mit IKT ein Modell für das Lehren und Lernen mit neuen Medien entwickelt werden, das insgesamt dem didaktischen Prinzip des eigenaktiv-konstruierenden und kooperativen Lernen folgt und die Betonung auf eine stärkere Eigenaktivität und die Kommunikation und Kooperation der Lernenden, auf eine selbstständige Informationsgewinnung und auf eine beratende, den Lernfortschritt überwachende Lehrperson legt. Ausgehend von diesem didaktischen Prinzip ermittelte Schulz-Zander (2001) im Unterrichtsgeschehen vier verschiedene didaktische Konzepte:

Individualisiertes Lernen: Es umfasst im Wesentlichen die traditionellen Lernprogramme, angefangen bei Trainings- und Übungsprogrammen bis hin zu Simulationsprogrammen oder Planspielen. Mit diesen Lernformen kann ein individualisiertes Lernen gefördert bzw. ein selbstgesteuertes Lernen unterstützt werden, wenngleich die Art der Wissensvermittlung und auch die Inhalte in hohem Maße vorstrukturiert sind.

Produktorientiertes Lernen: Die Nutzung digitaler Medien bietet eine Vielzahl an Möglichkeiten produktorientiert zu arbeiten, angefangen bei der Bearbeitung von Fotos oder Filmen bis hin zur Präsentation und Veröffentlichung von Arbeitsergebnissen. Im Rahmen von selbst hergestellten Produkten kann gleichzeitig die Schreibkompetenz verbessert und die Motivation der Schülerinnen und Schüler erhöht werden.

Forschendes Lernen: Dabei ist der Lernweg weniger vorstrukturiert als bei Lernprogrammen in klassischer Form, beinhaltet jedoch verschiedene gemeinsame, kollaborative Lernphasen, in denen Aktivitäten wie das Sammeln und Klassifizieren von Informationen oder das Formulieren von Hypothesen, das Planen und durchführen von Experimenten sowie das Interpretieren von Ergebnissen stattfinden.

Kollaboratives Lernen: Das Lernen mit digitalen Medien bzw. mit dem Internet dient in diesem Kontext dazu, gemeinsam mit anderen zu arbeiten, Kontakte herzustellen, eine gemeinsame Wissensbasis oder geteiltes Wissen zu erzeugen. Kooperationen sollten nicht nur klassenintern stattfinden, sondern auch klassenübergreifend oder mit schulischen und außerschulischen Partnern. Insofern bietet sich diese Lernform im besonderen Maße auch für das interkulturelle Lernen bspw. im Sprachunterricht an, wenn etwa zwei Klassen aus verschiedenen Ländern gemeinsam an einem Thema arbeiten. In diesem Zusammenhang sei auf die Rolle sozialer Netzwerke im Leben Jugendlicher verwiesen; Schule kann sich diese Möglichkeiten des Austausches und der Kommunikation zueigen machen, indem sie sie gezielt für Lehr- und Lernprozesse einsetzt.

Zusammenfassend kann konstatiert werden, dass es an Schulen schon einen viel-fältigen Einsatz von digitalen Informations- und Kommunikationstechnologien gibt, der aber in verschiedensten Bereichen noch deutlich verbesserungswürdig ist, womit sowohl die Informatik als auch die Mediendidaktik und Medienkom-petenzentwicklung herausgefordert sind.

2   Aktuelle Herausforderungen der Schule

Die neuen Technologien scheinen in vielerlei Hinsicht neue Dimensionen zu er-öffnen. Informations- und Kommunikationstechnologien (IKT) sollen, so die Hoffnung, sowohl im Curriculum präsent sein, Vermittlungsformen optimieren und als innovative Werkzeuge die Schülerinnen und Schüler in zukunftsträchtige Lern-, Arbeits-, Kommunikations- und Kooperationsformen einführen. Die Ein-bindung von digitalen Medien stellt Schulen aber auch vor große Herausforde-rungen.

Dazu gehört eine angemessene technische Ausstattung ebenso wie deren ständige Wartung und Erneuerung. Verschiedenste organisatorische, personelle und technische Schwierigkeiten stehen hier einer reibungslosen Integration von neuen Medien in den Schulalltag entgegen. Gewichtiger als ein möglicher Man-gel an Medienkompetenz auf Seiten der Schülerinnen und Schüler erscheint aber die (bislang nur teilweise vorhandene) mediendidaktische Kompetenz einer Mehrheit von Lehrkräften an jeder Schule. In dieser Hinsicht muss in vielen, teils nicht mit aktuellen Medien sozialisierten Kollegien Einiges aufgeholt wer-den, bevor man die neuen Medien in allen Altersstufen und in allen Fächern an-gemessen wird einsetzen können. Kammerl und Ostermann empfehlen, dass es gelingen sollte, „Lehrkräften durch regelmäßige Weiterbildungen das Thema Medienbildung erlebbar zu machen, um es nicht als Zusatzbelastung, sondern als selbstverständlichen Bestandteil des Fachunterrichts zu begreifen." (Kammerl / Ostermann 2010: 40). Sie greifen dabei Forderungen von Mediendidaktikern und -didaktikerinnen auf, die sie durch Experteninterviews ermittelt haben. Solange aber entsprechende Fortbildungsangebote kein verpflichtender Anteil an der Weiterbildung von Lehrerinnen und Lehrern darstellen, bleibt nur zu hoffen, dass interessierte Lehrkräfte auf dem Weg der freiwilligen, persönlichen Weiter-bildung von den existierenden Angeboten, zu denen auch das vorliegende Buch gezählt werden kann, Gebrauch machen. Zu den didaktischen Visionen einer sol-chen Weiterbildung zählt, dass sich die Lern- und Kooperationsformen im Unter-richt erweitern und intensivieren, und die Schülerinnen und Schüler so insgesamt bessere Leistungen erbringen.

Eine weitere Herausforderung für die Institution Schule stellen die Entwicklungen der ‚Netzwerkgesellschaft' (Castells 2001) mit ihren dynamisierten Wandlungsprozessen dar, die den ‚Tanker' Schule mit seiner eher schwerfälligen administrativen Gebundenheit vor größte Probleme stellt. Da die Globalisierung die Arbeitsstruktur auch in Deutschland in Richtung sekundäre Dienstleistungen verändert, ändern sich auch die Anforderungen an Schulabsolventen.

Betrachtet man die gegenwärtigen Entwicklungen, dann wird die Transmission von Wissen, die Fähigkeit zur Selbststeuerung, interkulturelle Kompetenz, aber auch die Vermittlung von Fähigkeiten, wie mit Risiken umgegangen werden kann, zu einer bedeutenden gesellschaftlichen Anforderung. Die Schule wird sich in Zukunft aufgrund der gewandelten Anforderungen verstärkt damit auseinandersetzen müssen, wie sie diese Kompetenzen bei Schülerinnen und Schülern fördern kann, damit diese den Anforderungen des Arbeitslebens gewachsen sind. Da medienbasierte Lehr- und Lernarrangements in hohem Maße selbstgesteuertes Lernen anregen beziehungsweise sogar fordern und gleichzeitig kooperatives Lernen damit gefördert werden kann, scheinen diese neuen mediengestützten Lernformen gerade im Hinblick auf die erwarteten Anforderungen gute Potenziale zu enthalten. Grundlage eines souveränen Umgangs mit Medien und insbesondere Web 2.0-Technologien ist dabei nach wie vor die Medien- und Informatikkompetenz der Beteiligten (Magenheim 2010; Meister / Meise 2010).

Die digitalen Medien stellen besonders in Zeiten des politischen Wandels eine neue Form der Partizipation insbesondere an Entscheidungs- und Meinungsbildungsprozessen z.B. im Wahlkampf dar und schaffen neue oder veränderte Formen von Öffentlichkeit. Aufgabe der Schule wird es sein, einen kritischen und bewussten Umgang mit Medien in einer sich wandelnden, digitalen Welt zu vermitteln. Wie die Veröffentlichung geheimen oder vertraulichen Materials von (staatlichen) Institutionen und Einrichtungen durch *WikiLeaks* gezeigt hat, bergen die Möglichkeiten des Web 2.0 und der Technikgestaltung auch Konflikte zwischen Individuen und unterschiedlichen Interessensverbänden. Hier besteht die Herausforderung der Schule darin, einen Umgang mit digitalen Medien zu lehren, der eine aufklärerische Haltung mit einem abwägenden, verantwortungsvollen Handeln in Einklang zu bringen vermag.

3 Über das vorliegende Buch

Wie erläutert, stellt die Einbindung von digitalen Medien in Lehr- und Lernprozesse eine riesige Herausforderung an die Schule dar. Als Gewinn der gemeisterten Herausforderung sollen am Ende eine höhere Motivation und bessere Leistungen von Schülerinnen und Schülern stehen. Zu erreichen sei dies, so die positive didaktische Vision, durch die Erweiterung und Intensivierung von Lern- und Kooperationsformen im Unterricht mit dem Einsatz digitaler Medien. Lassen sich die verheißenen besseren Schülerleistungen aber auch empirisch belegen? Wie könnte ein Szenario aussehen, das eine objektivierbare Datenerhebung ermöglicht? Hinter diesen Fragen steckt häufig eine gewisse Skepsis: Ist der Unterricht mit digitalen Medien wirklich dem Unterricht überlegen, der auf ihren Einsatz verzichtet? Grundsätzlich lässt sich darauf nur antworten, dass nicht der Einsatz von digitalen Medien allein einen Lernerfolg garantiert, sondern dass dieser immer auch an didaktische Konzepte und Methoden gebunden ist. Das Web 2.0 macht also auch – so argumentieren Medienpädagogen seit längerem – eine ‚Medienpädagogik 2.0‘ erforderlich. Ansätze zu einer solchen Pädagogik knüpfen auf einer abstrakten Ebene an bereits existente didaktische Konzepte an und erweitern diese. Sie leisten damit einen wertvollen Beitrag zur Entwicklung der Medienpädagogik, setzen jedoch selten auf einer konkret fächerspezifischen Ebene an. Was also nach wie vor gefragt ist, sind neben theoretischen und konzeptionellen Überlegungen zu den Technologien und zur Didaktik, Vorschläge für den Umgang mit digitalen Medien und konkrete Beispiele für ihren Einsatz im Unterricht.

An der Universität Paderborn treten wir seit Jahren dafür ein, dass Medien und Informationstechnologien sowohl Mittel als auch Inhalt bzw. Gegenstand der Lehrerausbildung sind. Die „Projektgruppe Medien" am Paderborner Zentrum für Bildungsforschung und Lehrerbildung konzipierte deshalb nicht nur ein Profilstudium „Medien und Bildung" im Rahmen der Lehrerausbildung, sondern bringt Kolleginnen und Kollegen zusammen, um den Diskurs und die Forschung im Zusammenhang des Einsatzes von Medien in der Schule und Lehrerbildung sowie die Entwicklung medienspezifischer Angebote voranzutreiben. Die Konzeption dieses Bandes ist das Resultat unserer Arbeit in der Projektgruppe, wobei sowohl Mitglieder der Projektgruppe als auch externe Experten und Schulpraktiker eingeladen wurden mitzuwirken. Gegliedert ist der Band in medienorientierte Ansätze, die eine Fundierung der aktuellen Entwicklungen anstreben, sodann gehen Beiträge aus einer Schulforschungsperspektive schulspezifischen Fragestellungen nach, und schließlich bieten Beispiele aus der Unterrichtspraxis der Fächer Geschichte, Pädagogik, Musik, Kunst sowie der naturwissenschaftlich-mathematischen Fächer konkrete Anwendungsmöglichkeiten, wie die Schulpraxis bereichert werden kann.

Johannes Magenheim und Dorothee M. Meister setzen sich im ersten Beitrag *„Potenziale von Web 2.0-Technologien für die Schule"* mit den technischen, lerntheoretischen, mediendidaktischen und curricularen Rahmenbedingungen des Einsatzes von digitalen Medien, speziell von Web 2.0-Technologien in der Schule, auseinander. Sie gehen der These nach, inwiefern Web 2.0-Technologien im

Unterricht den produktiven, reflektierten und kritischen Umgang von Schülerinnen und Schülern mit digitalen Medien fördern können. Dazu stellen sie zunächst vor allem die kommunikativen und kooperativen Potenziale von Web 2.0-Technologien dar, reflektieren auf der Grundlage von Lerntheorien deren Bedeutung für die Unterstützung von Lernprozessen und zeigen dann neue Lernbereiche für die Schule und mögliche Einsatzfelder im Unterricht auf. Abschließend wird der schulische Umgang mit digitalen Medien von den Autoren vor dem Hintergrund einer informatischen und allgemeinen Medienkompetenz diskutiert.

Gerhard Tulodziecki, emeritierter Professor für Pädagogik an der Universität Paderborn, hat sich in zahlreichen seiner früheren Arbeiten mit Standards und Kompetenzen im Umgang mit Medien beschäftigt. In seinem Beitrag *„Handeln und Lernen in einer von Medien mitgestalteten Welt: Konsequenzen für Erziehung und Bildung"* geht er der Frage nach, was sich in Schule und Elternhaus ändern sollte angesichts der Tatsache, dass Kinder und Jugendliche auf vielfältige Weise lernend mit Medien umgehen. Aus dem Mediennutzungsverhalten von Kindern und Jugendlichen zieht er Schlussfolgerungen im Hinblick auf zentrale Fragen der Erziehungswissenschaft.

Bardo Herzig und Silke Grafe gehen in ihrem Aufsatz *„Wirkungen digitaler Medien"* der Frage nach, was aus den bisherigen Studien zur Mediennutzung geschlossen werden kann im Hinblick auf Lernen und Entwicklung, Effekte digitaler Medien in Lehr- und Lernprozessen sowie der Rolle der Lehrpersonen. Wirkt sich die Einbindung von digitalen Medien in den Unterricht auf die fachlichen Leistungen von Schülerinnen und Schülern aus? Die Autoren zeigen auf, warum auch empirische Daten aus der bisherigen Forschung vorsichtig zu interpretieren sind und dass Wirkungen nicht durch den Einsatz digitaler Medien allein erfolgen, sondern nur im Kontext eines didaktisch angemessen gestalteten Unterrichts. Dementsprechend widmen sie sich der Auswertung von Studien, die sich auf die Auswirkungen von digitalen Medien auf die Unterrichtskultur beziehen. Daraus resultierend gehen sie schließlich der Frage nach, welche Veränderung der Handlungsmuster von Lehrpersonen die Integration digitaler Medien in den Unterricht erfordert.

Carsten Schulte und Maria Knobelsdorf widmen sich in ihrer Studie *„Medien nutzen, Medien gestalten – eine qualitative Analyse der Computernutzung"* den Hintergründen aktueller Interessen und fragen, warum einige Kinder und Jugendliche in späteren Zeiten zu aktiven Nutzern des Computers werden und Medienangebote mitgestalten, wie etwa eine eigene Homepage, während sich anderen an dieser Stelle eine scheinbar unüberwindliche Hürde aufbaut. Wie wirken sich die Dimensionen ,Weltbild', ,Selbstbild', ,Handlungsweisen' und ,zeitlicher Prozess' auf unterschiedliche Nutzertypen aus, wie auf Formen ihrer Nutzung? Wo ereignen sich Brüche in einer Entwicklung, die einige bis in das Studium der

Informatik führt und andere zur Abwendung von einem Medium, für das sie zunächst ein großes Interesse hatten? Durch die Auswertung empirisch gewonnener Daten zur Computernutzung gelingt es den Autoren, die Faktoren zu isolieren, die zu einem Gelingen oder Scheitern auf diesem Weg führen. Sie gelangen zu differenzierten Ergebnissen darüber, in welcher Weise das Verhältnis zur dualen Natur von digitalen Artefakten die Art der eigenen Nutzung derselben mitbestimmt. Die Berücksichtigung der Ergebnisse im Informatik-Unterricht zukünftiger Schülergenerationen könnte dazu beitragen, durch entsprechende Konzepte vermehrt Schülerinnen und Schülern einen Weg in die Informatik zu ebnen.

Helmut Felix Friedrich, Aemilian Hron und Jörn Töpper stellen in ihrem Artikel „*Lernplattformen in der Schule*" unterschiedliche Szenarien des Lernens mit Lernplattformen vor und zeigen anhand empirischer Befragungen, wie diese in unterschiedlichen Gruppen eingesetzt wurden. Die Frage nach dem Nutzen und Mehrwert dieser Formen des Blended Learning werden von Schülerinnen und Schülern auf der einen Seite und Lehrerinnen und Lehrern auf der anderen durchaus unterschiedlich eingeschätzt. Die Untersuchungsergebnisse geben ein Zeugnis vom Stand des bisher Erreichten und lassen gleichzeitig Rückschlüsse darauf zu, was sich ändern muss, wenn Lernszenarien mit digitalen Medien in Zukunft besser und effektiver genutzt werden sollen.

Wulf Weritz leistet in seinem Beitrag „*Verwendung Neuer Medien in der Sekundarstufe I – Beispiele aus dem mathematisch-naturwissenschaftlichen Unterricht*" eine Bestandsaufnahme dessen, wozu digitale Medien in einer Gesamtschule bereits eingesetzt werden. Die vielfältigen Möglichkeiten, die Weritz aufzeigt, machen deutlich, dass es sinnvolle und vor allem produktive Anwendungsmöglichkeiten für alle Fächer gibt, dieses Potential aber längst noch nicht ausgeschöpft ist. Andere Schulen, so drängt sich der Vergleich zu der von Weritz beschriebenen Schule auf, stehen auf ihrem Weg dazu noch relativ am Anfang. Der Beitrag kann als Anregung für Lehrerinnen und Lehrer unterschiedlicher Fachkulturen verstanden werden, digitale Medien aktiver zu nutzen.

Wie lassen sich Computer und Internet gewinnbringend im Geschichtsunterricht einsetzen? Eine Möglichkeit dazu besteht in Form von WebQuests. Thomas Spahn zeigt in seinem Beitrag: „*Historische Kompetenzen und das Internet*" anhand von ausgewählten Beispielen, wie geeignete WebQuests förderlich eingesetzt werden können und welche historischen Kompetenzen dabei geschult werden.

Eine besondere Nutzungsmöglichkeit des Computers und des Internets ergibt sich für das Unterrichtsfach Pädagogik durch die Methode der so genannten Pyramidendiskussion. In ihrem Aufsatz „*Erwägungsdidaktik und erwägungsorientiertes Lernen und Lehren im Netz*" zeigt Bettina Blanck, wie dieses Vorgehen der Diskussionsführung produktiv im Pädagogikunterricht eingesetzt werden kann. Das Verfahren, das mit Hilfe von Lernplattformen und in Blended-Learning-Szenarien zum Einsatz gebracht werden kann, eröffnet neue Möglichkeiten für erwägungsorientiertes Lernen, das sich auf Denk- und Entscheidungsprozesse von Kindern und Jugendlichen generell positiv auswirken kann.

Die digitalen Medien werden oftmals nahezu ausschließlich als Informations- und Speichermedien zum Lernen und Üben angesehen. Gleichwohl bieten digitale Medien für medienpädagogisches Handeln im Sinne einer Stärkung von Medienkompetenzen aber auch ein reiches Spektrum an Einsatzfeldern, die auch für die ästhetische Bildung relevant sind. Dies machen die beiden Beiträge des vorliegenden Bandes aus der Kunst- und Medienpädagogik sehr anschaulich deutlich.

Michael Ahlers liefert in *„Neue Medien in interdisziplinären Musikunterricht – Geschichte, Chancen und Beispiele"* einen exemplarischen Überblick darüber, welche fächerübergreifenden Kooperationen im Fach Musik in den letzten zehn Jahren bereits existieren und wie digitale Medien dabei zum Einsatz kommen. Ahlers bemängelt jedoch gleichzeitig den Ist-Zustand im Musikunterricht an allgemeinbildenden Schulen in diesem Bereich und plädiert dafür, dass die von ihm dargestellten Nutzungsformen neuer Medien in der Praxis des interdisziplinären Musikunterrichts ankommen.

Für das Fach Kunst favorisiert Marc Fritzsche ganz praxisnah in *„kunst://computer"* einen Umgang mit digitalen Medien, bei dem nicht der Computer das Benutzungsprotokoll diktiert, sondern das Fach. Um das Primat des Inhalts über die Technik sicherzustellen, sollte die Fachdisziplin seiner Ansicht nach den Umgang mit Hard- und Software bestimmen. Wie das im Fall des Unterrichtsfachs Kunst aussehen kann, demonstriert Fritzsche anhand verschiedener Beispiele. Allen ist der überraschend kreative Gebrauch unterschiedlicher Technologien, Verfahren, Geräte und ihrer Produkte, einschließlich ihrer vermeintlichen Abfallprodukte, gemein. Der Computer wird damit – zum Teil auf ungeahnte Weise – auch zum künstlerischen Ausdrucksmittel.

Wir hoffen, mit dem vorliegenden Band Kolleginnen und Kollegen an Schulen und Universitäten sowie Studierenden und Interessierten Anregungen geben zu können, welche Möglichkeiten sich mit digitalen Medien im Unterricht eröffnen und welche Schritte und Maßnahmen notwendig sind, um einen sinnvollen und für alle Beteiligten gewinnbringenden Einsatz zu befördern. Mögen uns die konzeptionellen Überlegungen sowie die Einsatzszenarien endlich aus der Experimentierphase herausführen, so dass digitale Medien tatsächlich zu einem selbstverständlichen Bestandteil des Schulalltags werden.

Literatur

BMBF (2006): IT-Ausstattung der allgemeinbildenden und berufsbildenden Schulen in Deutschland. Bestandsaufnahme 2006 und Entwicklungen 2001 bis 2006. Bonn, Berlin

Castells, M. (2001): Das Informationszeitalter 1. Der Aufstieg der Netzwerkgesellschaft. Opladen: VS Verlag für Sozialwissenschaften

Eickelmann, B. (Hrsg.) (2010): Bildung und Schule auf dem Weg in die Wissensgesellschaft. Münster, New York: Waxmann

Hagemann, W. (2001): Von den Lehrmitteln zu den Neuen Medien. 40 Jahre schulbezogener Medienentwicklung und Mediendiskussion. In: Herzig, Bardo (Hrsg.) (2001): 19-55

Helsper, W. / Böhme, J. (Hrsg.) (2004): Handbuch der Schulforschung. Wiesbaden: VS Verlag für Sozialwissenschaften

Herzig, B. (Hrsg.) (2001): Medien machen Schule. Grundlagen, Konzepte und Erfahrungen zur Medienbildung. Bad Heilbrunn: Klinkhardt

Herzig, B. / Meister, D. / M.; Moser, H. / Niesyto, H. (Hrsg.) (2010): Jahrbuch Medienpädagogik 8. Medienkompetenz und Web 2.0 Wiesbaden: VS Verlag für Sozialwissenschaften

Issing, L. J. / Strzebkowski, R. (1995): Lehren und Lernen mit Multimedia. In: Medienpsychologie 7. 1995. 4. 286-319

mpfs (Medienpädagogischer Forschungsverbund Südwest) (2010): JIM 2010: Jugend, Information, (Multi-)Media: Basisuntersuchung zum Medienumgang 12-19jähriger in Deutschland. Baden-Baden

Kammerl, R. / Ostermann, S. (2010): Medienbildung: (K)ein Unterrichtsfach: Eine Expertise zum Stellenwert der Medienkompetenzförderung in Schulen. Hamburg: Medienanstalt Hamburg / Schleswig Holstein. http://www.ma-hsh.de/cms/upload/downloads/Medienkompetenz/ma_hsh_studie_medienbildung_web.pdf

Magenheim, Johannes (2010): Web 2.0-Technologien als Themen der informatischen Bildung. Beiträge des Informatikunterrichts zur Förderung von Medienkompetenz. In: Eickelmann (Hrsg.) (2010): 115-130

Meister, D. M.; Meise, B. (2010): Emergenz neuer Lernkulturen - Bildungsaneignungsperspektiven im Web 2.0. In: Herzig et al. (Hrsg.) (2010): 183-199

Meister, D. M. (2004): Schule und Medien. In: Helsper, W. / Böhme, J. (Hrsg.) (2004): 483-500

Schulz-Zander, R. (2001): Schulen ans Netz - aber wie? Die wirkungsvolle Einführung neuer Medien erfordert eine lernende Schule. In: Computer + Unterricht 11. 2001. 41. 6-9

Willke, H. (1998): Organisierte Wissensarbeit. In: Zeitschrift für Soziologie 27. 3. 161-177

Teil I:
Medienpädagogische Ansätze

Potenziale von Web 2.0-Technologien für die Schule

Johannes Magenheim und Dorothee M. Meister

1   Einführung

Computergestütztes Lernen könnte längst zum selbstverständlichen Bestandteil der Wissensvermittlung an Schulen gehören. Doch die Bedingungen eines alltäglichen Medieneinsatzes, insbesondere von Web 2.0-Technologien sind an den Schulen nicht immer gegeben, wie eine Metastudie zum Mediensatz an Schulen aufzeigt (vgl. Herzig / Grafe 2006). Die Voraussetzung für einen breiten Einsatz sind offenbar nicht nur die technischen Gegebenheiten bzw. die Verfügbarkeit der Geräte, sondern auch ein Medieneinsatz, der auf curricular bedeutsame Aspekte abgestimmt ist sowie insbesondere Lehrende, die von den Lernpotenzialen der digitalen Medien überzeugt sind. Zwar deutet Einiges auf ein überdurchschnittliches positives Medienklima sowohl bei Schülern als auch bei Lernpersonen hin (ebd.: 20), die Computer-Schüler-Relation in Deutschland stellt sich indes im Vergleich zu anderen OECD-Staaten vergleichsweise ungünstig dar (ebd.: 115). Dementsprechend divergent wird auch der Einsatz von Informations- und Kommunikationstechnologien (nachfolgend IKT) im Schulunterricht praktiziert. In der europaweiten Studie Second Information Technology in Education Study (SITES) zum Einsatz von IKT an Schulen gaben dennoch immerhin 51 Prozent der Lehrer naturwissenschaftlicher Fächer an, regelmäßig IKT im Unterricht einzusetzen, während 33,1 Prozent IKT nie einsetzen (vgl. Voogt / Knezek 2008). Dies spiegelt allerdings nicht den Einsatz in der Breite der Fächer wieder, zumindest nicht in Deutschland. Denn die aktuelle Erhebung des medienpädagogischen Forschungsverbundes Süd-West zur Medienrezeption von Jugendlichen zwischen 12 und 19 Jahren fragte auch nach Tätigkeiten im Internet und am Computer mit den Schwerpunkten Schule und Freizeit. Hier gaben nur 19 Prozent der Befragten an, mehrmals oder täglich in der Schule mit dem Internet und dem Computer zu arbeiten (vgl. mpfs 2010).

Neben dem Aspekt einer prinzipiellen Integration von digitalen Medien sind auch Fragen bezüglich der didaktischen Potenziale und der qualitativen Veränderungen von Unterricht zentral. In der qualitativen Studie von SITES (SITES M2) konnte bereits ermittelt werden, dass der regelmäßige Einsatz innovativer Lernumgebungen eine Veränderung der Vermittlung von Inhalten mit sich bringt, sich die Ziele des Lehrens verändern und zudem eine Veränderung der Lehrerrolle und der Schüleraktivitäten zu verzeichnen sind (vgl. Schulz-Zander 2003). Diese Entwicklung gilt es insbesondere unter der Perspektive der Chancen von Partizipation und Kollaboration mithilfe von Web 2.0-Applikationen zu betrachten. Vor dem Hintergrund des eher zögerlichen Einsatzes ‚klassischer' digitaler Medien im Schulkontext stellt sich die Frage, ob sich durch die Integration von Web 2.0-Technologien in den Unterricht der zurückhaltende Einsatz noch verschärft, oder ob sich nun Chancen und Potenziale eröffnen, die das Lehren und Lernen an Schulen nachhaltig bereichern können.

Unsere These ist, dass Web 2.0-Technologien im Unterricht den produktiven, reflektierten und kritischen Umgang von Schülerinnen und Schülern mit digitalen Medien fördern können. Dazu stellen wir zunächst die Einbettung und die Möglichkeiten von Web 2.0-Technologien dar, zeigen sodann neue Lernbereiche für die Schule auf, bevor wir mögliche Einsatzfelder im Unterricht darstellen. Abschließend wird der Umgang mit digitalen Medien vor dem Hintergrund einer informatischen und allgemeinen Medienkompetenz diskutiert.

2 Technologische und soziale Dimensionen des Web 2.0

In der ‚Wissensgesellschaft' (vgl. Willke 1998) werden nicht nur Güter und Dienstleistungen produziert, sondern auch Wissen. Da die Verbreitung und Verwaltung von Wissen eng an die technische Vermittlung über Medien gebunden ist, kommt der modernen Computer- und Netzwerktechnik in so gut wie allen gesellschaftlichen Teilbereichen und damit auch im Bildungsbereich eine wachsende Bedeutung zu. Das Internet nimmt bei diesen gesellschaftlichen Entwicklungen insofern eine Schlüsselrolle ein, als es immer wieder sowohl die technischen Möglichkeiten erweitert als auch die Nutzungsweisen und -gewohnheiten stark verändert.

Im Folgenden sollen wesentliche Elemente des Paradigmenwechsels charakterisiert werden, die mit dem Wandel des ‚World Wide Web' hin zum Web 2.0 verbunden sind. Web 2.0 ist ein diffuser Begriff, der vielfältige Entwicklungen umschreibt. Generell handelt es sich um einen partiellen Wandel der technologischen Grundlagen des Internet, um eine Veränderung der angebotenen Dienste sowie um Formen veränderter Nutzung seitens der Anwender (vgl. O'Reiley 2005; Tapscott 2009). Diese Entwicklungen bedingen einander und sind weder einzeln noch hierarchisch als Zentralentwicklung zum Web 2.0 zu interpretieren, da erst das komplexe Zusammenspiel dieser Faktoren dem Phänomen Web 2.0 eine neue Qualität verleiht (vgl. Meister / Meise 2010).

Auch die Verwendungsgewohnheiten der Internetnutzer haben sich mit den technischen und infrastrukturellen Bedingungen gewandelt. Durch sinkende

Verbindungs- und Hardwarekosten sowie der vereinfachten Handhabung der Technik und Software ist das Internet für viele Menschen zum festen Bestandteil ihres alltäglichen Medienhandelns geworden. Kenntnisse über Programmiersprachen sind nicht mehr notwendig, da Inhalte nun z.B. über einfach zu nutzende Content-Management-Systeme eingestellt und abgerufen werden können. Analog dazu stellt die grundlegendste Innovation innerhalb des Web 2.0 die Entwicklung der Nutzer von Konsumenten zu Produzenten von Inhalten dar. Diese Neuerungen ermöglichen eine qualitativ bessere Handhabung für die Nutzung: surfen, arbeiten und organisieren gestaltet sich nun schnell, einfach und effizient.

Generalisierend kann festgestellt werden, dass das Web 2.0 im Vergleich zum früheren Web durch ein höheres Maß an Interaktivität und eine aktive Nutzerbeteiligung sowie durch das kollaborative Erzeugen von Datenbeständen und deren Teilhabe geprägt ist. Damit verbunden sind technologisch unterstützte Formen der Informationsverbreitung und Wissensteilhabe, die auch für das Bildungsverhalten der ‚Netgeneration' (vgl. Tapscott 2009) sowie für schulische Lernprozesse von hoher Bedeutung sind. Gleichwohl liegen wenig detaillierte empirische Zahlen vor. Belege liefern vorwiegend deskriptive Studien wie die JIM-Studie. Den Ergebnissen der aktuellen Erhebung aus dem Jahr 2010 zufolge kommen den Web 2.0 Angeboten für die jugendlichen Nutzer eine zunehmende Bedeutung zu. Es bestehen indes große Unterschiede im Nutzungsverhalten. Während sich Online-Communities wie schülerVZ oder Facebook bei den Jugendlichen einer großen Beliebtheit erfreuen und von 71 Prozent der Befragten täglich oder mehrmals pro Woche genutzt werden, haben nur 4 Prozent der Jungen und Mädchen eigene Weblogs verfasst und lediglich 7 Prozent stellen Fotos oder Videos ins Netz (vgl. mpfs 2010).

Im Folgenden sollen einzelne technologische und soziale Dimensionen weiter charakterisiert werden, um deren Einfluss auf Bildung und Lernen zu verdeutlichen. Die verschiedenen Nutzungsmöglichkeiten des Web 2.0 sind längst nicht so eindeutig voneinander abzugrenzen wie diese Kategorisierung vermuten lässt. Vielmehr muss beachtet werden, dass sich diese Dimensionen gegenseitig beeinflussen, was sich vor allem durch die Überlagerung diverser Nutzungspraktiken und -möglichkeiten verdeutlicht.

2.1 Komplexität und Allgegenwärtigkeit

Informatiksysteme und mit ihnen verbundene Anwendungen und Dienste haben mittlerweile fast alle gesellschaftlichen Bereiche durchdrungen. In der Informatik spricht man von ‚ubiquitous computing' und meint damit nicht nur die allgegenwärtige Präsenz von Informatiksystemen, sondern auch die Unsichtbarkeit und Unüberschaubarkeit dieser Systeme. Mit dem Kriterium der Unsichtbarkeit werden Informationstechniken belegt, die wie z. B. RFID[1] mittels Funketiketten Informationen übertragen, ohne dass die Nutzer die Technik der so ausgestatteten Gegenstände unmittelbar wahrnehmen, wie an PoS-Terminals (Point of Sale). Der Begriff der Unüberschaubarkeit bezieht sich auf vernetzte Informatiksysteme, die aufgrund ihrer Komplexität und ihrer wechselseitigen Abhängigkeit selbst von Fachleuten in Gänze und im Detail kaum durchschaut werden können (vgl. Broy / Endres 2009). Gleiches gilt auch für Dienste des Web 2.0, wie etwa soziale Netzwerke. Die Weiterverbreitung und Nutzung von Daten, die dort einmal eingegeben werden, sind schwer nachzuvollziehen und kaum zu kontrollieren.

2.2 Vernetzung

Zu diesen nur schwer überschaubaren Systemen gehört auch das Netz der Netze, das Internet, die Basis des heutigen Web 2.0. Es besteht neben einer technischen Infrastruktur aus Knotenrechnern und Datenleitungen auf softwaretechnischer Ebene vor allem aus den Protokollen und Diensten. Neben Protokollen und Diensten zum Versand von E-Mails, zum Chatten und zum Austausch von Dateien ermöglichte vor allem das http-Protokoll und der damit verbundene WWW- Dienst den Siegeszug des Internets. Das World Wide Web stand künftig schlechthin als Synonym für das Internet. Mittlerweile hat sich dieses traditionelle Internet, nun als Web 1.0 bezeichnet, durch eine Reihe weiterer Dienste und Veränderungen hin zum Web 2.0 gewandelt (vgl. Magenheim 2010).

Der verbreitete Einsatz von XML und die damit geschaffene Möglichkeit, problembezogene flexibel definierbare Mark-up-Sprachen für webbasierte multimediale Applikationen zu definieren, sowie die konsequente Nutzung und Verfeinerung des Client-Server-Prinzips, bis hin zu Techniken für den schnellen Seitenaufbau wie AJAX[2] waren wesentliche Bausteine für die Weiterentwicklung des Internet hin zu einer Infrastruktur, die man nun als Web 2.0 bezeichnet. Hinzu kam die Integration des Konzepts der Peer-to-Peer (P2P)-Vernetzung ins Internet. Es verschaffte sich mit den zunächst illegalen Musiktauschbörsen, wie z.B. Napster, Akzeptanz im Web und erwies sich als mächtiges Instrument zur

---

[1] RFID (Radio-Frequency Identification) ist ein System zur automatischen Identifizierung und Lokalisierung von Objekten, die mit einem entsprechenden kleinen Transponder ausgestattet sind, mittels elektromagnetischer Wellen.
[2] AJAX steht für „Asynchronous JavaScript and XML" und bezeichnet ein Konzept der asynchronen Datenübertragung zwischen einem Browser und dem Server, das es ermöglicht, nur Teile einer Webseite zu übermitteln ohne sie komplett neu zu übertragen.

selbst gesteuerten, koordinierten und massenhaften Partizipation von Usern mit gleichen Interessen und Aktivitäten.

2.3 Mobilität

Ein wesentliches Charakteristikum der Vernetzung im Web 2.0 ist die Mobilität der Endgeräte. Durch eine weitgehend flächendeckende Funkvernetzung wird es möglich, dass mobile Endgeräte, wie Laptops, PDAs oder multifunktionale Handys nicht nur zu Hause und am Arbeitsplatz, sondern auch an beliebigen Orten mit Funkverbindung eingesetzt werden können. Gestützt wird diese Entwicklung nicht nur durch eine zunehmende Funktionsvielfalt der Endgeräte, sondern auch durch neue mobile Netztechnologien[3], die Übertragungsgeschwindigkeiten weit jenseits des gegenwärtigen UMTS-Standards oder mancher kabelgebundener DSL-Verbindung zulassen. Damit wird eine Tendenz zur Variabilität von Lern- und Arbeitsorten gefördert und die Trennung von Privatheit und Öffentlichkeit, von Freizeit und Unterhaltung, von Lernen und Arbeiten tendenziell aufgehoben. Auf diese Weise gewinnen auch informelle und nicht formale Lernprozesse außerhalb klassischer Bildungseinrichtungen sowie die Integration von Problemlösen, Lernen und Arbeiten in der Berufswelt eine stärkere Bedeutung.

2.4 Semantik

Im Web 2.0 eröffnen sich durch den Einsatz von semantischen Klassifikationsverfahren mittels Metadaten, wie Taxonomien oder Ontologien für Autoren die Möglichkeit, ihre Dokumente mit Schlagworten präziser zu beschreiben und dadurch für die potenziellen Leser bei einer Suchanfrage qualitativ bessere Ergebnisse zu erhalten als dies bei klassischen Suchmaschinen der Fall war. Mittels einer automatisierten semantischen Analyse von Textdokumenten können Prozesse des Knowledge Managements und des Information Retrival qualitativ verbessert werden (vgl. Maier / Hädrich / Peinl 2009). Die verbreitete Anwendung dieser Techniken charakterisiert ebenfalls die Transformation des traditionellen Internet hin zum ,Semantic Web' als einem wesentlichen Aspekt des Web 2.0.

Expertengruppen können im Semantic Web bei der Generierung von Taxonomien bzw. Ontologien durch eine in der Wissensdomäne aktive Gemeinschaft

---

[3] Wie HSPA (High Speed Packet Access), LTE (Long Term Evolution), LTHE (Long Term HSPA Evolution). Dies sind schnelle Techniken zur digitalen Datenübertragung, die vor allem auch die Übertragungsgeschwindigkeiten bei mobilen Endgeräten erheblich steigern und Download-Übertragungsraten von mehr als 100Mbit/s erreichen.

von Interessierten (Communitiy of Practice) ersetzt oder ergänzt werden, die relevante Inhalte (User Generated Content) erzeugen oder mit Links auf relevante
Quellen im Web verweisen (Social Bookmarking). Diese Techniken werden mit
den Begriffen ‚Folksonomie' und ‚Social Tagging'[4] charakterisiert. Im Gegensatz zu einer Taxonomie mit hierarchisch angeordneten wohl definierten Begriffen, bilden ‚Folksonomies' eine unsystematische ‚flache' Begriffsanordnung mit
uneinheitlicher Nomenklatur, die durch einen Prozess des kollaborativen Inde-
xierens entstehen (Tagging). Trotz dieser Fragmentierung von kollektiv erzeugten Tags und der Unschärfe von Begriffen bei Homographen liefern
Folksonomies in der Praxis brauchbare Suchergebnisse nach Dokumenten. Zu
klären wäre, ähnlich wie etwa bei kollektiv erzeugten Lexika (Wikipedia), wie
das Problem der Qualitätssicherung von gefundenen Beiträgen gelöst werden
kann (vgl. Alby 2007).

2.5 Vom Lesen zum (kooperativen) Gestalten

Mittels der Techniken des Semantic Web und mit Hilfe von Verfahren, die das
Eingeben von Text und beliebigen Medienobjekten in öffentliche oder nur für
bestimmte Gruppen über Webschnittstellen zugängliche ‚Arbeitsbereiche'
(shared workspaces) ermöglichen, wird neben dem kooperativen Lesen von Dokumenten im Web 2.0 das kooperative Schreiben bzw. Generieren von webbasierten Dokumenten wesentlich erleichtert. Wikis sind z.B. derartige Webseiten,
die von Usern geändert werden können. Auf diese Weise wird kooperatives
Schreiben im Web ermöglicht. Ein Wiki kann lediglich für Mitglieder einer geschlossenen Benutzergruppe zugänglich gemacht werden, z.B. einer räumlich
verteilten Autorengruppe, die eine gemeinsame Publikation erzeugen will, oder
weltweit für alle User zum Lesen und Schreiben offen stehen. Ein Blog, als Ab-
kürzung für Weblog (vgl. Schmidt 2006: 13), ist auf den ersten Blick nichts anderes als eine regelmäßig aktualisierte, themenspezifische Webseite mit chrono-
logisch sortierten Beiträgen. Anders als beim Publizieren auf traditionellen
Homepages oder der Diskussion in Newsgroups und Foren gewinnen Blogs eine
neue Qualität durch ihre wechselseitige Referenzierung und dem damit verbundenen Entstehen einer Blogosphäre.
   So etablieren sich kleinere Gruppen innerhalb der Blogsphere, die sich im
ständigen Austausch miteinander befinden (vgl. Jörissen / Marotzki 2008:

---

[4] Tagging bezeichnet das Versehen von medialen Objekten im Internet (z.B. Bilder) mit inhaltlich
beschreibenden Schlüsselworten. Wenn dies von mehreren Usern im Netz z.T. kooperativ vorge-
nommen wird, spricht man von ‚Social Tagging'. Dadurch entsteht eine semantische Bewertungs-
struktur dieser Objekte, die man als Folksonomy bezeichnet (Mischung aus folks und taxonomy).

211ff.). Durch dieses Prinzip der Vernetzung sind Weblogs jenseits des Internet dementsprechend kaum sinnvoll zu gebrauchen, denn die Texte entwickeln ihre Logik medienimmanent gerade durch die Struktur der Links und Verweise. Inhaltlich stellen sich Blogs sehr differenziert dar, da sich die Bandbreite von persönlichen Blogs bis hin zu thematischen Blogs jeglicher Art erstreckt und so vielfältige Möglichkeiten von Interessensvertiefungen ermöglicht und fördert (vgl. Meister / Meise 2010).

Blogs in einer themenspezifischen Blogosphäre referenzieren sich nicht nur wechselseitig sondern binden auch aktuelle Medien (Zeitungen, Magazine, Fernsehsender...) und deren Websites ein und werden von diesen wiederum auch jeweils aktuell referenziert, so dass sie einen gewissen politischen und ökonomischen Einfluss gewinnen können. Der Bezug auf die ‚Intelligenz der Massen‘ (the wisdom of crowds) beim kooperativen Lesen findet somit seine Ergänzung durch kooperatives Schreiben und Annotieren im Netz (vgl. Surowiecki 2004). Wikis und Blogs sind die Webapplikationen, die prototypisch diese Konzepte des Web 2.0 repräsentieren.

2.6 Kollaboration und ‚Kollektive Intelligenz‘

In einer Blogosphäre verbundene Blogs können zum Entstehen sogenannter ‚viraler Effekte‘ beitragen, indem die durch die Blogs entstehenden Gemeinschaften zur Verbreitung von Informationen mit exponentiell wachsender Geschwindigkeit genutzt werden. Dies verleiht ihnen z.T. eine publizistisch wirksame Funktion mit Einfluss auf die öffentliche und veröffentlichte Meinung. So werden diese webbasierten Medien mit traditionellen Medien (z.B. Fernsehen) gekoppelt, um politische Meinungsbildung zu fördern, wie etwa im US-amerikanischen Wahlkampf bei der gemeinsamen Kandidatenbefragung von YouTube und CNN geschehen.

Innerhalb der Sphäre der Kollaboration und des Teilhabens an gemeinsamen webbasierten Datenbeständen (Sharing) wird kooperativ an Projekten gearbeitet und es werden verschiedene Typen von Daten ausgetauscht. Die Anbieter dieser Plattformen fungieren nur noch als Mittler, indem sie die Infrastruktur bereitstellen. Produzenten der Inhalte sind die User (vgl. O'Reiley 2005). Als illustrierendes Beispiel kann hier Wikipedia angeführt werden. Hier produzieren die Nutzer das Wissen und handeln untereinander durch Verbesserungen an den Artikeln einen Wissenskonsens aus. Durch diese diskursiven Auseinandersetzungsprozesse können bisherige Wissensbestände und Annahmen erweitert, korrigiert oder konkretisiert werden. Diese kreative Schaffenskraft kann zu so etwas wie einer ‚kollektiven Intelligenz‘ beitragen.

Für webbasiertes kooperatives Arbeiten stehen ortsverteilten Arbeitsgruppen nicht nur Wikis sondern auch webbasierte Editoren zur Verfügung, wie etwa Google Docs, die das simultane Arbeiten von mehreren räumlich voneinander entfernten Autoren an einem gemeinsamen Dokument ermöglichen. Mit dem Konzept des ‚cloud computing' können für ortsverteilte Arbeitsgruppen auch externe webbasierte Ordner und Dateien angelegt werden, die auf einem entfernten Server via Internet zugänglich sind. Diese Netzressourcen können jeweils in die lokalen Arbeitsumgebungen einzelner Autoren integriert und von ihnen wie lokale Ordnerstrukturen gehandhabt werden (z.B. dropbox). Das kooperative Gestalten und Teilhaben an webbasierten Dokumenten ist aber nicht nur auf Texte beschränkt. Web 2.0-Techniken ermöglichen das gemeinsame Gestalten oder zumindest das gemeinsame Ansehen von Gruppenkalendern (z.B. Google Calendar), Terminplanern (Doodle), webbasierten Umfragen (z.B. SurveyMonkey), Bildern (z.B. Flickr), Video- und Audiodateien (z.B. YouTube) sowie Präsentationen (z.B. Slideshare, Prizi).

Eine aktuell viel genutzte Anwendung von Sharing ist z.B. YouTube, da die Nutzer hier audio-visuelles Material er- und/oder einstellen. Auch beim Sharing können sich informelle Lernprozesse anschließen: So muss das einzustellende Material erstellt, bearbeitet und gesendet werden. Diese Arbeitsschritte verlangen ein gewisses Maß an medialen Kompetenzen wie bspw. die Bedienung einer Digitalkamera, die Digitalisierung analogen Materials sowie die Bearbeitung der Beiträge mittels Schnittsoftware. Wahrscheinlich ist, dass in diesem Zusammenhang pragmatische Problemlösungen angestrebt werden und sich somit unbemerkt informelle Lernprozesse vollziehen.

2.7 Social Software und webbasierte Kommunikation

Ein wesentliches Element der ‚community building software' oder ‚social software' ist neben den klassischen Kommunikationsdiensten, wie E-Mail, Chat, Newsgroups der RSS-Feed. Im Gegensatz zu Hyperlinks in HTML, die auf eine andere Seite verweisen, können durch RSS-Veränderungen in Blogs und anderen Websites im eigenen Browser, z.B. via dynamischer Lesezeichen, angezeigt und auf diese Weise Informationen aggregiert werden anstatt sie zu verlinken. Nutzer erhalten jeweils aktuelle externe Informationen in einer personalisierten, browserbasierten Lern- und Arbeitsumgebung (Personal Learning Environment) angezeigt (vgl. Attwell 2007). Mit dieser Methode können User von Blogs auch Bookmarklisten und Termine publizieren bzw. austauschen (Social Bookmarking, vgl. z.B. http://www.delicious.com/). Publizieren, kooperatives Annotieren bzw. Referenzieren (vgl. z.B. http://www.mendeley.com/) oder Tagging ist im Web 2.0 natürlich nicht auf Textdokumente beschränkt. Mit Podcasts können Audio- und Videoformate verbreitet werden. Websites, die diese Dienste anbieten, erfreuen sich weltweit eines riesigen Interesses und gelangten zu beträchtlichem Marktwert (z.b. Flickr, YouTube).

Instant Messaging, Micro Blogging, SNS und Voice over IP-Dienste stellen weitere Kommunikationsformen im Internet dar, denen auch gemeinschaftsbildende Funktionen zukommen (z.b. ICQ, Twitter, Skype). Die Aktualität der so verbreiteten Nachrichten ist meist höher, als die der traditionellen Medien (z.b. Flugzeugabsturz im Hudson River, Bundespräsidentenwahl) (vgl. Wiegold 2009). Traditionelle Chats und Foren werden im Web 2.0 durch Begegnungen in virtuellen Welten ergänzt oder durch Netzwerk bildende soziale Software erweitert (z.b. XING, Facebook, studiVZ). Die Mitglieder von sozialen Netzwerken stellen sich im Web mit einem persönlichen Profil dar. Die Ausweitung der Kontakte sowie deren Pflege stehen bei diesen Plattformen im Vordergrund. Auch hier gibt es eine große thematische Bandbreite, die sich von Singlebörsen, über Musik-Communities und Schüler/Studenten-Communities bis hin zu beruflichen Plattformen wie XING erstreckt. Durch die Gestaltung der Community werden meist schon bestimmte Normen und Regeln impliziert. So werden die Kontaktaufnahme (standardisierte oder individuell zu produzierende Kontaktanfragen), Zugang (Name, Avatar, Homepage), Gratifikationen und Sanktionen (Meldung bei Verstößen) durch diese Gestaltungselemente vorherbestimmt (vgl. Jörissen / Marotzki 2008). Darüber hinaus kann der Nutzer zumindest teilweise bestimmen, wem er welche Informationen zugänglich macht und sich damit auch mit Prinzipien des Datenschutzes auseinandersetzen.

Es ist anzunehmen, dass die vielfältigen Nutzungsoptionen des Web 2.0-Angebots simultan be- und genutzt werden. Gerade durch das komplexe Zusammenspiel des Informationsaustausches über unterschiedliche Vermittlungskanäle, die Nutzung mehrerer Rechercheressourcen und des kommunikativen Dialogs sind auch Bildungspotentiale im Sinne einer Steigerung von Reflexivität und Flexibilität möglich, die letztlich auch die Ausformung neuer Problemlösungsstrategien und -strukturen evozieren kann (vgl. Meister / Meise 2010).

Nach diesem allgemeinen Überblick zu Web 2.0-Diensten sowie einigen Andeutungen ihrer Lern- und Bildungspotenziale, werden wir im Weiteren auf die in diesem Zusammenhang möglichen Erweiterungen der Lernformen eingehen, bevor wir dann einige Nutzungsformen dieser Dienste in Lernkontexten und in der Schule diskutieren, um die zuvor allgemein skizzierten sozialen Aspekte des Web 2.0 und die bei seiner Nutzung möglichen direkten oder impliziten Lernprozesse an konkreten Beispielen zu verdeutlichen.

3   Schulische Lernformen in computerbasierten Lernumgebungen

Bildungseinrichtungen wie der Schule kommen traditioneller Weise die Funktion zu, das Wissen in einer Gesellschaft im Rahmen institutionalisierter Vermittlungsformen zu strukturieren, aufzubereiten und zu kommunizieren. Die sich rapide verändernden Zugangsmöglichkeiten zu Wissen und die sich damit wandelnden Kommunikationsweisen sowie die gesellschaftlichen und technologischen Entwicklungen führen nun dazu, dass das institutionalisierte Lernen offenbar den sich verändernden Anforderungen nicht mehr umfassend genug gerecht wird und Bildungsprozesse komplexer und grenzüberschreitender werden. Lernen und Bildung findet zunehmend auf unterschiedlichste Weisen, in verschiedenen Formen und vor allem lebenslang statt und bedarf insofern auch einer theoretischen Anpassung an sich verändernden Lebenswelten.

Bereits mit dem Einzug des Internets in den 90er Jahren erhielt die Diskussion, wie das neue Medium als Wissensbasis und Lernmedium eingesetzt werden könnte, eine ungeheure Dynamik, da nun eine ganze Reihe von Voraussetzungen geschaffen waren, die eine praktische Umsetzung vielfältiger didaktischer Möglichkeiten jenseits reformpädagogischer Bemühungen interessant erscheinen ließen (vgl. Marotzki / Meister / Sander 2000). Seither setzt sich die Schule mit den gewandelten Anforderungen auseinander, indem etwa auch das medienbasierte Lernen einen höheren Stellenwert erhält. Insofern steigt auch die Sensibilität der schulischen Lehr- und Lernformen für die allgegenwärtige Verfügbarkeit von computerbasierten Lerngelegenheiten. Wie die Darstellung der technischen Möglichkeiten bereits angedeutet hat, unterstützen Web 2.0-Technologien potenziell vielfältige Lernformen, die im Schulalltag allerdings einige Veränderungen mit sich bringen und bislang wenig Verankerung gefunden haben. Doch was bedeutet es, wenn davon die Rede ist, dass die digitalen Medien ein flexibles und individualisiertes Lernen auch innerhalb der Schule ermöglichen?

Ein wichtiger Aspekt in diesem Zusammenhang ist die veränderte Lehrerrolle, die im Rahmen des „weichen Treatments" (Weidenmann 2001), wie es das Lernen mit digitalen Medien nahelegt, gefördert wird. Beim Ansatz des *Cognitive Apprenticeship* (vgl. Collins / Brown / Newman 1989) werden diese erweiterten Handlungsmöglichkeiten deutlich. Digitale Lernarrangements, die nach diesem Instruktionsmodell arbeiten, streben die Vermittlung von Expertentum an. Sie orientieren sich an der traditionellen Lehrlingsausbildung und weisen dem Lehrenden die Rolle des Vormachens, Zeigens und Erklärens zu, während sich Schülerinnen und Schüler das Thema durch ‚handelndes Tun' erschließen. Durch das Explizieren der entsprechenden kognitiven Prozesse durch Verbalisierung kann dieser Ansatz bis hin zu Formen des Coaching reichen.

Die Komplexität realer Handlungsfelder in einem konstruktivistischen Sinne wird vom *Cognitive-Flexibility-Ansatz* (vgl. Spiro et al. 1991) aufgegriffen. Er berücksichtigt auch die unvollständige Strukturierung vieler Gegenstandsbereiche und Problemfelder der Praxis. Verstehen wird als eigenaktiver Prozess aufgefasst. Gemäß der konstruktivistischen Auffassung gelangt man über polyperspektivische Darstellung der Inhalte zu höheren Lehrniveaus und kann so die Gegenstände zu verschiedenen Zeiten, Kontexten, unter verschiedenen Zielsetzungen und aus unterschiedlichen konzeptionellen Perspektiven betrachten.

Zunehmend wird auch die Bedeutung kooperativen Lernens im Rahmen von formellen und informellen Lernprozessen betont. Vygotsky (1978) hat bereits in seinem Konzept der „Zone of Proximal Development" die Relevanz des kooperativen Lernens herausgearbeitet. Um in einem problembezogenen Lösungsprozess Fortschritte zu erzielen, benötigen Individuen oder Gruppen in vielen Fällen die Hilfe von ‚außenstehenden' Experten, die über das notwendige Wissen verfügen. Andernfalls verharrt der Einzelne oder die Gruppe in einem Stadium des Wissens, das für die erforderlichen Schritte zur Problemlösung unzureichend ist. Derartige Lernsituationen zu erkennen und Hilfe von außen anzufordern bzw. sie als Unterstützung der Lerngruppe zu gewähren, sind wichtige Elemente kooperativen Lernens. Digitale Medien können diese Prozesse kooperativen Lernens mittels geeigneter medialer Funktionen begleiten und fördern.

Die Bedeutung kooperativen, computerunterstützen Lernens wird auch von Haake, Schwabe und Wessner (2004) betont. Die Autoren verweisen mit Bezug auf die verschiedenen Anwendungskontexte in denen Lernen stattfindet darauf, dass die vernetzten digitalen Medien die Grundlage für ortsunabhängige und ortsverbindende, simultane und asynchrone Formen des Lernens bilden.

Fraglich bleibt allerdings, wie kooperatives Lernen in institutionaliserten Kontexten realisiert werden kann. Die lerntheoretischen Konzepte, die auch für kooperative Lernprozesse im schulischen Kontext von Bedeutung sein können, betonen die wichtige Funktion informeller Lernprozesse und die zentrale Rolle gemeinschaftlichen Lernens und Handels in einem ‚Tätigkeitssystem'. Engström (1994) knüpft dabei an Vygotsky und Traditionen der kulturhistorischen Tätigkeitstheorie an und entwickelt bereits vor Holzkamp (1993) das Konzept des expansiven Lernens. Danach ist Lernen nicht nur ein Prozess individueller Rezeption von Wissen, sondern vollzieht sich als kooperativer Prozess in organisationalen und institutionalisierten Zusammenhängen. Mittels Artefakten, Medien, Werkzeugen und anderen Instrumenten werden arbeitsteilig neue Fakten, Prozesse und Wissen erzeugt, die infolge eines gemeinsamen Reflexionsprozesses in der Gemeinschaft der Lernenden und Handelnden von höherer Qualität sein sollten. Nonaka und Takeuchi (1995) beschreiben in ihrem Konzept der Wissensspirale nach dem SECI Modell (Sozialisation, Externalisierung, Internalisierung, Kombination), ein Konzept der kooperativen Erarbeitung von implizitem Wissen, über das Individuen verfügen ohne sich z.t. selbst darüber im Klaren zu sein. Durch eine Abfolge von Externalisierung und Internalisierung von individuellem Wissen wird dieses für Gruppen und Organisationen verfügbar gemacht. Durch den Einsatz von kooperativen Lernumgebungen, könnten formelle und insbesondere informelle Lernprozesse in der Schule für den kooperativen Wissenserwerb genutzt werden.

Die neuen digitalen Möglichkeiten bieten auch Ansatzpunkte, alltagsnahe Beispiele in das Unterrichtsgeschehen einzubinden. Ausgangspunkt des *Anchored Instruction-Ansatz* der Vanderbilt-Gruppe (vgl. Bransford et al. 1990) sind Anwendungssituationen. Bei Lernangeboten, die diesem Ansatz folgen, steht ein Anker oder ein Fokus im Mittelpunkt, der die Aufgabe hat, Interesse zu wecken, Probleme selbst zu identifizieren und zu verstehen sowie die Aufmerksamkeit der Lernenden auf ihre eigene Wahrnehmung und ihr Verständnis dieser Probleme zu lenken. Dieser Ansatz entspricht in der pädagogischen Tradition dem fallbasierten Lernen.

Die Notwendigkeit der Integration von ‚Real Life-Problemen‘ in formelle Lernprozesse betont auch Fischer (2000). Dies sollte nicht nur aus motivationalen Gründen geschehen um ‚Lernen auf Vorrat‘ zu vermeiden, sondern wegen der wachsenden Bedeutung problembasierten Lernens und des ‚Learning on demand‘ im Kontext des lebenslangem Lernens. Die Fähigkeit, sich im Hinblick auf verschiedene Problemsituationen im Alltag und am Arbeitsplatz mit dem notwendigen Wissen zu versorgen und die ggf. erforderliche, angemessene Hilfe zu organisieren wird als eine Schlüsselkompetenz von Individuen angesehen, die bereits auch in schulischen Lernprozessen fundiert werden sollte. Kooperative, virtuelle Lernumgebungen werden von Fischer und Sugimoto (2006) als geeignetes Medium zur Unterstützung eines entsprechenden Kompetenzerwerbs angesehen.

Vor allem im Bereich des informellen Lernens spielen nach dem theoretischen Konzept von Lave und Wenger (1991) die „Communities of Practice" (CoP) eine bedeutende Rolle. In einem kooperativen informellen sozialen Netzwerk von Personen, die gemeinsam an einem Problem bzw. Thema arbeiten, theoretische Konzepte, Methoden und Handlungsstrategien teilen, findet eine Verzahnung von individuellen und kooperativen Lernprozessen im Kontext einer losen sozialen Gemeinschaft statt. Wissenserwerb, der sich in der Generierung gemeinsamer Dokumente und in der Verständigung über die Gestaltung von sozialen Handlungen oder technischen Prozessen manifestieren kann, sind das Ergebnis von kooperativen Aktivitäten in einer solchen Personengruppe. Digitale Medien spielen bei der Unterstützung derartiger Kooperationsprozesse eine wesentliche Rolle. Im Hinblick auf die Öffnung von Schulen hin zu ihrem sozialen Umfeld und die Integration von externen Experten in schulisches Lernen kann das theoretische Konzept der CoP sehr hilfreich sein.

Mit der von Siemens (2005; 2008) begründeten Lerntheorie des Konnektivismus wird die Bedeutung sozialer Netzwerke für Lernprozesse weiter zugespitzt. Der Lernende wird als vernetztes Individuum betrachtet, das sich in einem sozialen Netzwerk von Personen und digitalen Quellen jene Informationen beschafft, die für Problemlöseprozessse erforderlich sind. Die Aufrechterhaltung des Netzwerks, die Fähigkeit sich zu einem gegebenen Problem aus dem Netzwerk die notwendige Expertise zu erschließen, wird als Kernkompetenz angesehen. Für das Individuum ist es weniger relevant problembezogenes Wissen zu akkumulieren, als vielmehr zu wissen, wie im sozialen Netzwerk problemadäquate Wissensressourcen zu erschließen sind. Ohne die vernetzten digitalen Medien wäre ein derartiger lerntheoretischer Ansatz nicht denkbar. Neuerdings werden mit dem Konzept der „Artefact Actor Networks" (Reinhardt 2010) zudem die technischen Grundlagen im Bereich der digitalen Medien geschaffen, das den konnektivistischen Ansatz von Siemens unterstützt im Hinblick auf die Erschließung digitaler Ressourcen.

Inzwischen bieten die digitalen Medien den Lehrenden also eine große Bandbreite an Möglichkeiten, die Lernumgebung selbst so zu gestalten, wie dies die Ziele, Inhalte und Rahmenbedingungen der Lehrinhalte erfordern. Didaktische und medienspezifische Aspekte können verschränkt und didaktische Vorentscheidungen und Medienentscheidungen entsprechend vom Lehrenden getroffen werden (vgl. Tulodziecki / Herzig / Grafe 2010: 137ff.), wie dies im nächsten Abschnitt verdeutlicht wird.

4   Lernpotenziale mit Web 2.0-Technologien in der Schule

Da es aufgrund der Vielfalt möglicher Nutzungsformen des Web 2.0-Angebots nicht möglich ist, im Rahmen dieses Beitrags die gesamte Bandbreite und Kombinationen der Nutzung von Diensten in schulischen Kontexten zu beschreiben, wollen wir uns exemplarisch auf Blogs, Social Software, Learning Management Systeme (LMS) sowie Persönliche Lernumgebungen (PLE) beschränken.

4.1 Blogs in Lernkontexten

Blogs können die Beteiligten dazu anregen, sich intensiv mit interessierenden Themen zu befassen, sich mit anderen Interessierten auszutauschen und an Problemlösungen mitzuarbeiten. Durch die unmittelbare Verfügbarkeit dieser Informationsquellen sowie deren starke Vernetzung wird Wissen komfortabel zusammengeführt. Ist der Nutzer zudem auch Produzent eigener Beiträge, ist eine Auseinandersetzung mit dem jeweiligen Gegenstand ohnehin notwendig, um in der inzwischen stark vernetzten Gemeinschaft nicht als Unwissender zu gelten.

Ein Beispiel für Blogs als Foren für Informationen und Diskussionen über verschiedene Wissensgebiete sowie über Bildungsthemen im engeren Sinne ist der „BildungsBlog" (http://bildung.twoday.net/). Hier werden Nachrichten, Meinungen, Kommentare und Ankündigungen zu den verschiedensten Themen des netzbasierten Lehrens und Lernens bereitgehalten. Der Blog beinhaltet zahlreiche Rubriken, die mit einer entsprechenden Blogroll verbunden werden, auf der die wichtigsten Vertreter eines Sachgebietes sowie aktuelle Schwerpunktthemen zu finden sind. In diesem Kontext werden häufig die Grenzen von wissenschaftlicher und anwendungsorientierter Expertise nicht stringent eingehalten, da das Thema und das Engagement im Vordergrund stehen.

Eine besondere Form der Reflexion von Bildungsprozessen bieten Lerntagebücher, die als Blog geführt werden, da sie neben dem Bildungsfokus ebenso das Interesse bzw. die Leidenschaft zum Schreiben adressieren. Charakteristisch ist hier der persönliche Stil des Schreibens, der sich stark an den Gepflogenheiten in der Blogsphäre orientiert (vgl. z.B. http://www.uni-potsdam.de/ageleaning /tipps/lerntagebuch.html).

Blogs werden darüber hinaus als Foren der öffentlichen und politischen Reflexion des gesellschaftlichen Umgangs mit Wissen und Medien genutzt. Bloggen kann somit als Möglichkeit der öffentlichen Meinungsbildung und der mündigen gesellschaftlichen Teilhabe verstanden werden, die bis hin zur Gegenöffentlichkeit reichen.

Blogs sind zum Einsatz im schulischen Unterricht geeignet, da eine Vielzahl an Anbietern von Open-Source-Werkzeugen für Weblogs (z.B. wordpress, google ect.) es sowohl Schülern als auch Lehrern erlaubt, in wenigen Schritten und mit geringen Vorkenntnissen einen Blog einzurichten und zu gestalten. Blogs bieten sich nicht nur als Informationsquelle und Partizipationsinstrument an externen Diskussionsforen an, sondern auch als Medium des Diskurses, der von Schülerinnen und Schülern selbst zu einem von ihnen gewählten Thema gestaltet wird. Sie bieten darüber hinaus bei entsprechendem Anspruchsniveau der diskutierten Themen auch Lehrkräften die Gelegenheit zur Erweiterung ihrer Medienkompetenz.

4.2 Plattformen für soziale Netzwerke - Communities of Practice

Wie bereits angedeutet, eignet sich Social Software je nach Typ und Nutzungsart auch zum Aufbau von Lern- und Arbeitsgemeinschaften in Bildungs- und Lern-prozessen Dabei ist weniger an Plattformen wie schülerVZ oder Facebook ge-dacht, wo es eher um Kommunikation und Kontaktaufnahme mit Freunden und Bekannten auf persönlicher Ebene zum Zwecke des allgemeinen Informations-austausches und um Freizeitgestaltung geht. Um Lern- und Arbeitsgemeinschaf-ten (Communities of Practice) aufzubauen und in ihren Intentionen zu unterstüt-zen, sind eher soziale Plattformen und Arbeitsumgebungen geeignet, die koope-ratives Arbeiten und Lernen, etwa durch das kooperative Bereitstellen und auf-gabenbezogenes Bewerten von webbasierten Informationsquellen (Social Bookmarking, Social Tagging, Referenzmangementsystem). Zudem eigenen sich Wikis, Blogs und E-Portfolios dazu, die kooperative Organisation von gemein-samen Arbeits- und Lernprozessen zu fördern. Hierzu zählen etwa soziale Platt-formen wie LikendIn (http://www.linkedin.com/) oder Mahara (http://mahara. org/).

Communities of Practice (vgl. Wenger 1998) sind ein besonderes Konstrukt im Web 2.0. Interessierte Lernende arbeiten dauerhaft oder sporadisch zusam-men an Problemlösungen. Jeder Lernende hat einen mehr oder weniger großen Anteil am Lernzuwachs und ist je nach individueller Beteiligung stärker einge-bunden in das soziale Lernerlebnis. Solche Communities sind sowohl on- als off-line zu pflegen und ermöglichen ihren Mitgliedern somit ein hohes Maß an zeit-licher Flexibilität. Diese Flexibilität gewinnt angesichts der mobilen Kommuni-kationsmöglichkeiten deutlich an Kontur. Nicht nur das Maß der Beteiligung in verschiedenen Communities kann von den Teilnehmern je nach Interessenlage gestaltet werden, sondern auch das Engagement innerhalb einer bestimmten Ge-meinschaft. So ist es möglich die individuelle Lern- und Wissenserarbeitungsbe-teiligung von eher passiv rezipierend bis aktiv evozierend mit der Gemeinschaft auszuhandeln (vgl. ebd.). Durch die soziale Komponente solcher Strukturen ent-wickelt sich ein Netzwerk von reziprok aufeinander bezogenen und angewiese-nen Lernenden, die je nach derzeitiger Rolle eine entsprechende Verantwortung gegenüber den anderen Gemeinschaftsmitgliedern empfinden. Communities of Practice bestehen aus Mitgliedern, die ein Interesse besitzen sich in diese Ge-meinschaft einzubringen und die Problemlösungen weiterzuentwickeln. Dadurch können soziale Bindungen, Vertrauen sowohl in Personen als auch zu Inhalten und soziales Ansehen erwachsen, die diese Art von Lern- und Bildungskontext nicht mit Pflicht oder Zwang verknüpfen sondern ein persönliches Bedürfnis darstellen, für sich selbst und die Gemeinschaftsmitglieder zu lernen und wech-selseitig voneinander zu profitieren (vgl. Meister / Meise 2010).

Schulen können die oben beschriebenen Möglichkeiten der Social Software auch nutzen, um über Einbindung entsprechender Funktionen auf ihrer Schulhomepage Eltern, am Schulleben Interessierte und außerschulische Experten in eine virtuelle Schulgemeinde einzubinden und damit eine Öffnung der Schule hin zu ihrem Umfeld mit entsprechenden Aktivitäten zu unterstützen.

4.3 LCMS

Für die Arbeit in Bildungseinrichtungen und besonders auch in Schulen sind Learning Content Management Systeme (LCMS) mittlerweile fast unverzichtbar. Ein LCMS, die Weiterentwicklung eines Learning Management Systems (LMS) besteht aus einem Server mit einer Datenbank (Repository oder Content Management System). Auf User-Seite gibt es eine browserbasierte Schnittstelle zu den verschiedenen Bereichen eines LCMS in das auch Web 2.0-Dienste eingebunden sein können. Als wichtigste Funktionen eines LCMS werden benannt: Verwaltungssystem für Lerngruppen, Kurse, Lehrkräfte und von Lerninhalten, Gruppenkalender und Terminplaner, Kommunikationstools für die asynchrome und synchrone Kommunikation der Lernenden untereinander, Bewertungs- und Rückmeldungstools, Berichts- und Formularwerkzeug, Autorentools zum kooperativen Erstellen von Inhalten, etc. (vgl. Hughes 2009)

Leistungsfähige LMS bzw. LCMS sind mittlerweile als Open-Source-Produkte frei verfügbar wie z.B. Moodle (vgl. http://www.moodle.de) oder Ilias (vgl. http://www.ilias.de). Sie müssen aber bei der Installation entsprechend den Bedürfnissen der Bildungseinrichtung angepasst und ggf. programmtechnisch modifiziert werden. Für die Nutzung derartiger Systeme in Schulen ergeben sich vielfältige Möglichkeiten, sowohl für die Lehrkräfte als auch für die Schülerinnen und Schüler. So können sich beispielsweise Lehrerarbeitsgruppen gemeinsam für Unterrichtsvorhaben vorbereiten, Lernmaterialien recherchieren und für Schüler bereitstellen, kooperativ Kurse verwalten, externe Experten in die schulische Arbeit mit einbeziehen, Verwaltungsarbeit abwickeln, etc.. Für Lerngruppen, ergeben sich neben dem Zugang zu virtuellen Klassenräumen mit themenbezogenem Lernmaterial vor allem Möglichkeiten zu kooperativem Arbeiten auch außerhalb des Kontextes des realen Klassenraums und unter Einbezug von externen Interessierten. Dies birgt enormes Potenzial, um traditionelle Formen schulischen Lernens mit informellem und außerschulischem Lernen zu verbinden und damit schulische Lernprozesse vollkommen neu zu organisieren.

4.4 Personal Learning Environments

Eine Form der Lernorganisation, die sich analog zu den technologischen Innovationen des Web 2.0 entwickelt sind Personal Learning Environments. Bisher mussten sich Lernende in den meisten Fällen auf unterschiedlichen Plattformen einloggen, verschiedene reale Lerntreffen organisieren, ihre Aufgaben proprietär lösen und nachvollziehen. Dies erfordert vom Lernenden ein hohes Maß an Organisation, die wegen häufigem Plattformwechsel zu Medienbrüchen führt. Ferner beinhaltet diese Form der Nutzung von Webangeboten eine Bindung an eine Plattform, die sich mehr an dem jeweiligen Bildungsanbieter als an dem persönlichen Bildungsfortschritt orientiert. Durch individualisierte Lernoberflächen können die Bildungsbemühungen des Individuums zusammengefasst, nachvollzogen und leicht verwaltet werden. Sie repräsentieren, im Gegensatz zu Nutzungsoberflächen von Learning Managementsystemen, eine sehr persönliche Sicht auf gerade anstehende Arbeits- und Lernprozesse. PLEs ermöglichen es den Nutzern, Informationsquellen und Cognitive Tools entsprechend den anstehenden Aufgaben und Problemen individuell so zu arrangieren, dass Wissenserwerb und Lernprozesse entsprechend den individuellen Bedürfnissen größtmöglich unterstützt werden. Diese Cognitive Tools befähigen die Anwender u.a. zu folgenden Tätigkeiten beim Umgang mit Daten und Informationen: Daten manipulieren, analysieren, (verteilt) speichern, präsentieren, über sie reflektieren, aggregieren und visualisieren, sie mit anderen teilen und dabei soziale Netzwerke bilden (vgl. Hughes 2009).

Mit dieser oberflächlich betrachteten organisatorischen Annehmlichkeit, ergeben sich jedoch bei eingehender Analyse im Hinblick auf das lebenslange Lernen ganz neue Perspektiven. So erhält das Lernen neben Kommunikation, Arbeit, Spiel und Unterhaltung einen festen Platz innerhalb der alltäglichen, selbstverständlichen computergestützte Tätigkeiten.

Aktuell zeigen sich Tendenzen zu einer größeren Individualisierung von Webangeboten in einer technologischen Entwicklung hin zu vereinfachten Programmen bzw. Programmteilen, die leicht zu kombinieren sind. So nutzen mittlerweile verschiedene Plattformen die Implementierung von Plug-Ins zu anderen Plattformen, um ihre Oberfläche für die Nutzer attraktiver zu gestalten und Zusatznutzen anzubieten. Solche Entwicklungen zeigen sich beispielweise bei Youtube, wo durch entsprechende Implementierungen Videos sofort zum Myspace- oder Facebook-Account hinzugefügt werden können. Somit findet ein Ablösungsprozess der Inhalte statt, indem diese in beliebige Plattformen oder eigene Webseiten eingebunden werden können und nicht nur innerhalb einer geschlossenen Community verfügbar sind (vgl. Jörissen / Marotzki 2008).

Um diese Potenziale auch für den Schulunterricht nutzbar zu machen ist es nach Ansicht von Medienpädagogen wünschenswert, methodisch didaktisch aufbereitete individuelle Lernumgebungen zu schaffen, die den persönlichen Präferenzen der Lernenden entsprechen (vgl. Röll 2008: 63).

4.5 Anwendungen von Web 2.0-Diensten in den Unterrichtsfächern

Nachdem wir im vorigen Abschnitt allgemeine Nutzungsmöglichkeiten von Web 2.0-Techniken und deren medialen Funktionen in Lern- und Bildungsprozessen angesprochen haben, soll dies nun abschließend für einige Unterrichtsfächer beispielhaft weiter konkretisiert werden. Viele der angesprochenen Unterrichtsprojekte sind nicht nur unter fachspezifischer Perspektive zu betrachten, sondern eröffnen einen integrativen, fächerübergreifenden Zugang zur Medienbildung und ermöglichen Schülerinnen und Schüler den Erwerb von Medienkompetenzen (vgl. Whyley / Westwood 2005). So eröffnet beispielsweise das größte kollaborative ‚Mobile Learning' Projekt Großbritanniens an Schulen in Wolverhampton Schülern und deren Eltern die Möglichkeit zum ‚anywhere, anytime learning', mittels Laptos und mobiler Endgeräte. Mit Techniken des Web 2.0, wie z.B. Blogs, Podcasts und Videocasts werden in fast allen schulischen Fachgebieten und in fächerverbindenden, überschulischen Projekten (vgl. Learning2go 2009) medienbezogene und fachliche Kompetenzen erworben. Mit WebQuests (vgl. den Beitrag von Thomas Spahn in diesem Band) können komplexere, problemorientierte Aufgabenstellungen inklusive der zugehörige Materialien den Schülern in webbasierten Umgebungen angeboten werden, um im Zuge des kooperativen Problemlöseprozesses nicht nur Wissen zu vermitteln, sondern auch selbstgesteuertes, handlungsorientiertes Lernen und den Erwerb von Medienkompetenz zu fördern (vgl. http://www.webquest-forum.de/). Ferner können die medialen Funktionen des Web 2.0 und seine Techniken in fächerübergreifenden Medienprojekten oder beim fachbezogenen Einsatz hinsichtlich ihrer technischen Grundprinzipien und gesellschaftlichen Auswirkungen thematisch in den Unterricht integriert werden.

Die medialen Funktionen des Web 2.0 werden auch im traditionellen schulischen Unterricht genutzt. Im Sinne einer in die traditionellen Schulfächer eingebundenen integrativen Medienbildung, nach der laut Lehrplänen medienbezogene Lernprozesse in den meisten Bundesländern in den schulischen Unterricht integriert werden sollen, gibt es eine Fülle von Unterrichtsbeispielen, in denen versucht wird, Dienste des Web 2.0 zu thematisieren und deren mediale Funktionen im Unterricht zu nutzen. Charakteristisch für derartige Ansätze ist es, dass interaktive digitale Medien, sowohl im mediendidaktischen Sinne zur Erschließung fachlicher Inhalte und Methoden des jeweiligen Unterrichtsfaches genutzt werden, und gleichzeitig versucht wird, Zielsetzungen im Sinne des Erwerbs von Medienkompetenz zu realisieren[5].

Abschließend listen wir exemplarisch einige Beispiele auf, wie im Unterricht Web 2.0-Applikationen eingesetzt werden können und wie damit gleichzeitig mediendidaktische und medienerzieherischen Intentionen verknüpft werden können.

Fach	Webdienst -applikation	Mediendidaktischer Aspekt im Fach	Aspekte der Medienbildung
alle	Wiki als Lernplattform	Kooperatives Schreiben im Web	Wandel von Kooperations- und Interaktionsstrukturen
D, SK	Netzbasierte Computerspiele	Umgang mit interaktiven Medien	Reflexion eigenen Rollenverhaltens
E, FS	Podcasts, Videos	Kommunikation in einer Fremdsprache	Medienproduktion
E, Geo	Chat, Blog, Wiki	Interkulturelle medienvermittelte Kommunikation, authentisches Lernen	Nutzung digitaler Kommunikationsmedien
alle	LCMS, PLE	Verbreiten von Lernmaterial, Lernorganisation, themenbezogene Kommunikation	Nutzen der Funktionen einer Lernplattform
alle	PDA, Handys	Zugang zu Lerninhalten	Medienproduktion
D, SK	Soziale Netzwerke, virtuel. Gemeinschaften	Umgang mit interaktiven Medien und virtuellen Welten	Soziale / virtuelle Identität; Gesellsch. Wandel d. Medien
alle	E-Portfolio, Webquest	mediale Unterstützung von Lernprozessen	Umgang mit webbasierten Medien
Nat	Fernexperimente, Simulationen	Interaktive mediale Unterstützung von fachspezifischen Lernprozessen	Medienevaluation (reales-virtuelles Experiment)
SK	schülerVZ u. a. VZs	Datenschutz	Medienkritik

---

[5] Eine Reihe von guten Unterrichtsbeispielen befinden sich z.B. in verschiedenen Ausgaben der Zeitschrift Computer + Unterricht der Jahrgänge 2006-2009. Unterrichtsbeispielen zum Thema Web 2.0 im Informatikunterricht befinden sich z.B. in verschiedenen Ausgaben der Zeitschrift *LOGIN* der Jahrgänge 2006-2009.

Ku	Virtuelle Museen	Virtuelle Erkundung von Kunstwerken	Medienreflexion
Ku, Inf	Webseitengestaltung	Softwareergonomie Visuelle Kommunikation	Ästhetische Komponente Medienverstehen
Inf	Techniken des Web 2.0	Informat. Grundkonzepte digitaler Medien	Medienproduktion, -verständnis, -kritik

Abbildung 1:   Tabelle Unterrichtsprojekte mit Bezug zum Web 2.0 in der
                    Medienbildung

5   Ausblick

Web 2.0-Technologien eröffnen durch das vielgestaltige Potenzial mit ihren neuartigen technologischen und sozialen Dimensionen erheblich erweiterte Lern- und Bildungspotenziale, die bislang kaum zu realisieren waren. Diese Erweiterung der Art und Weise, wie Fachinhalte vermittelt, strukturiert und erarbeitet werden können, bieten für den Unterricht Chancen, die bislang allerdings erst in Ansätzen genutzt werden.

Das Ziel des Beitrags war es, die Spezifik von Web 2.0-Technologien aufzuzeigen und die damit zusammenhängenden Lernpotenziale zu erläutern. Prinzipiell scheint es, dass diese neuen Lernmöglichkeiten der jungen Generation, den ‚digital natives', längst bekannt sind und vielfach bereits praktiziert werden. Indes ist das Interesse an Web 2.0 bei Kindern und Jugendlichen zwar hoch, das aktive und kreative Potenzial ist jedoch noch längst nicht ausgeschöpft, zudem herrscht ein oftmals unbedachter Umgang mit den eigenen Daten. Eine Befragung von Schülerinnen und Schülern auf SchülerVZ ergab zudem, dass gerade auch jugendliche Nutzer einen hohen Bedarf an Aufklärung und Hintergrundinformationen sowie Anleitungen zum rechten Gebrauch wünschen (vgl. Hartung et al. 2010).

Schule könnte hier dazu beitragen, zum einen das informelle, selbstständige und kooperative Lernen – die Grundlage für das lebenslange Lernen – zu fundieren. Zum zweiten können im Unterricht über die veränderten Aneignungsformen auch Chancen genutzt werden, wie relevantes Wissen von Schülerinnen und Schülern nachhaltig erworben werden und sich damit eine andersartige Fachkultur etablieren kann. Zum dritten eröffnen sich damit aber auch Gelegenheiten, wie Medien- und informatische Kompetenzen vertieft werden können, indem Schülerinnen und Schüler dazu befähigt werden, ihre Interessen und Ziele auf einem angemessenen technischen Niveau realisieren zu können.

Aus der Darstellung der Möglichkeiten, die das Web 2.0 eröffnet, sollte auch deutlich geworden sein, dass die Geschwindigkeit, mit der sich neue Technologien entwickeln und damit auch Lernmöglichkeiten verändern, von den Nutzerinnen und Nutzern zunehmend mehr Kompetenzen im Umgang mit IT-Systemen gefordert sind (Informatikkompetenz), um eine systematische und verantwortungsvolle Handhabung grundzulegen. Medienkompetenzen sind zusätzlich notwendig, um einen analytischen, reflektierten, kenntnisreichen, zielgenauen und kreativen Umgang mit digitalen Medien zu fundieren. Medienkompetenz umfasst auch allgemeine Kompetenzen, deren spezifische Ausprägungen sich angesichts der raschen Entwicklungen im Bereich der neuen Medien, der veränderten Möglichkeiten und Gefahren, inhaltlichen Wandlungen ausgesetzt sind. Um medienkompetent zu bleiben, bedarf es also eines lebenslangen Lernens und entsprechender Rahmenbedingungen, die ein eigenaktives, selbständiges Lernen ermöglichen. Aufgabe der Schule ist es, den Schülerinnen und Schülern solche ‚guten' Rahmenbedingungen des Lernens zu bieten und die Grundlagen für ein Weiterlernen zu legen.

Dafür wird es in Zukunft noch viel mehr als gegenwärtig notwendig werden, die Lehrerinnen und Lehrer mit den entsprechenden Kompetenzen auszustatten, die genauso im Sinne des lebenslangen Lernens dazu in der Lage sein müssen, grundlegende informatische Kenntnisse für ihre Lehrkonzeption zu nutzen, um die Medienkompetenz der Schülerinnen und Schüler zu vertiefen. Nur so können die neuen Lernoptionen ausgeschöpft und die ganzen Potenziale einer aktiven Teilhabe an der Kultur und Gesellschaft gewährleistet werden. Da von den Lehrkräften angesichts der schnellen technischen Entwicklungen nicht erwartet werden kann, immer alle Dimensionen der Lernmöglichkeiten im Blick zu behalten, werden in Zukunft Weiterbildungen einen noch höheren Stellenwert einnehmen, um neue technische und mediendidaktische Aspekte besser berücksichtigen zu können und das Lernen lernen vertiefter reflektieren zu können. Hierbei werden sicher auch best-practice Beispiele sowie konkret erarbeitete Unterrichtshilfen eine sehr wichtige Rolle einnehmen.

Literatur

Alby, Tom (2007): Web 2.0. Konzepte, Anwendungen, Technologien. München: Hanser
Attwell, Graham (2007): The Personal Learning Environments - the future of eLearning? eLearning Papers. (2) 1, Unter: http://www.elearningeuropa.info/files/media/media11561.pdf (20.12.2010)

Bransford, J. D. / Sherwood, R. D. / Hasselbring, T. S. / Kinzer, C. K. / Williams, S. M. (1990): Anchored Instruction: Why we need it and how technology can help. In: Nix / Spiro: 115-141

Broy, Manfred / Endres, Albert (2009): Informatik überall, jederzeit und für alle. Informatik Spektrum. 32. 2. 153-162

Collins, Allen / Brown, John S. / Newman, Susan E. (1989): Cognitive Apprenticeship: Teaching the Crafts of Reading. Writing and Mathematics. In: Resnick: 453-494

Eickelmann, Birgit (Hrsg.) (2010): Bildung und Schule auf dem Weg in die Wissensgesellschaft. Münster, New York: Waxmann

Engeström, Yrjö (1994): Training for change: new approach to instruction and learning on working life. Geneva: ILO

Ertelt, Jürgen / Röll, Franz J. (Hrsg.) (2008): Web 2.0. Jugend online als pädagogische Herausforderung. München: kopaed

Fischer, Gerhard (2000): Lifelong Learning – More Than Training. In: Journal of Interactive Learning Research. 11. 3/4. 265-294

Fischer, Gerhard / Sugimoto, Mansanori (2006): Supporting self-directed Learners and Learning Communities with sociotechnical environments. In: Research and Practice in Technology Enhanced Learning. 1. 1. 2006. 31-64

Gross, Friederike von / Marotzki, Winfried / Sander, Uwe (Hrsg.) (2008): Internet – Bildung – Gemeinschaft. Wiesbaden: VS Verlag für Sozialwissenschaften

Haake, Jörg / Schwabe, Gerhard / Wessner, Martin (Hrsg.) (2004): CSCL Kompendium. Lehr- und Handbuch zum computerunterstützten kooperativen Lernen. München, Wien: Oldenbourg

Hartung, Anja / Meise, Bianca / Müller, Lucia / Reißmann, Wolfgang (2010): Wunsch nach Orientierung. Medien und das Generationsverhältnis in der Schule aus der Sicht junger Menschen. In: Computer + Unterricht. 80. 21-25

Herzig, Bardo (Hrsg.) (2001): Medien machen Schule. Grundlagen, Konzepte und Erfahrungen zur Medienbildung. Bad Heilbrunn / Obb

Herzig, Bardo / Meister, Dorothee M. / Moser, Heinz / Niesyto, Horst (Hrsg.) (2010): Jahrbuch Medienpädagogik 8. Medienkompetenz und Web 2.0. Wiesbaden: VS Verlag für Sozialwissenschaften

Herzig, Bardo / Grafe, Silke (2006): Digitale Medien in der Bildung. Standortbestimmung und Handlungsempfehlungen für die Zukunft. Studie zur Nutzung digitaler Medien in allgemein bildenden Schulen in Deutschland. Bonn: Deutsche Telekom

Holzkamp, Klaus (1993): Lernen. Subjektwissenschaftliche Grundlegung. Frankfurt a. M.: Campus

Hughes, Jenny (Hrsg.) (2009): TACCLE – Teachers' Aids on Creating Content for Learning Environments. The E-learning Handbook for Classroom Teachers. Brussels. Unter: http://www.taccle.eu (26.5.2009)

Jörissen, Benjamin / Marotzki, Winfried (2008): Neue Bildungskulturen im „Web 2.0": Artikulation, Partizipation, Syndikation. In: Gross et al. (Hrsg) (2080): 203–225

Lave, Jean / Wenger, Etienne (1991): Situated Learning: Legitimate Peripheral Participation. Cambridge: Cambridge University Press

Learning2go (2009): Wolverhampton LA Mobile Learning. Unter: http://www. learning2go.org/ (26.5.2009)

Magenheim, Johannes (2010): Web 2.0-Technologien als Themen der informatischen Bildung. Beiträge des Informatikunterrichts zur Förderung von Medienkompetenz. In: Eickelmann (Hrsg.) (2010): 115-130

Maier, Ronald / Hädrich, Thomas / Peinl, René (2009): Enterprise Knowledge Infrastructures. Berlin: Springer

Marotzki, Winfried / Meister, Dorothee M. / Sander, Uwe (Hrsg.) (2000): Zum Bildungswert des Internet. Opladen: Leske + Budrich

Meister, Dorothee M. / Meise, Bianca (2010): Emergenz neuer Lernkulturen - Bildungsaneignungsperspektiven im Web 2.0. In: Herzig et al. (Hrsg) (2010): 183-199

mpfs (2010): JIM-Studie 2010. Jugend, Information, (Multi-)Media. Basisuntersuchung zum Medienumgang 12- bis 19jähriger (2010). Stuttgart. Baden-Baden: mpfs

Nix, Don / Spiro, Rand (Hrsg.) (1990): Cognition, Education, and Multimedia: Exploring Ideas in High Technology. Hillsdale. NJ.: Erlbaum

Nonaka, Ikujirō / Takeuchi, Hirotaka (1995): The knowledge creating company. How Japanese companies create the dynamics of innovation, Oxford: Oxford University Press

O'Reilly, Tim (2005): What is Web 2.0? Unter: http://www.oreillynet.com/lpt/a/6228. (25.05.2008)

Reinhardt, Wolfgang (2010): A widget-based dashboard approach for awareness and reflection in online learning communities based on Artefact-Actor-Networks. In: The PLE Conference. ISSN 2077-9119. Unter: http://pleconference.citilab.eu

Resnick, Lauren B. (Ed.) (1989): Knowing, Learning, and Instruction: Essays in Honour of Robert Glaser. Hillsdale, NJ: Erlbaum

Röll, Franz J. (2008): Lernbausteine für Web 2.0 Generation. In: Ertelt / Röll: 59-84

Schmidt, Jan (2006): Weblogs. Eine kommunikationssoziologische Studie: Konstanz: UVK

Schulz-Zander, Renate (2003): SITES: Ergebnisse. In: Computer + Unterricht. 13. 49. S. 15, 17, 21, 24, 29, 33

Siemens, George (2005): Connectivism: A Learning Theory for the Digital Age. International Journal of Instructional Technology and Distance Learning. 2. 1. Jan 2005. http://www.itdl.org/Journal/Jan_05/article01.htm (7.1.2011)

Siemens, George (2008): New structures and spaces of learning: The systemic impact of connective knowledge, connectivism, and networked learning. http://elearnspace. org/Articles/systemic_impact.htm (7.1.2011)

Spiro, Rand J. / Feltovich, Paul J. /Jacobson, Michael J. / Coulson, Richard L. (1991): Cognitive flexibility, constructivism, and hypertext. Random access instruction for advanced knowledge acquisition in ill-structured domains. In: Educational Technology. 31. 24-33

Surowiecki, James (2004): The Wisdom of Crowds: Why the Many are Smarter than the Few and How Collective Wisdom Shapes Business, Economics, Societies and Nations. New York: Doubleday

Tapscott, Don (2009): Growing up digital. New York: McGraw Hill

Tapscott, Don &Williams, Anthony D. (2007): Wikinomics. How Mass Collaboration Changes Everything. London: Penguin

Tulodziecki, Gerd / Herzig, Bardo / Grafe, Silke (2010): Medienbildung in Schule und Unterricht. Bad Heilbrunn: Klinkhardt

Voogt, Joke / Knezek, Gerald A. (Hrsg.) (2008). International handbook of information technology in primary and secondary education. New York: Springer

Vygotsky, Lev S. (1978): Mind in society. Cambridge, MA: Harvard University Press

Weidenmann, Bernd (2001): Lehr-Lernforschung und Neue Medien. In: Herzig: 89-108

Wenger, Etienne (1998): Communities of Practice: Learning, Meaning and Identity. Cambridge: Cambridge University Press

Whyley, D. & Westwood, T. (2005): Placing the learner at the heart of the system. A city-wide approach to the personalised learning agenda. In: Proceedings of the WCCE 2005. Capetown. S.A. 4-7 July 2005

Wiegold, Thomas (2009): Twitter - Schneller als der Präsident. Unter: http://www.focus.de/politik/deutschland/wahlen-2009/bundespraesident/twitter-schneller-als-der-praesident_aid_401834.html (23.05.09)

Willke, Helmut (1998): Organisierte Wissensarbeit. In: Zeitschrift für Soziologie. 27. 3. 161-177

Handeln und Lernen in einer von Medien mitgestalteten Welt – Konsequenzen für Erziehung und Bildung

Gerhard Tulodziecki

Noch vor wenigen Jahren dominierten beim Thema „Computer und Lernen" positive oder gar euphorische Schlagzeilen. So gab es in den 1990er Jahren in der Presse häufig Beiträge, in denen suggeriert wurde, mit Multimedia würden die Anstrengungen des Lernens durch Spaß am Lernen ersetzt. Beispielsweise veröffentlichte die „Neue Westfälische" einen Artikel mit dem Titel „Multimedia vom Feinsten. So macht Lernen richtig Spaß" (ebd. 1995: Computerseite). 1997 kam es in der Wochenzeitung „Die Zeit" zu einem Beitrag des damaligen Bundesbildungsministers Jürgen Rüttgers mit der Überschrift „Schulen ans Netz", in dem die Nutzung des Computers in der Schule als wichtige Zukunftsaufgabe begriffen wurde (vgl. Rüttgers 1997: 50). 1994 nahm „Der Spiegel" das Thema mit einem Heft zum „Lernen mit dem Computer" auf und sprach in dem Leitartikel von einer „Revolution des Lernens". Im Untertitel hieß es damals „Kinder lernen am Computer, programmieren Lernspiele oder kommunizieren über Datennetze mit Gleichaltrigen in Tokio und New York. Während die Schüler neuen Spaß am Lernen entdecken, schläft die Kultusbürokratie. In der Lehrerausbildung kommen Computer kaum vor." (Blumencron / Mohr 1994: 96)

Seit Beginn des neuen Jahrtausends haben sich die Schlagzeilen deutlich gewandelt. Immer wieder tauchen nach PISA Artikel auf, in denen negative Einflüsse der Computer- bzw. Mediennutzung auf Kinder und Jugendliche vermutet werden. Schon 2002 spricht eben jener „Spiegel", der noch 1994 das Lernen mit dem Computer euphorisch nahelegte, in einem Beitrag mit dem Titel „Gelangweilt und abgelenkt" nur noch von den hibbeligen Computer-Kids und macht „Fernsehen und Videos, Internet und Handys" für die „Misere der Schüler" verantwortlich (Andersen 2002: 64). Dieser Wandel in den Schlagzeilen setzt sich bis heute fort und im Oktober 2005 betitelt „Spiegel-Online" einen Artikel sogar mit „Je mehr am Computer, desto dümmer" (Padtberg 2004). In ähnlicher Weise hatte es schon im Juli 2005 mit Bezug auf das Fernsehen in einem Beitrag der Zeitung „Die Welt" geheißen: „Zu viele Stunden vor der Flimmerkiste: Studien belegen, dass Fernsehen im Kindesalter die Entwicklung stören und die Schulleistungen schwächen kann" (Janz 2005). Noch einfacher drückt es im September die „Neue Westfälische" mit der Schlagzeile aus: „Fernsehen macht Kinder dumm" und im Text wird generalisierend als Resümee zitiert: „Ein Übermaß an

Medienkonsum macht dick, dumm, krank und traurig" (Neue Westfälische 2005: 1).

Neben dem Verweis auf mögliche negative Einflüsse der Mediennutzung auf die Schulleistung wird auch 2005 in manchen Schlagzeilen das Problem der Gewalt in den Medien hervorgehoben. Beispielsweise findet sich beim Südwestrundfunk im Januar 2005 in Anlehnung an einen Buchtitel von Rainer Fromm (2002) „Digital spielen – real morden?" ein Beitrag unter der Überschrift „Erst fernsehen, dann schießen? Medienverwahrlosung in Deutschland (Pfeiffer 2005) und die „Neue Westfälische" berichtet im März 2005 unter der Schlagzeile „Jugendschutz bleibt unbeachtet", dass das brutale Ego-Shooter-Computerspiel „Counter Strike", das nur für Erwachsene zugelassen ist, bereits von vielen 11 – 12jährigen und fast der Hälfte der 13 – 14jährigen gespielt wird (vgl. Neue Westfälische 2005: 1). Noch anschaulicher war schon vorher zu diesem Thema in einem „Zeit"-Artikel u.a. ein 11jähriger zitiert worden, der seiner Mutter ‚fachmännisch' erklärt: „Von wirklicher Gewalt hast du ja wahrscheinlich keine Ahnung, Mama. [...] Der Arno hat Computerspiele, da kann ich gar nicht hingucken. ... Aber ich muss dir sagen, dass ich sie spiele." (vgl. Meyer 1999: 63)

Waren sensationelle Schlagzeilen zu den Gefahren von Fernsehen und Computerspiel zunächst vor allem durch spektakuläre Einzelfälle bedingt, z.B. durch die Amokläufe in Erfurt und Emsdetten oder durch das Massaker in einer Schule in Littleton (USA), so werden spätere Schlagzeilen eher durch Veröffentlichungen von Ergebnissen empirischer Untersuchungen in den USA und Neuseeland, durch die Studien einer Arbeitsgruppe um den früheren niedersächsischen Justizminister Christian Pfeiffer (2005) und durch die Publikationen des Neurobiologen Manfred Spitzer (2005) motiviert.

Nun würde allerdings eine differenzierte Auseinandersetzung mit diesen Arbeiten und auch ihre methodologische Kritik – so interessant beides wäre – im Rahmen dieses Beitrags zu weit führen. Dennoch möchte ich mindestens auf drei Aspekte aufmerksam machen:

1.   Die meisten Schlagzeilen beruhen auf weitreichenden Schlussfolgerungen aus korrelativen Zusammenhängen. So sieht Pfeiffer (2005) zum Beispiel einen Zusammenhang zwischen schlechten Schulnoten und einer Spielkonsole oder einem eigenen Fernseher im Kinderzimmer (vgl. ebd.: 2 ff.). Dass solche Aussagen nur auf korrelativen und nicht auf kausalen Analysen beruhen und dass jeweils viele andere Faktoren im Spiel sind, geht bei der öffentlichen Darstellung solcher Untersuchungsergebnisse häufig unter.

2.   Selbst wenn man sich auf korrelative Zusammenhänge einlässt, müssten die pauschalen Aussagen im Hinblick auf das Alter der Kinder, die Medien-

und die Nutzungsart sowie den Umfang der Mediennutzung und das jeweilige Milieu, aus dem die Kinder stammen, relativiert werden. Im Hinblick auf das *Alter* zeigt z.B. eine 2005 von Zimmerman & Christakis veröffentlichte Studie Folgendes: Kinder, die schon ausgeprägt ferngesehen hatten, bevor sie drei Jahre alt wurden, verfügten über eine geringere Sprachkompetenz als Kinder ohne frühes Fernsehen. Allerdings wiesen Kindern mit Fernsehnutzung im Alter von 3 – 5 Jahren in einzelnen Bereichen eine höhere Sprachkompetenz auf als Kinder ohne Fernsehen, wobei der Zusammenhang besonders positiv ausfiel, wenn vor der Vollendung des dritten Lebensjahres kaum ferngesehen wurde (vgl. ebd.: 619-625). Bezogen auf die *Medien- und die Nutzungsart* wurde in einer Studie von Borzekowski & Robinson (2005) zunächst festgestellt, dass Kinder der dritten Grundschulklassen, die kein Fernsehgerät in ihrem Kinderzimmer hatten, bessere Mathematik- und Sprachleistungen aufwiesen als Kinder mit Fernsehgerät. Gleichzeitig waren bei einem Zugang zu einem Computer in der Familie jedoch positive Zusammenhänge mit Mathematik- und Sprachleistungen erkennbar (vgl. ebd.: 607-613).

Hinsichtlich des *Umfangs der Mediennutzung* verweisen zusammenfassende Studien zur Frage der Schulleistung insgesamt darauf, dass sich in der Regel bis zu einer Fernsehnutzung von eineinhalb Stunden pro Tag positive Zusammenhänge mit den Schulleistungen ergeben. Bei Kindern ungelernter Arbeiter, die sonst offenbar nur wenige Anregungen in ihrer Umwelt erfahren, zeigen sich in den USA positive Zusammenhänge sogar noch bis zu einer Fernsehnutzung von vier Stunden pro Tag. Erst danach ergeben sich negative Korrelationen. (vgl. Winterhoff-Spurk 2004: 101)

3. Die besondere Aufmerksamkeit, die zur Zeit neurobiologischen Forschungsergebnissen bei der Nutzung von Computerspielen entgegengebracht wird, hat – abgesehen von der generellen Wertschätzung, die naturwissenschaftliche Forschung in unserer Gesellschaft genießt – auch etwas mit der medialen Darstellbarkeit von Forschungsergebnissen zu tun (vgl. List 2006). So haben die Neurowissenschaften mittlerweile die Möglichkeit, Hirnaktivitäten mit Hilfe der funktionellen Magnetresonanztomografie in Bildern darzustellen, z.B. Hirnaktivitäten beim Videospiel (vgl. Spitzer 2005: 217). Solche Bilder entfalten offenbar nicht nur bei Journalisten eine so hohe Suggestivkraft, dass Neurowissenschaftlern nicht nur das damit Abgebildete, sondern auch alle – zum Teil unkritisch verallgemeinernden – Schlussfolgerungen abgenommen werden. So rechtfertigt z.B. der bildliche Nachweis, dass bei Gewalt-Videospielen das Dopaminsystem im Gehirn aktiviert wird, noch nicht die eindimensional-verallgemeinernden Wirkungs-

annahmen zum aggressiven Verhalten, wie sie von dem Neurobiologen Spitzer in seinem Buch „Vorsicht Bildschirm!" formuliert werden (vgl. Spitzer 2005: 215 ff.).

Dennoch – bei aller Kritik an solchen unzulässigen Vereinfachungen und bei insgesamt durchaus heterogenen und zum Teil auch widersprüchlichen Forschungsergebnissen – ist unbestritten, dass die Nutzung von Computer, Fernsehen und anderen Medien neben möglichen positiven Effekten auch deutliche Risiken für Erziehung und Bildung, für Lernen und Unterricht enthält. Damit ist zugleich deutlich geworden, dass man das Thema „Digitale Medien in der Schule" heute nicht mehr nur unter der Perspektive bearbeiten kann, welche Vorzüge digitale Medien für das Lernen und Lehren bieten, sondern immer auch die Frage stellen muss, was bei der schulischen und außerschulischen Mediennutzung unter Umständen gelernt wird und was dies für Lernen und Lehren sowie für Erziehung und Bildung bedeutet.

Vor dem Hintergrund dieser Grundposition werde ich im Folgenden an einigen Beispielen darstellen, welche Konsequenzen sich für Unterricht und Schule ergeben. Dabei versuche ich, beide Perspektiven aufzunehmen: sowohl die Perspektive der möglichen Anregung und Unterstützung von Lernprozessen durch Medien als auch die Perspektive möglicher Gefährdungen. In diesem Zusammenhang stellen sich u.a. folgende Fragen:

4. Welche Bedingungen sind für das Handeln und damit auch für Lernen und Lehren, für Erziehung und Bildung in einer von Medien mitgestalteten Welt wichtig?
5. Welche Zielvorstellungen sollten dem Unterricht in der so genannten Informations- und Wissensgesellschaft zugrunde gelegt werden?
6. Welche Vorgehensweisen bieten sich für das Lernen und Lehren – einschließlich einer sinnvollen Verwendung von Computer bzw. Medien an?
7. Welche Erziehungs- und Bildungsaufgaben stellen sich angesichts von Möglichkeiten und Risiken der Mediennutzung?
8. Wie können entsprechende Erziehungs- und Bildungsaufgaben in der Schule umgesetzt werden?

Mit der Bearbeitung dieser fünf Fragen soll ein praxisrelevanter und wissenschaftlich fundierter Rahmen für das Thema „Digitale Medien in der Schule" skizziert werden.

Zur Frage (1): Bedingungen für das Handeln in einer von Medien mitgestalteten Welt

Um Bedingungen für das Handeln von Kindern und Jugendlichen in der gegenwärtigen Medienlandschaft herauszufinden und dabei eine Basis für Handlungsvorschläge zu gewinnen, haben wir in verschiedenen Fallstudien und auch einzelnen größeren empirischen Untersuchungen mit unterschiedlichen Konfliktsituationen gearbeitet. So wurden beispielsweise Schülerinnen und Schüler einer Hauptschule in Nordrhein-Westfalen und einer Regelschule in Thüringen mit folgender Situation konfrontiert:

Thorsten ist in seiner Schulklasse ein Außenseiter. Umso mehr freut er sich, als Sebastian – ein in seiner Klasse sehr beliebter Schüler – ihn fragt, ob er sich am Nachmittag mit ihm treffen wolle. Gern willigt Thorsten ein. Als Thorsten am Nachmittag seinen Eltern erzählt, dass er zu Sebastian gehen will, runzeln diese die Stirn. Sie wissen, dass Sebastian u.a. dadurch bekannt ist, dass er durch seinen älteren Bruder Zugang zu Computerspielen hat, die von der Bundesprüfstelle für jugendgefährdende Medien als menschenverachtend eingestuft wurden und deshalb für Jugendliche verboten sind. Die Eltern wollen Thorsten von dem Besuch abhalten, weil sie sich Sorgen machen, dass Sebastian ja doch nur solche Spiele mit Thorsten spielen wolle. Darauf hin versichert Thorsten, dass sie sich keine Sorgen zu machen brauchen. Er verspricht, mit Sebastian keine verbotenen Computerspiele zu spielen.

Als Thorsten zu Sebastian kommt, hat dieser gerade ein neues verbotenes Spiel installiert und geht selbstverständlich davon aus, dass Thorsten mit ihm das Spiel ausprobiert. Thorsten zögert, Sebastian drängt darauf zu beginnen. Wie soll sich Thorsten verhalten? Schülerinnen und Schüler der Klassen 7 bis 10 haben auf diese Situation unterschiedlich reagiert. Als Gründe für das Mitspielen wurden u.a. genannt:

- Sonst kann es ja passieren, wenn er nicht mitspielt, dass er verprügelt wird (7. Klasse).
- Weil nicht jugendfreie Spiele richtig Spaß machen (7. Klasse).
- Vielleicht will er einfach mal mitreden können, wenn seine Klasse darüber spricht (7. Klasse).
- Weil er sonst wie ein Trottel und Feigling dasteht (8. Klasse).
- Damit er nicht als Weichei betrachtet wird (10. Klasse).
- Allein dass das Spiel indiziert ist, gibt einen großen Reiz (10. Klasse).
- Er möchte kein Außenseiter mehr sein und spielt mit, um cooler zu wirken (10. Klasse).

- Spiele sind meiner Meinung nach nicht gefährlich. Lächerlich sie nicht zu spielen (10. Klasse).

Als Gründe gegen das Mitspielen wurden u.a. angeführt:

- Weil seine Eltern es verboten haben. Weil er Angst hat, dass es dann rauskommt (7. Klasse).
- Damit er nicht kriminell wird und weil er sich sonst strafbar macht (7. Klasse).
- Er hat es seinen Eltern versprochen (8. Klasse).
- Er würde das Vertrauen seiner Mutter zerstören. Vielleicht würde er auch Stubenarrest kriegen (8. Klasse).
- Er würde seine Eltern enttäuschen. Er könnte erwischt werden und die Eltern müssten dann Strafe zahlen (8. Klasse).
- Weil er sonst ein schlechtes Gewissen bekommt (10. Klasse).
- Da die Spiele illegal und jugendgefährdend sind. Auch wenn er danach wieder alleine ist, kommt er wenigstens nicht mit dem Gesetz in Konflikt (10. Klasse).

Am Beispiel dieser Situationsschilderung und der Äußerungen lassen sich wichtige Bedingungen der Mediennutzung sowie des Lernens und des menschlichen Handelns generell aufzeigen.

Erstens wird an den Äußerungen sichtbar, dass in einer solchen Situation verschiedene *Bedürfnisse* im Spiel sind, z.B. das Zugehörigkeitsbedürfnis, wenn ein Jugendlicher sagt, dass Thorsten einfach mitreden möchte, wenn die Klasse darüber spricht, oder das Geltungsbedürfnis, wenn als Grund angeführt wird, dass er nicht als Feigling oder Weichei dastehen möchte. Insofern lässt sich Mediennutzung zunächst als eine bedürfnisbezogene Handlung deuten.

Zweitens erweist sich das Handeln von Thorsten als *situationsbedingt*: Ohne die Einladung und das Drängen von Sebastian sowie seine Außenseiterrolle in der Schule hätte sich das Bedürfnis nach Zugehörigkeit oder Geltung nicht in dieser Weise gezeigt.

Drittens ist für das Handeln bedeutsam, welches *Wissen* und welche *Erfahrungen* Thorsten in die Situation einbringt. Wenn er beispielsweise indizierte Spiele kennt und sie schon einmal als sehr anregend und spannend erlebt hat und außerdem noch zu wissen glaubt, sie seien ungefährlich, wie es in einzelnen Äußerungen der Jugendlichen zum Ausdruck kommt, wird er sich vermutlich anders verhalten als wenn dies nicht der Fall ist.

Viertens ist der Stand der *sozial-kognitiven Entwicklung* wichtig. Dieser kann sowohl aus *intellektueller* als auch aus *sozial-moralischer* Perspektive betrachtet werden. Intellektuell gesehen wird Thorsten durch die Situation vor die Handlungsalternative ,Zustimmung oder Ablehnung' gestellt. Er könnte allerdings auch noch andere Möglichkeiten bedenken, z.B. den Vorschlag machen, ein anderes spannendes Spiel auszuprobieren. Sozial-moralisch gesehen bzw. hinsichtlich von Wertorientierungen wird Thorsten – wie die Äußerungen u.a. zeigen – je nach seinem Entwicklungsstand abwägen, ob er das Risiko einer Bestrafung eingehen oder lieber den Eltern gehorchen soll, ob er eher den Erwartungen von Sebastian und seiner Freunde oder eher den Erwartung seiner Eltern folgen soll, ob er sich eher für oder gegen den gesellschaftlich geforderten Jugendschutz entscheiden soll.

Für zukünftiges Handeln sind über die genannten Bedingungen hinaus die *Folgen* des jeweiligen Handelns wichtig. Geht man beispielsweise davon aus, dass Thorsten mitspielt und die Einwilligung ihm die Anerkennung Sebastians bringt und die Eltern davon nichts erfahren, so wäre – falls Thorsten nicht von sich aus ein ,schlechtes Gewissen' verspürt – ein Nachgeben in ähnlichen Fällen wahrscheinlicher. Würden es die Eltern es jedoch erfahren und daraus ein schwerer Konflikt entstehen, so wäre ein Nachgeben in späteren ähnlichen Situationen unwahrscheinlicher.

Den obigen Überlegungen liegt eine Modellvorstellung vom menschlichen Handeln zu Grunde, die grafisch in der Abbildung 1 zusammengefasst ist (vgl. Tulodziecki 1996: 53).

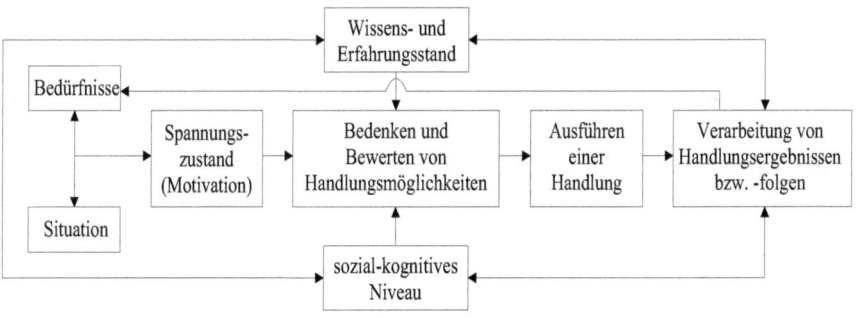

Abbildung 1:   Handlungsmodell

An dem Handlungsmodell wird noch einmal der Zusammenhang von Voraussetzungen und Bedingungen der Mediennutzung in Konfliktfällen deutlich: Aufgrund eines Spannungszustandes zwischen Bedürfnislage und Anforderungen in einer bestimmten Situation werden verschiedene Handlungsmöglichkeiten erwogen, von denen schließlich eine ausgewählt und realisiert wird. Für die Erwägung ist zum einen der Stand des Wissens bzw. der Erfahrungen zu der jeweiligen Situation bedeutsam. Zum anderen ist das sozial-kognitive Niveau wichtig: einerseits für die Zahl der in den Blick genommenen Handlungsmöglichkeiten und andererseits für ihre Bewertung.

Zugleich ergeben sich Bezüge zum Lernen. Dies wird zunächst an der Überlegung erkennbar, dass die Konsequenzen einer Handlung und ihre Verarbeitung bedeutsam dafür sind, ob eine bestimmte Handlung in der Zukunft wahrscheinlicher oder weniger wahrscheinlich wird. Gleichzeitig beeinflussen die Erfahrungen in einer bestimmten Situation den Wissensstand und das sozial-kognitive Niveau. Dies kann zu Veränderungen im Verhalten und/oder im Wissensstand und/oder in allgemeinen sozial-kognitiven Dispositionen führen. Wenn dies der Fall ist, dann hat Lernen stattgefunden.

Wenn mit dem skizzierten Handlungsmodell auch nur bestimmte Aspekte des Handelns akzentuiert werden und andere Modellvorstellungen möglich wären, erlaubt es doch wichtige Schlussfolgerungen für die Gestaltung von Unterricht sowie für medienpädagogisches Handeln. Des Weiteren erweist es sich als Vorteil, dass das Handlungsmodell von vornherein auf eine interdisziplinäre Sichtweise der komplexen Vorgänge um Lernen und Mediennutzung angelegt ist. Zur weiteren Spezifizierung kann man in einem solchen interdisziplinären Sinne unterschiedliche Ansätze heranziehen:

- bezüglich der Bedürfnislage z.B. den aus der humanistischen Psychologie stammenden Ansatz von Maslow (vgl. ebd. 1981) sowie aktuelle Forschungsergebnisse von Deci & Ryan (1993),
- bezüglich der Situation z.B. Ergebnisse der sozialwissenschaftlichen Jugendforschung,
- bezüglich des Wissens- und Erfahrungsstands z.B. kognitionsorientierte und konstruktivistische Lerntheorien im Zusammenhang mit unterschiedlichen fachdidaktischen Ansätzen und
- bezüglich der sozial-kognitiven Entwicklung z.B. Theorien zur intellektuellen Entwicklung in Weiterführung des Ansatzes von Piaget (vgl. ebd. 1947) sowie Ansätze zur Wertentwicklung von Kohlberg (vgl. ebd. 1977: 5-19) und Gilligan (vgl. ebd. 1982), wobei Kohlberg ja in besonderer Weise dem Prinzip sozialer Gerechtigkeit und Gilligan dem Prinzip der Verantwortung verpflichtet ist.

Solche Ansätze sind zunächst einmal wichtig, um Bedingungen des Handelns in ihrer Tragweite einschätzen zu können. Sie reichen jedoch noch nicht aus, um fundierte Handlungsvorschläge zu entwickeln. Dazu sind Reflexionen zu wünschenswerten Zielen notwendig.

Zur Frage (2): Zielvorstellungen für Unterricht und Schule in einer von Medien mitgestalteten Welt

Die geschilderte Konfliktsituation kann man auch nutzen, um über Leitideen für das Handeln bzw. für Erziehung und Bildung nachzudenken. In diesem Sinne lässt sich mit Bezug auf das Computerspiel-Dilemma Folgendes feststellen:

- Erstens ist für die skizzierte Situation zu hoffen, dass Thorsten über Kenntnisse zum Jugendschutz verfügt und damit überhaupt erst die Möglichkeit besitzt, unter Beachtung rechtlicher Regelungen zu handeln, d.h. *sachgerecht* vorzugehen.
- Zweitens ist wünschenswert, dass sich Thorsten nicht einfach von seinem Freund überreden lässt, sondern zu einer eigenen Abwägung kommt – oder anders gesagt: nicht fremdbestimmt, sondern *selbst bestimmt* handelt.
- Drittens wäre es gut, wenn sich Thorsten in solchen oder ähnlichen Situationen nicht bloß auf vorgegebene Handlungsmöglichkeiten festlegen ließe, sondern neue bzw. alternative Handlungsmöglichkeiten entwickelt, d.h. *kreativ* agiert.
- Viertens wäre ein wünschenswertes Handeln dadurch gekennzeichnet, dass Thorsten nicht nur die Interessen von Sebastian, sondern auch die Interessen weiterer Betroffener, hier z.B. der Eltern, sowie gesellschaftliche Verpflichtungen berücksichtigt, d.h. *sozial verantwortlich* entscheidet.

Damit sind vier Leitideen für das Handeln bzw. für Erziehung und Bildung in einer von Medien mitgestalteten Welt sichtbar geworden: sachgerechtes Vorgehen, Selbstbestimmung, Kreativität und soziale Verantwortung (vgl. Tulodziecki 1996: 50). Diese Leitvorstellungen lassen sich nicht nur mit Blick auf das Beispiel, sondern auch mit Blick auf die generelle Bedeutung von Medien sowie auf allgemeine gesellschaftliche Tendenzen begründen.

Beispielsweise wird es bei der Informationsfülle in unserer Medienlandschaft zunehmend schwieriger, sachlich richtige von falschen und irreführenden Informationen zu unterscheiden und sachgerechte Vorgehensweisen zu wählen. Diese Problematik wird in ihrer Tragweite besonders deutlich, wenn man sich z.B. die vielfältigen falschen Informationen bewusst macht, die zum Thema Irak und Irakkrieg über die Medien verbreitet wurden. Vor einem solchen Hintergrund steht die Leitidee eines sachgerechten Handelns zugleich gegen mögliche Irreführungen durch Medieninformationen. Im Zusammenhang damit betont die Leitidee des selbst bestimmten Handeln, dass es immer wichtiger wird, einer möglichen Fremdbestimmung durch Medien entgegenzuwirken. Des Weiteren verweist die Leitidee kreativen Handelns auf das Ziel, gegen die bloße Rezeption von Medien eigene Kreativität – gegebenenfalls auch mit Medien – zu setzen, und schließlich wird mit der Leitidee sozial verantwortlichen Handelns die Idee sozialer Gerechtigkeit hervorgehoben, die angesichts gesellschaftlicher Strömungen wie Nutzen- und Profitorientierung, Individualisierung und Narzissmus, Wertepluralismus und Globalisierung besondere Bedeutung gewinnt.

Die vier Leitideen sind allerdings nicht nur wichtig, um möglichen Gefährdungen durch die Mediennutzung entgegenzusteuern, sie sind ebenso bedeutsam, um das positive Potential, das in der Mediennutzung liegt, zur Geltung zu bringen: Im Rahmen eines sachgerechten, selbst bestimmten, kreativen und sozial verantwortlichen Handelns können Medien wichtige Funktionen als Informationsquelle und Lernhilfe, als Mittel der Unterhaltung und des künstlerischen Ausdrucks, als Simulationswerkzeug bei Problembearbeitungen und Entscheidungen, als Instrument für Kommunikation und Kooperation sowie als Möglichkeit der Mitgestaltung des Gemeinwesens zukommen.

Zugleich wird mit diesen Anmerkungen deutlich, dass in unserer heutigen Zeit wichtige philosophische Grundfragen nicht außer Kraft gesetzt sind, sondern angesichts der Medienentwicklung neue Aktualität erlangen (vgl. auch Doelker 1998):

- Die Grundfrage der Erkenntnistheorie: Was ist wahr?
- Die Grundfrage des Pragmatismus: Was ist (im weitesten Sinne) nützlich für den Einzelnen und Gesellschaft?
- Die Grundfrage der Ästhetik: Was ist in sich stimmig bzw. im weitesten Sinne schön?
- Die Grundfrage der Ethik: Welches Handeln ist gerechtfertigt?

Diese Grundfragen gelten sowohl für die Medienmacher als auch für die Rezipienten und verweisen auf deren Verantwortung. So sind die damaligen Geschehnisse im Zusammenhang mit der Veröffentlichung von Karikaturen zum Propheten Mohammed nur ein Beispiel dafür, welche Wirkungen von medialen Darstellungen ausgehen können. Dabei bleibt nur zu hoffen, dass bezogen auf solche Auseinandersetzungen nicht der französische Medienphilosoph Jean Baudrillard recht behält, der in seinem Buch „Die fatalen Strategien" u. a. sagt, dass die Welt nicht auf Gleichgewicht angelegt sei, sondern auf Extreme, was u.a. bedeuten würde, dass Auseinandersetzungen einem radikalen Antagonismus unterliegen und weder auf Versöhnung noch auf Synthese zielen (vgl. Baudrillard 1991: 7).

Umso wichtiger werden die genannten vier Grundfragen, wobei diese Grundfragen zu stellen keineswegs ausschließt, sondern – im Sinne postmoderner Kritik bzw. im Sinne von Dekonstruktion und Diskursanalyse – durchaus einschließt, auch die Frage zu bedenken, warum etwas Bestimmtes für wahr, nützlich, schön oder gerechtfertigt gehalten wird und Anderes eben nicht.

Die obigen Überlegungen zu Zielvorstellungen für Unterricht und Schule sowie zu Bedingungen des Handelns in einer von Medien mitgestalteten Welt legen nun die Frage nach geeigneten Vorgehensweisen – zunächst für Lernen und Lehren – nahe.

Zur Frage (3): Vorgehensweisen für Lernen und Lehren

Das Verhältnis der skizzierten Bedingungen von menschlichem Handeln und Lernen zu den angesprochenen Zielvorstellungen bzw. Leitideen für das Lernen und Lehren lässt sich auch so beschreiben: Für ein sachgerechtes, selbst bestimmtes, kreatives und sozial verantwortliches Handeln sind in Abhängigkeit von der Lebenssituation eine gewisse Befriedigung grundlegender Bedürfnisse, ein hinreichender Wissens- und Erfahrungsstand sowie ein bestimmtes Niveau intellektueller und sozial-moralischer Entwicklung notwendig. Für Lernen und Lehren folgt daraus: Lehren sollte unter Beachtung der Lebenssituation und Bedürfnislage der jeweiligen Kinder und Jugendlichen zum einen auf die Erweiterung des Wissens- und Erfahrungsstandes, zum anderen aber auch auf die Förderung des sozial-kognitiven Urteilsniveaus zielen.

Dies lässt sich z.B. durch die Auseinandersetzung mit Dilemmata der skizzierten Art realisieren: Die Dilemmata können – wie das Computerspiel-Dilemma – aus der Lebenssituation von Kindern und Jugendlichen entnommen werden. Sie sprechen – wie die Schüleräußerungen gezeigt haben – verschiedene Bedürfnisse an. Bei der Auseinandersetzung kann durch geeignete methodische Maßnahmen sichergestellt werden, dass die Jugendlichen den Fall aus verschiedenen Perspektiven betrachten, z.B. aus der Perspektive der unmittelbar Beteiligten und der Eltern sowie aus der Perspektive gesetzlicher Regelungen zum Jugendschutz. Damit lernen sie neue Perspektiven und Argumente kennen, die gemäß den zugrunde liegenden Entwicklungstheorien einer Förderung der sozialkognitiven Entwicklung dienen. Dabei können neben Ansätzen zur intellektuellen Entwicklung insbesondere auch die bereits genannten Ansätze zur Wertentwicklung von Lawrence Kohlberg sowie zur Verantwortungsentwicklung von

Carol Gilligan zugrunde gelegt werden. Gemäß diesen Ansätzen können Jugendliche durch entsprechende Lern- und Lehrprozesse sozial-kognitive Dispositionen erwerben, die es ihnen auch erlauben, aggressive Verhaltensmuster aus Fernsehen und Computerspiel kritisch zu reflektieren, sodass ein Schutz gegen die Übernahme von Gewaltmustern entsteht.

Bisher wurde in besonderer Weise die Anregung von Lernprozessen durch Dilemmata in den Blick gerückt. In einem erweiterten Zusammenhang stellen Dilemmata einen Spezialfall für den allgemeinen Aufgabentyp des *Entscheidungsfalls* dar. Wegen der besonderen Bedeutung von Entscheidungsfällen für entwicklungsförderliche Lernprozesse sollten diese auch bei der Gestaltung und Verwendung von digitalen Medien zur Geltung kommen. Beispielsweise enthält die CD-ROM-Produktion des FWU mit dem Titel „Die Alpen", die als Prototyp für den Schulbereich gedacht war, mehrere Entscheidungsfälle zur Anregung von Lernprozessen (vgl. FWU 1999). Mit Hilfe der CD-ROM können sich die Schülerinnen und Schüler u.a. mit dem Konfliktpotential zwischen ökonomischen und ökologischen Interessen in den Alpen anhand verschiedener Fallstudien auseinandersetzen. Dabei wird z.B. die Gemeinde Alpkirchen vorgestellt, in der die Verantwortlichen im Grundsatz festgelegt haben, dass der durch den Tourismus gestiegene Energiebedarf durch den Bau eines Stausees gedeckt werden soll. In einem Planspiel ist nun zu entscheiden, welches der drei angrenzenden Täler für die Flutung ausgewählt werden soll. Neben vielfältigen Informationen zu diesem Fall werden problematische Konsequenzen möglicher Flutungen auf der CD-ROM dargestellt, sodass sich – wie Erprobungen im Unterricht gezeigt haben – bei Schülerinnen und Schülern auch die Frage stellt, ob das Energieproblem überhaupt durch den Bau eines Stausees gelöst werden sollte oder doch eine andere Möglichkeit vorzuziehen wäre.

Neben Entscheidungsfällen als Ausgangspunkte für Lernprozesse eignen sich auch *Probleme* sowie *Beurteilungs-* und *Gestaltungsaufgaben* in besonderer Weise für die Anregung entwicklungsförderlicher Lernprozesse. Probleme als Aufgabenstellung können unter Umständen schon in der Grundschule mit Hilfe von digitalen Medien eingeführt werden. So enthält beispielsweise die CD-ROM „Meine erste Reise um die Welt" (Meyer Multimedia 1996) das Spiel „Schatzsuche". Dabei geht es darum, ein Schiff so über eine bestimmte Anzahl von Feldern nach Norden oder Süden, nach Westen oder Osten zu steuern, dass es unter Vermeidung von Klippen, Seeungeheuern und gefährlichen Wirbelströmungen zu einer gekennzeichneten Stelle gelangt, an der ein „Schatz" zu finden ist. Wenn ein entsprechendes kleines Programm falsch geschrieben wurde, versinkt das Schiff an einer gefährlichen Stelle, wird es richtig geschrieben, kann die virtuelle Schatzkiste ausgegraben werden.

Ein Beispiel für eine *Gestaltungsaufgabe* – als weiterer Aufgabentyp – ist u.a. mit einem Projekt namens „Hello Spring" oder „Frühlingsboten" verbunden. In dem Projekt geht es darum, eine Frühlingskarte für den europäischen Raum zu entwickeln. Dafür können sich deutsche Schulklassen – wie andere interessierte Klassen aus verschiedenen Ländern – aufgrund eines Aufrufes über das Internet zur Teilnahme melden (vgl. Meyer / Muuli 1997). Außer deutschen Schulklassen sind bei diesem Projekt z.B. Schulklassen aus Estland, Finnland, Dänemark, den Niederlanden, England und Italien beteiligt gewesen. Im Verlaufe von drei Monaten beobachten die Schülerinnen und Schüler bestimmte Tierarten, z.B. das Erscheinen des Weißstorches oder der Rauchschwalbe, sowie die ersten Blüten bestimmter Pflanzenarten, z.B. des Schneeglöckchens oder des Löwenzahns sowie des Huflattichs. Die Schülerinnen und Schüler beschreiben ihre Beobachtungen, teilen sie per E-Mail den beteiligten Klassen mit und werten schließlich die unterschiedlichen Beobachtungen in verschiedenen Ländern aus und erkennen so, wie sich der Frühling unter verschiedenen klimatischen Bedingungen ausbreitet.

Eine *Beurteilungsaufgabe* liegt z.B. vor, wenn sich Schülerinnen und Schüler mit dem Szenario eines Familienalltags auseinandersetzen, das verdeutlicht, wie tägliche Abläufe immer stärker durch digitale Medien beeinflusst sind. Das Szenario lässt sich in Anlehnung an den Medienpädagogen Petzold (2000) folgendermaßen formulieren:

Beim Frühstück wird nicht Zeitung gelesen, sondern das speziell nach dem Wunsch der Familie zusammengestellte Menü an News-Clips auf dem Flachschirm an der Wand neben dem Esstisch ausgegeben. Plötzlich stoppt das Bild, weil sich die Oma auf dem Bildtelefon meldet. Sie bittet um Hilfe, weil die gestern über ihren Internet-Computer bestellten neuen Herztropfen nicht wie erwartet heute früh im Warenkorb ihres Häuserblocks angekommen waren. Nach dem Frühstück beginnt der Vater seine Arbeit, verlässt dazu aber nicht das Haus, da er – wie jeden Montag bis Mittwoch – am Home-Terminal in seinem Arbeitszimmer arbeitet. Dort findet er sofort nach dem Login die Meldung seines Chefs, der um Aufklärung bittet, warum die Beantwortung der Kundenbriefe gestern nicht erfolgt sei (der Chef hatte über seinen Kontrollcomputer erfahren, dass der Vater zwar gestern am Home-Terminal saß, aber dort das neue Wettkampf Online-Spiel „Venus-Invasion" im Kampf gegen seinen japanischen Kontrahenten gespielt hat).

Nachmittags setzen sich die Kinder zunächst ganz brav an ihre Hausaufgaben, tauschen allerdings die Ergebnisse per Computer-Link mit Klassenkameraden aus, bevor sie ihre Lösung via E-Mail an den Schulcomputer abliefern. Erst nach dieser elektronischen Postsendung hat sich das Home-Terminal automatisch für Videos-On-Demand freigeschaltet, wobei die Auswahl über den Youth-Chip (der Porno- und Gewalt-Inhalte automatisch erkennt) kontrolliert wird. Dies wird sofort von den beiden jüngeren Kindern genutzt, die sich in die Game-Show eines Kabelkanals einklinken und dort die Fernsteuerung eines Video-Monsters übernehmen. Der ältere Sohn hat sich in sein Zimmer zurückgezogen und man kann nicht feststellen, was er dort am Computer macht ... (er hat den Code für das Überwachungsprogramm geknackt!).

Derweil verbringt die Mutter eine Stunde in einer Videokonferenz zum Thema „Neue Lebensformen im Medienzeitalter" (dies ist ein Teil ihres Studiums an der Virtuellen Fern-Universität). Soweit das Szenario.

Die Schülerinnen und Schüler haben in der Auseinandersetzung mit diesem Szenario die Aufgabe, Entwicklungstendenzen herauszuarbeiten und in ihrer Bedeutung für Lernen und Schule, für Beruf und Gesellschaft zu kommentieren sowie hinsichtlich möglicher Vorzüge und Problemlagen zu bewerten.

Die angeführten Beispiele zeigen, dass es sich anbietet, Lernprozesse in problem-, entscheidungs-, gestaltungs- und beurteilungsorientierter Weise zu konzipieren und dabei Medien zur Anregung und Unterstützung zu nutzen. Unter Berücksichtigung kognitionstheoretischer, konstruktivistischer und didaktischer Positionen kann man die damit verbundene Grundposition zum Vorgehen beim Lernen und Lehren thesenartig mit fünf Merkmalen beschreiben (vgl. Tulodziecki / Herzig / Blömeke 2004: 101 ff.):

1. *Bedeutsame Aufgabe mit angemessenem Komplexitätsgrad als Ausgangspunkt:* Lehren und Lernen sollen jeweils von einer – für die Lernenden – bedeutsamen Aufgabe ausgehen. Solche Aufgaben können Probleme, Entscheidungsfälle, Gestaltungs- und Beurteilungsaufgaben sein. Sie sollen für eine Auseinandersetzung mit einem Thema motivieren und zugleich vorhandenes Wissen und Können als Basis für den folgenden Lernprozess aktivieren.

2. *Verständigung über Ziele und Vorgehensweisen:* Die Lernenden sollen an der Planung von Lehren und Lernen durch gemeinsame Überlegungen und Vereinbarungen zu Zielen und Vorgehen in angemessener Weise beteiligt sein. So lässt sich erreichen, dass sie ihre eignen Lernprozesse bewusst steuern und kontrollieren.

3. *Selbsttätige und kooperative Auseinandersetzung mit bedeutsamen Aufgaben bzw. Inhalten:* Lehren soll eigene Aktivitäten und die Zusammenarbeit der Lernenden fördern, indem – auf der Basis geeigneter Informationen bzw. Grundlagen – selbstständig Lösungswege entwickelt und erprobt werden. Dabei soll es in Abhängigkeit von den Lernvoraussetzungen zu einer

Korrektur, Ausdifferenzierung oder Erweiterung vorhandenen Wissens und Könnens bzw. zur Weiterentwicklung kognitiver Strukturen kommen.

4. *Vergleich unterschiedlicher Lösungswege und Lösungen sowie Systematisierung:* Verschiedene Lösungs- oder Handlungsmöglichkeiten sollen mit ihren Ergebnissen vorgestellt bzw. artikuliert und vergleichend diskutiert sowie zusammengefasst und eingeordnet werden.

5. *Anwendung und Reflexion des Gelernten:* Lehren und Lernen sollen auf die Anwendung angemessener Kenntnisse und Vorgehensweisen sowie deren Weiterführung und Reflexion zielen. So kann eine Integration von neuen Kenntnissen und Fähigkeiten und ihre kritische Einordnung – einschließlich der Mediennutzung – erreicht werden.

In entsprechenden Lehr-Lernprozessen können Computer, Internet und andere Medien mit unterschiedlichen Funktionen lernwirksam verwendet werden: als Mittel zur Präsentation von Aufgaben, als Informationsquelle und Lernhilfe, als Materialpool und Gegenstand von Analysen, als ‚Werkzeug‘ oder Instrument bei Aufgabenlösungen und Rückmeldungen, als ‚Werkzeug‘ bei der Kommunikation und Kooperation sowie bei der Speicherung und Präsentation eigener Arbeitsergebnisse (vgl. Tulodziecki / Herzig 2004: 211).

Im Übrigen: Die Tatsache, dass empirische Untersuchungen zum Lernen mit digitalen Medien zum Teil nicht die gewünschte Erfolge zeigen, hängt vor allem damit zusammen, dass solche Funktionen und die zugrunde liegenden Konzepte nicht in hinreichender Weise lehr- und lerntheoretisch fundiert wurden (vgl. ebd.: 76 ff.). Sich nur auf die Wirksamkeit technischer Komponenten zu verlassen kann in keinem Falle gute Lernerfolge garantieren.

Dagegen lässt sich feststellen, dass die hier formulierten fünf Anforderungen bzw. Annahmen auch im Lichte von Ergebnissen der empirischen Lehr-Lernforschung als bewährt gelten können. Beispielsweise hat sich in entsprechenden empirischen Studien gezeigt, dass es über die Auseinandersetzung mit Aufgaben der oben genannten Art gelingt, sowohl den Wissens- und Erfahrungsstand in wünschenswerter Weise zu erweitern als auch das intellektuelle und/oder das sozial-moralische Urteilsniveau zu fördern (vgl. z. B. Herzig 1998).

Zugleich korrespondiert ein solches Vorgehen mit den genannten Zielvorstellungen eines sachgerechten, selbst bestimmten, kreativen und sozial verantwortlichen Handelns. Dabei bestehen besondere Affinitäten zwischen einem problemorientierten Vorgehen und sachgerechtem Handeln, zwischen einem entscheidungsorientiertes Vorgehen und selbst bestimmtem Handeln, zwischen einem gestaltungsorientierten Vorgehen und kreativem Handeln sowie zwischen einem beurteilungsorientierten Vorgehen und sozial verantwortlichem Handeln.

Bei der Verwendung von Medien im Rahmen entsprechender Unterrichts- oder Projektabläufe und darüber hinaus, stellt sich mit Blick auf die Eingangsüberlegungen die Anforderung, medienbezogene Erziehungs- und Bildungsaufgaben wahrzunehmen.

Zur Frage (4): Erziehungs- und Bildungsaufgaben im Bereich von Medien und Informationstechnologien

Zunächst ist noch einmal zu betonen, dass die Verwendung von Medien in Lehr-Lernprozessen allein nicht ausreicht, um das zu entwickeln, was man heute gerne mit dem Begriff der Medienkompetenz umschreibt. Zur Verdeutlichung beziehe ich mich noch einmal auf ein Ergebnis aus einer unserer Fallstudien. In einer Schule, in der Medien und Computer vielfältig verwendet werden, haben wir fünfzehnjährige Haupt- und Realschüler gebeten, folgenden Satzanfang zu vervollständigen: *„Wenn ich entscheiden soll, ob eine Nachricht glaubwürdig ist, achte ich auf folgende Punkte: …"* Dieser Satzanfang wurde von den Schülerinnen und Schülern u.a. folgendermaßen ergänzt:

- …ob andere diese Nachricht auch senden.
- …da fällt mir nichts ein.
- …ob sie logisch klingt.
- …ob Beweise wie Fotos da sind.
- …von wo sie kommt; wie oft wird sie gesagt; wo ist sie noch.
- …meine weibliche Intuition.

Mit diesem Beispiel wird schlagartig deutlich, wie wichtig es ist, die Verwendung von Medien in medienpädagogische Reflexionen einzubetten. Offenbar sind Jugendliche noch nicht allein deshalb medienkompetent, weil sie möglicherweise bei Computerspielen differenzierte Bedienungsfertigkeiten und hohes Reaktionsvermögen zeigen, in souveräner Weise Suchmaschinen zur Informationssuche nutzen und mit Begeisterung im Netz surfen, sich möglicherweise an Chats beteiligen und das herkömmliche Briefeschreiben durch Telefonieren, durch SMS unter Nutzung des Handys oder durch Verschicken von E-Mails ersetzt haben. Medienkompetenz meint offensichtlich mehr.

In verschiedenen Schulversuchen haben wir uns zusammen mit Lehrerinnen und Lehrern dem Begriff der Medienkompetenz angenähert, in dem wir folgende – zunächst pragmatische – Überlegungen angestellt haben (vgl. Tulodziecki 1997: 142 ff.):

Medienkompetenz setzt Wissen und Können in zwei verschiedenen Handlungskontexten voraus:

- im Zusammenhang der Auswahl und Nutzung vorhandener Medienangebote, z.B. bei der Nutzung von Fernsehen und Computer für Information und Lernen, für Unterhaltung und Spiel, für Simulation und Entscheidungsfindung, für Kommunikation und Kooperation,
- im Zusammenhang der Gestaltung und Verbreitung eigener Medienbeiträge, z.B. bei der eigenen Erstellung einer Fotogeschichte oder einer Schülerzeitung, eines Hörbeitrags oder einer Videodokumentation, einer Homepage oder eines anderen computerbasierten Beitrags.

Um in diesen Kontexten sachgerecht, selbstbestimmt, kreativ und sozial verantwortlich handeln zu können, benötigen Kinder und Jugendliche Kenntnisse sowie Analyse- und Urteilsfähigkeit in drei inhaltlichen Bereichen:

- im Bereich der Gestaltungsmöglichkeiten, die in Medien Verwendung finden: von der Schlagzeile in Boulevardzeitungen über realitätsnahe Fotos berühmter Bauwerke bis zur grafischen Darstellung der Bevölkerungsentwicklung auf unserem Planeten, von filmischen Gestaltungstechniken wie Einstellungsperspektiven und Montage bis zu computerbasierten Techniken der Bildbearbeitung,
- im Bereich der Medieneinflüsse: von individuellen Einflüssen auf Gefühle, Vorstellungen und Verhaltensorientierungen bis zur Bedeutung der Massen- und Individualkommunikation für die öffentliche Meinungs- und die politische Willensbildung,
- im Bereich der Bedingungen von Medienproduktion und -verbreitung: von technischen Voraussetzungen für die Nutzung von Medien bis zu personalen Bedingungen in einer Rundfunkanstalt, von rechtlichen Bestimmungen zum Datenschutz bis zu wirtschaftlichen Interessen der Computerindustrie und der Netzprovider bzw. der dahinter stehenden Konzerne.

Gerade der Aufgabe, Medieneinflüsse kritisch zu reflektieren, kommt in der Schule eine besondere Bedeutung zu – hat doch die so genannte Kultivationsforschung schon früh gezeigt, wie stark das je individuelle Weltbild von der Medienrezeption abhängig ist. So verweisen bereits frühe Studien darauf, dass – damals bezogen auf das Fernsehen – Vielseher sich in vielerlei Hinsicht von Wenigsehern unterscheiden: „Mehr Viel- als Wenigseher haben Angst bei Nacht allein durch die Stadt zu gehen, schützen sich durch Hunde, Waffen oder neue Schlösser vor Verbrechen, halten die allgemeine Lage für immer schlechter, halten die Geburt von Kindern in dieser Welt für unverantwortlich und haben kein Vertrauen zu den Politikern" (Winterhoff-Spurk, P. 2004: 100). Zudem zeigte sich, dass Vielseher ein größeres Vertrauen zur Medizin, zur Polizei, zum Militär, zum Erziehungssystem, zur Kirche, zur Presse, zum Fernsehen und zu den Gewerkschaften haben. Dagegen haben sie ein geringeres Zutrauen zu größeren Firmen und zu der Wissenschaft und überschätzen die Häufigkeit von Doktoren, Rechtsanwälten und Geschäftsleuten in der Gesellschaft sowie die Häufigkeit des Auftretens von bestimmten Krankheiten und Haftstrafen (vgl. ebd.: 102).

Um die damit verbundene Aufgabe sowie weitere der oben genannten Dimensionen von Medienkompetenz in der Schule umzusetzen, lassen sich zusammenfassend fünf Aufgabenbereiche der Medienpädagogik nennen: Auswählen und Nutzen von Medienangeboten, Gestalten und Verbreiten eigener Medienbeiträge, Verstehen und Bewerten von Mediengestaltungen, Erkennen und Aufarbeiten von Medieneinflüssen, Durchschauen und Beurteilen der Bedingungen von Medienproduktion und Medienverbreitung (vgl. Tulodziecki 1997: 142 ff.). Es stellt sich die Frage, wie solche Aufgabenbereiche in Unterricht und Schule umgesetzt werden können.

Zur Frage (5): Zur Umsetzung von medienbezogenen Erziehungs- und Bildungsaufgaben

Bei der Umsetzung der oben entwickelten Dimensionen von Medienkompetenz bzw. der medienpädagogischen Aufgabenbereiche kann man zum einen *gestalterisch* und zum anderen *analytisch* vorgehen (vgl. dazu auch die Beispiele bei Tulodziecki u.a. 1995).

Ein Beispiel für einen gestalterischen Zugang stellt u.a. ein Projekt zum eigenständigen Lernen in der gymnasialen Oberstufe dar. Hier konnten Schülerinnen und Schüler ihre Facharbeit in der Form eines medialen Produkts mit entsprechender Präsentation und Reflexion gestalten. Als Ergebnis dieser Arbeiten entstanden u.a. verschiedene multimediale Darstellungen, z.B. zum Gedicht *Im Nebel* von Hermann Hesse, zum Bild *Die Rosenkranzmadonna* von Caravaggio, zum Buch *Harry Potter und der Stein der Weisen* von Joanne K. Rowling und zum Nordirland-Konflikt (vgl. Projektteam o.J. 2003).

Neben dem gestalterischen Zugang kann auch ein analytischer Zugang zu Medienfragen gewählt werden. So kann man z.B. folgenden Entscheidungsfall einführen: Jugendliche sollen sich einmal in die Situation einer Nachrichtenredaktion versetzen und aus einer Fülle von Meldungen für einen Tag die Meldungen heraussuchen, die sie in der Rolle von Redakteurinnen oder Redakteuren als

Topmeldungen präsentieren würden. Dabei kann die Situation einer Nachrichtenredaktion in verschiedenen Medien simuliert werden: bei der Tagesschau der
ARD, bei SAT.1 News, bei einem öffentlich-rechtlichen und einem privaten
Hörfunksender, bei einer Abonnementzeitung, z.b. der „Neuen Westfälischen",
und bei einer Boulevardzeitung, z.b. der „Bild"-Zeitung, und bei einer Internet-
nachrichtenredaktion. Beispielsweise lauteten am 20.02.07 einige von mehreren
Tausend Meldungen:

- Prinz Harry will mit den Kameraden seines Regiments in den Irak.
- Pläne der Bundesregierung für eine klimafreundliche Kfz-Steuer stoßen auf
  Widerstand der Bundesländer.
- Bayern München hofft nach 2:3 in Madrid noch auf das Viertelfinale.
- Protokolle des CIA zur Vernehmung von Murat Kurnaz sind verschwunden.
- Deutschland hat in Europa mit 48 % die meisten Männer mit Übergewicht.
- Die USA haben aufgrund des Konflikts mit dem Iran einen zweiten Flug-
  zeugträger in den Nahen Osten verlegt.
- Der nagelneue „Corvette" von Dieter Bohlen wurde wegen Parkens in einer
  Ladezone abgeschleppt.
- Bei Airbus ist der Abbau von bis zu 10.000 Stellen geplant.
- Australien will wegen des Klimawandels herkömmliche Glühbirnen verbie-
  ten.
- Ein verurteiltes Geschwisterpaar, das vier gemeinsame Kinder hat, will den
  Inzest-Paragrafen kippen.
- CDU-Politiker schlägt Beteiligung Russlands am Raketenabwehrsystem
  vor.
- Putin wirbt für die Olympischen Winterspiele 2014 am Schwarzen Meer.

Wenn Jugendliche sich in solchen Fällen in verschiedene Nachrichtenredaktio-
nen versetzen und Top-Meldungen aussuchen sollen, wird Ihnen sehr schnell
deutlich, wie stark ökonomische Interessen und zum Teil auch technische Bedingungen die Medienauswahl beeinflussen. (Im Übrigen hatte z.B. die „Bild"-
Zeitung für den 21.02.07 folgende Meldung als Topmeldung ausgewählt: Dieter
Bohlen im Auto-Knast.)
    Damit ist an zwei Beispielen deutlich geworden, wie medienpädagogische
Arbeit in der Schule aussehen kann. Für die Schule ist – außer der Durchführung
medienpädagogischer Unterrichteinheiten oder Projekte – allerdings wichtig,
dass die medienpädagogischen Aktivitäten in ein medienpädagogisches Konzept
im Rahmen der Schulentwicklung eingebettet werden (vgl. Tulodziecki / Herzig
2002: 160 ff.). Dazu können die oben genannten fünf Aufgabenbereiche der Me-

dienpädagogik als Strukturierungs- und Koordinationsrahmen dienen (vgl. ebd.: 177 ff.).

Allerdings setzt die Umsetzung neben einer geeigneten Infrastruktur eine angemessene Lehrerbildung im Bereich der Medienpädagogik voraus. In Lehrerausbildung und Lehrerfortbildung sollten zum einen die eigene Medienkompetenz der (zukünftigen) Lehrpersonen sowie ihre Sensibilität für die Bedeutung von Medien für Kinder und Jugendliche gefördert und zum anderen Kompetenzen in den folgenden drei Handlungsfeldern entwickelt werden: reflektierte Auswahl und Nutzung von Medien für Lehr- und Lernprozesse, Wahrnehmung von Erziehungs- und Bildungsaufgaben im Medienbereich, Mitwirkung an der Entwicklung medienpädagogischer Konzepte in der Schule (vgl. Tulodziecki / Blömeke 1997; Blömeke 2000).

Die skizzierten Umsetzungen und Aktivitäten sind nicht zuletzt deshalb wichtig, weil Medienkompetenz heute als wichtige Voraussetzung für ein „gesellschaftliche handlungsfähiges Subjekt" gelten muss. In diesem Sinne haben ja zuletzt Groeben und Hurrelmann (vgl. ebd. 2002) den Begriff der Medienkompetenz vor dem Hintergrund der Theorie des kommunikativen Handelns nach Habermas (vgl. Habermas 1989) und ihrer Kritik durch den Poststrukturalismus konzipiert. Danach ist die nachmoderne Gesellschaft nicht nur durch die Pluralisierung von Wirklichkeitsbildern und die Individualisierung von Lebensgeschichten gekennzeichnet, sondern vor allem auch durch die Mediatisierung aller Weltbezüge (vgl. Hurrelmann 2002: 122).

Mit dem Merkmal der „Mediatisierung aller Weltbezüge" wird zugleich darauf aufmerksam gemacht, dass in der „Mediengesellschaft" „öffentliches Handeln" in der Regel nicht auf einem „herrschaftsfreien Diskurs" oder dem besseren Argument beruht, sondern eher auf einer mediengerechten Inszenierung – und dass gilt nicht nur für Wahlkampfzeiten, sondern für viele gesellschaftliche Situationen. Soll die Chance erhalten bleiben, dass unsere Gesellschaft trotzdem und letztlich doch zum besseren Argument zurückfindet, erweist sich die Wahrnehmung der skizzierten Erziehungs- und Bildungsaufgaben in Unterricht und Schule als unabdingbar.

Literatur

Andresen, K. (2002): „Gelangweilt und abgelenkt". In: Der Spiegel. 23. 64–73
Baudrillard, J. (1991): Die fatalen Strategien. Donauwörth: Matthes & Seitz
Blömeke, S. (2000): Medienpädagogische Kompetenz. Theoretische und empirische Fundierung eines zentralen Elements der Lehrerbildung. München: kopaed
Blumencron, Müller M. / Mohr, J. (1994): Revolution des Lernens. In: Der Spiegel. 9. 96–113

Borzekowski, D. L. / Robinson, T. N. (2005): The remote, the mouse, and the no. 2 pencil: The household media environment and academic achievement among third grade students. In: Archives of Pediatrics and Adolescent Medicine. 159. 607–613

Die Zeit (2006): „Darf man den Medien trauen?", In: Die Zeit. 5. Titelbild

Doelker, Ch. (1998): Einschätzungen zum expliziten Sachbereich „Medienpraxis". In: Tulodziecki, G., Möller, D. & Doelker, Ch.: Bericht zum Modellversuch „Differenzierte Medienerziehung als Element allgemeiner Bildung". Paderborn: Universität, 44 – 48

Fromm, R. (2002): Digital spielen – real morden? Shooter, Clans und Fiagger. Computerspiele in der Jugendszene. Marburg: Schüren

FWU (Institut für Film und Bild in Wissenschaft und Unterricht) (Hrsg.) (1999): Die Alpen. CD-ROM und Handbuch. Grünwald: FWU

Gilligan, C. (1982): In a different voice. Psychological theory and women's development. Cambridge: Harvard University Press

Groeben, N. (2002): Anforderungen an die theoretische Konzeptualisierung von Medienkompetenz. In: Groeben, N. & Hurrelmann, B. 2002: 11 – 22

Groeben, N. / Hurrelmann, B. (Hrsg.) (2002): Medienkompetenz. Voraussetzungen, Dimensionen, Funktionen. München: Juventa

Habermas, J. (1981): Theorie des kommunikativen Handelns (2 Bände). Frankfurt a.M.: Suhrkamp

Herzig, B. (1998): Förderung ethischer Urteils- und Orientierungsfähigkeit. Grundlagen und schulische Anwendungen. Münster: Waxmann

Hurrelmann, B. (2002): Zur historischen und kulturellen Realität des „gesellschaftlich handlungsfähigen Subjekts" als normativer Rahmen für Medienkompetenz. In: Groeben, N. / Hurrelmann, B. (2002): 111 – 126

Janz, H. (2005): Zu viele Stunden vor der Flimmerkiste. In: Die Welt. 06.07.2005

Kohlberg, L. (1977): Kognitive Entwicklung und moralische Erziehung. Politische Didaktik. In: Vierteljahresschrift für Theorie und Praxis des Unterrichts. 3. 5-19

List, G. (2006): Text und Bild: Von der Reichweite neurowissenschaftlicher und psychologischer Erklärungsmuster. In: Theunert, H. (2006): 87-101

Maslow, A. H. (1981): Motivation und Persönlichkeit. Reinbek: Rowohlt

Meyer, H. U. / Muuli, V. (1997): "Hello Spring". Unterrichtsanregung auf der Basis von E-Mail für die Sekundarstufe I/II. In: Unterrichtsbeispiele. 21. 44-46

Meyer Multimedia (1996): Meine erste Reise um die Welt. CD-ROM. Mannheim: Meyers Lexikonverlag

Meyer, S. (1999): Help me, help me, help me. In: Die Zeit. 19. 63

Neue Westfälische (1995): „Multimedia vom Feinsten. So macht Lernen richtig Spaß" von W. Barlen. In: Neue Westfälische.179. Computer-Seite

Neue Westfälische (2005): „Fernsehen macht Kinder dumm". In: Neue Westfälische. 224. 1

Neue Westfälische (2005): „Jugendschutz bleibt unbeachtet". In: Neue Westfälische. 68. Computer & Internet-Seite

Padtberg, C. (2004): Je mehr am Computer, desto dümmer. In: Spiegel-Online. 06. Oktober 2004. http://www.spiegel.de/unispiegel/schule)=,1518,378164,00.html

Petzold, M. (2000): Die Multimedia-Familie. Mediennutzung, Computerspiele, Telearbeit, Persönlichkeitsprobleme und Kindermitwirkung in Medien. Opladen: Leske + Budrich

Pfeiffer. Ch. (2005): „Erst fernsehen, dann schießen? Medienverwahrlosung in Deutschland" Auf: SWR 2. 20. Januar 2005. 8.30 Uhr. Auch unter: http://mediaculture-online.de (19.01.06)

Piaget, J. (1947): La Psychologie de l'Intelligence. Paris: Librairie Armand Colin

Projektteam o.J. (2003): Perspektiven. Das Projekt Medienbildung – Weiterentwicklung des Lernens insbesondere in der Sekundarstufe II durch systematische Einbeziehung von Medien, Informations- und Kommunikationstechnologien. CD-ROM. Wadern: Hochwald Gymnasium

Rüttgers, J. (1997): „Schulen ans Netz". In: Die Zeit. 39. 50

Spitzer, M. (2005): Vorsicht Bildschirm! Elektronische Medien, Gehirnentwicklung, Gesundheit und Gesellschaft. Stuttgart: Klett

Theunert, H. (Hrsg.) (2006): Bilderwelten im Kopf. Interdisziplinäre Zugänge. München: kopaed

Tulodziecki, G. (1996): Unterricht mit Jugendlichen. Eine handlungsorientierte Didaktik mit Unterrichtsbeispielen. 3. Aufl., Bad Heilbrunn: Klinkhardt

Tulodziecki, G. (1997): Medien in Erziehung und Bildung. Grundlagen und Beispiele einer handlungs- und entwicklungsorientierten Medienpädagogik. 3. Auflage, Bad Heilbrunn: Klinkhardt

Tulodziecki, G. / Blömeke, S. (Hrsg.) (1997): Neue Medien – neue Aufgaben für die Lehrerausbildung. Gütersloh: Verlag Bertelsmann Stiftung

Tulodziecki, G. / Herzig, B. (2002): Computer & Internet im Unterricht. Medienpädagogische Grundlagen und Beispiele. Berlin: Cornelsen Scriptor

Tulodziecki, G. / Herzig, B. (2004): Mediendidaktik. Medien in Lehr- und Lernprozessen. Stuttgart: Klett-Cotta

Tulodziecki, G., Herzig, B. & Blömeke, S. (2004): Gestaltung von Unterricht. Eine Einführung in die Didaktik. Bad Heilbrunn: Klinkhardt

Tulodziecki, G., u.a. (1995): Handlungsorientierte Medienpädagogik in Unterrichtsbeispielen. Projekte und Unterrichtseinheiten für Grundschulen und weiterführende Schulen. Bad Heilbrunn: Klinkhardt

Winterhoff-Spurk, P. (2004): Medienpsychologie. Eine Einführung. 2. Aufl., Stuttgart: Kohlhammer

Zimmerman, F. J. / Christakis, D. A. (2005). Children's television viewing and cognitive outcomes: A longitudinal analysis of national data. In: Archives of Pediatrics and Adolescent Medicine 159. 619–625

Teil II:
Schulforschungsperspektiven

Wirkungen digitaler Medien

Bardo Herzig und Silke Grafe

1   Ausgangslage

Lehr- und Lernprozesse lassen sich durch verschiedene konstitutive Faktoren beschreiben, etwa die damit verbundenen Zielvorstellungen, die Zielgruppe und deren Lernvoraussetzungen, die Lehrhandlungen und Lernaktivitäten, die Lernwirkungen, die Inhalte und Sozialformen und die Medien (vgl. Tulodziecki / Herzig / Blömeke 2009: 133 ff.). Dass auch die Medien als konstitutiver Bestandteil von Lehr-Lernprozessen gelten, ist in der Didaktik wenig strittig. Dabei wird normativ impliziert, dass der Einsatz von Medien möglichst zu einer Verbesserung von Lernprozessen beitragen soll, häufig gemessen am kognitiven Lernerfolg. Wie solche Medien zu gestalten und zu verwenden sind, um pädagogische gerechtfertigte Zielvorstellungen zu erreichen, ist die Grundfrage der Mediendidaktik als wissenschaftlicher Disziplin (vgl. Tulodziecki / Herzig 2004; Tulodziecki / Herzig / Grafe 2010). Aufgabe der empirischen Lehr- Lernforschung und der Unterrichtsforschung ist es, die Lernwirksamkeit bestimmter didaktischer Maßnahmen – insbesondere auch der Verwendung von Medien – zu prüfen. Während traditionelle Medien – z.B. Schulbücher – seit langer Zeit in hermeneutischer oder inhaltsanalytischer Weise untersucht werden (vgl. zur Übersicht Olechowski 1995), richtet sich der Fokus bei den so genannten neuen, d.h. digitalen Medien weniger auf inhaltsanalytische Aspekte, sondern insbesondere auf deren generelle Wirksamkeit. Dies hängt vermutlich nicht zuletzt damit zusammen, dass die Investitionsmittel für digitale Medien vergleichsweise hoch angesehen werden und die zur Nutzung solcher Medien erforderlichen Kompetenzen noch nicht als selbstverständlich vorausgesetzt werden können.

In diesem Beitrag nehmen wir die Frage nach Wirkungen digitaler Medien auf und versuchen, einen Überblick über den Stand der Forschung zu geben. Dabei konzentrieren wir uns auf den schulischen Bereich und fragen danach,

- welche Arten von Wirkungen auf Fachleistungen und Schlüsselqualifikationen beim Einsatz digitaler Medien festgestellt werden können,
- welche Veränderungen der Unterrichtskultur beobachtbar sind und
- welche forschungsmethodischen Zugänge grundsätzlich zu unterscheiden sind.

Die Wirkungen digitaler Medien werden wir im Folgenden unter dem Kriterium der Fachleistungen und der Schlüsselqualifikationen beleuchten.

2 Empirische Ergebnisse

2.1 Digitale Medien und Fachleistungen

Repräsentative Untersuchungen zu fachspezifischen Kompetenzen, die mit Hilfe von digitalen Medien entwickelt werden, sind insgesamt eher selten. Und – so zeigen die folgenden Überlegungen – auch die wenigen empirischen Daten sind vorsichtig zu interpretieren.

In der OECD-Studie „Are students ready for a technology-rich world?" wurden Ergebnisse der PISA-Studie 2003 unter der Frage eines Zusammenhangs zwischen ICT-Erfahrung, ICT-Zugängen, schulischer sowie häuslicher ICT-Ausstattung und den Leistungsständen der Befragten ausgewertet. Die Datenbasis umfasst neben den Aussagen der Schüler auch Angaben der Schulleitungen (vgl. OECD 2006a: 11). Für Deutschland lassen sich den Daten folgende Zusammenhänge in Bezug auf Fachleistungen und digitale Medien entnehmen (vgl. OECD 2006b):

- Die Verfügbarkeit von Computern zuhause korreliert signifikant mit den PISA-Testwerten in Mathematik. Dies gilt auch dann, wenn der sozioökonomische Status berücksichtigt wird.
- Schüler, die über eine längere Erfahrung im Umgang mit Computern verfügen, erreichen bessere Testwerte in Mathematik als diejenigen, die nur über geringe oder keine Erfahrung verfügen.
- Die Schüler, die den Computer in der Schule in mäßigem Umfang und zuhause häufig nutzen, erreichen auch die höchsten Testwerte in Mathematik. Dieser Zusammenhang ist jedoch nicht signifikant (vgl. auch Schleicher 2006: 61).
- Zwischen der Häufigkeit der Computernutzung zuhause und den PISA-Testwerten in Mathematik besteht ebenfalls ein positiver, nichtlinearer Zusammenhang, der signifikant ist.
- Die Schüler, die das Internet und Computerspiele bzw. Lernsoftware und Standardprogramme in mittlerem Umfang nutzen, erreichen die vergleichsweise höchsten Testwerte in Mathematik und beim Lesen.
- Hohe Selbsteinschätzungen im Hinblick auf die Bewältigung von computerbezogenen Aufgaben korrelieren stark mit hohen PISA-Testwerten in Mathematik.

Auf den ersten Blick legen die Ergebnisse dieser Studie den Eindruck positiver Auswirkungen der Nutzung digitaler Medien auf die Schulleistungen nahe. Die Daten sind in mehrfacher Hinsicht jedoch vorsichtig zu interpretieren.

a) Zum einen handelt es sich bei den berechneten Daten um Korrelationen zwischen einzelnen Items, die keinerlei Aussagen über mögliche ursächliche Zusammenhänge zulassen. Dementsprechend ist es zulässig zu sagen, dass eine gemäßigt häufige Nutzung von Lernsoftware mit hohen Schulleistungswerten einhergeht, unzulässig ist jedoch beispielsweise die Aussage, dass eine häufigere Nutzung von Lernsoftware sich günstig auf die Schulleistung auswirke. Die Ergebnisse sind in erster Linie geeignet, nach möglichen Erklärungen zu fragen und entsprechende Hypothesen zu bilden (s.u.).

Welchen Interpretationsspielraum die Daten lassen, zeigt auch das folgende Beispiel. Betrachtet man den Anteil der Schüler, die angeben, häufig mathematische Lernsoftware zu verwenden, zeigt sich, dass der entsprechende Anteil in den Ländern (z. B. Polen, Türkei, Griechenland oder Italien) am höchsten ist, die die schlechtesten PISA-Ergebnisse erzielt haben. Versucht man dies zu interpretieren, wären verschiedene Erklärungen denkbar – z.B.:

- die leistungsschwachen Länder versuchen, das Defizit über den verstärkten Einsatz von Lernsoftware zu kompensieren, haben aber bisher keinen sichtbaren Erfolg erzielt,
- Lernsoftware kann die Leistungsfähigkeit der Schülerinnen und Schüler nicht deutlich steigern,
- der häufige Einsatz von Lernsoftware führt zu Demotivierung und Leistungsabfall,
- die Nutzung der Software geschieht nicht in geeigneten didaktischen Settings, so dass sie eher kontraproduktiv wirkt usw.

Mit Bezug auf die generelle Nutzung von Computern kann auch vermutet werden, dass die vor dem Computer verbrachte Zeit zu Lasten effektiver Lernzeit geht und daher eine moderate Nutzung zwischen einmal wöchentlich oder nur einmal im Monat mit den höchsten PISA-Testwerten einhergeht.

Auch die OECD weist darauf hin, bei der Interpretation der Ergebnisse eine stärker prozessbezogene Sichtweise zur Aufklärung der Zusammenhänge einzunehmen: „If high amounts of computer usage at school are not associated with the better performing students, teachers may need to look more closely at the manner of this usage. Stronger supervision and structured lessons, involving the setting of concrete tasks to be achieved using computers, may improve their impact on performance" (OECD 2006a: 64).

Das Beispiel macht deutlich, dass es wenig gewinnbringend ist, über Ursachen zu spekulieren, sondern wesentlich sinnvoller, theoriegeleitet nach möglichen Ursachen bzw. Zusammenhängen zu suchen und diese dann einer empirischen Überprüfung zu unterziehen (vgl. Abschnitt 4). Mit Bezug auf den möglicherweise kontraproduktiven Einsatz von digitalen Medien im Unterricht gibt es beispielsweise Hinweise darauf, dass die Handlungsmuster von Lehrpersonen einen deutlichen Einfluss auf die Lernwirksamkeit von Software haben und eine Übertragung tradierter Muster – z.B. aus dem fragendentwickelnden Unterricht – auf die unterrichtliche Arbeit mit bestimmten Softwaretypen – z.B. Simulationen oder Experimentierumgebungen – eher lernhinderlich wirken könnte (vgl. z.B. Müller / Blömeke / Eichler 2006; vgl. Abschnitt Unterrichtskultur).

b) Auf eine weitere Problematik der Auswertung von PISA-Ergebnissen im Hinblick auf ICT und Fachleistungen weisen Fuchs / Wößmann (2004; 2005) am Beispiel der Daten von 2000 hin. Die Autoren reanalysieren ein Sample von Mikrodaten aus der internationalen Stichprobe ($n_{Mathematik}$= 96855, n_{Lesen} = 174227; vgl. ebd. 2004: 6) und problematisieren, dass bei der offiziellen Veröffentlichung der PISA-Ergebnisse häufig lediglich bivariate Korrelationen betrachtet werden. Bei der Analyse von Schülerleistungen vor dem Hintergrund der Verfügbarkeit von Computern würden auf diese Weise Faktoren ausgeblendet, die die Schülerleistungen beeinflussen können (vgl. ebd. 2005: 5). Wenn beispielsweise der berufliche Status der Eltern sowohl positiv mit den Schülerleistungen als auch mit der Anzahl der Computer im Haushalt korreliere, dann könne eine bivariate Korrelation zwischen der Anzahl der Computer und der Schülerleistung einen Zusammenhang suggerieren, den es faktisch möglicherweise gar nicht gibt. Eine Möglichkeit, diesem Problem zu begegnen, bestehe in der Durchführung multivariater Analysen. Vor diesem Hintergrund berechnen Fuchs / Wößmann den Zusammenhang zwischen den PISA-Testwerten in Mathematik und der Verfügbarkeit bzw. der Nutzung von Computern zuhause und in der Schule unter Einbeziehung verschiedener Kontrollvariablen.

Die Ergebnisse zeigen, dass bei einer bivariaten Korrelation zwischen den PISA-Testwerten in Mathematik und einer nach Angabe des Schulleiters mangelnden Verfügbarkeit von Computern in der Schule ein statistisch signifikanter Effekt von mehr als 40 Punkten auf die Testleistungen suggeriert wird, der allerdings bei der Kontrolle weiterer Variablen (z.B. Schülereigenschaften oder familiärer Hintergrund) zunehmend geringer und schließlich sogar insignifikant wird: „Der Einfluss der Computerausstattung einer Schule auf die PISA-Leistungen der Schüler lässt sich nicht signifikant von null unterscheiden, obwohl die Schätzungen statistisch sehr präzise sind." (ebd. 2005: 8). Die von Fuchs / Wößmann auf Basis der internationalen Stichprobe errechneten Effekte bleiben auch bestehen, wenn nur die deutschen PISA-Daten betrachtet werden.

In der Tendenz ähnlich stellt sich der Zusammenhang zwischen der Häufigkeit der schulischen Computer- und Internetnutzung und den Schülerleistungen bei Einbezug der o.g. Kontrollvariablen dar. Bei einer Nutzungshäufigkeit von einigen Malen im Jahr bis zu mehrmals pro Monat sind die Schülerleistungen höher als bei einer seltenen oder nicht vorhandenen Nutzung oder auch bei einer Nutzung, die mehrmals pro Woche stattfindet (vgl. Fuchs / Wößmann 2005: 9).

Eine mögliche Erklärung dieses signifikanten Zusammenhangs sehen die Autoren in einem moderaten optimalen Nutzungsniveau, das bei Überschreitung möglicherweise wirkungsvollere klassische Formen der Unterrichtsgestaltung verdrängt. Eine andere Erklärung basiert auf der möglichen selektiven Verwendung von Computer und Internet in der Schule in Abhängigkeit von den Lernvoraussetzungen. Wenn Lehrpersonen nur dann IKT im Unterricht einsetzen, wenn sie meinen, dass die Klasse damit auch umgehen kann, können systematische Verzerrungen entstehen, indem z.B. Leistungen der schwachen Schüler auf fehlende Computernutzung zurückgeführt werden anstatt andersherum (vgl. Fuchs / Wößmann 2005: 9).

Die Studie von Fuchs / Wößmann macht deutlich, dass eine vorschnelle Interpretation bivariater Zusammenhänge zu irrtümlichen Aussagen führen kann. Allerdings ist auch die Anwendung multivariater Verfahren nicht in jedem Fall unumstritten. So weist die OECD die Kritik am ‚methodischen Analphabetismus' zurück und betont, dass das in den Analysen von Fuchs / Wößmann verwendete Regressionsmodell nicht angemessen sei und wichtige Variablen, z.B. die Dauer der Erfahrung mit Computern, nicht einbezogen worden seien (vgl. Schleicher 2006; Wagner 2006: 59).

Allerdings sind die Befunde von Fuchs / Wößmann auch nicht so auszulegen, dass der Einsatz von Computern in der Schule nun insgesamt nicht sinnvoll sei. Dies sehen auch die Autoren so: „Sie [die Ergebnisse] verdeutlichen allerdings, dass ein solches positives Potenzial beim bisherigen Einsatz in der Schule nicht ausgeschöpft wurde und die Computernutzung zu Lehrzwecken vermutlich andere effektive Unterrichtsformen verdrängt hat. In dieser Hinsicht scheint es geboten, vor einem großflächigen Einsatz von Computern in Schulen eine effektive Einsatzmöglichkeit von Computern im Unterricht zu finden und deren Wirksamkeit in Feldstudien zu verifizieren" (ebd. 2005: 9).

Die Diskussion um mögliche Schieflagen in der Auslegung der Datenanalyse ist noch nicht abgeschlossen. Zu berücksichtigen ist dabei auch eine grundsätzlich unterschiedliche Grundeinstellung gegenüber digitalen Medien. Während die OECD davon ausgeht, dass digitale Medien einen kulturellen Wandel bedeuten und ihnen dementsprechend – unabhängig von ihrem Einfluss auf Schulleistungen – einen hohen Stellenwert als Kulturtechnik mit entsprechenden Auswirkungen auf den Arbeitsmarkt zuschreiben, geht das ifo-Institut davon aus, dass die Fähigkeit der Computernutzung ursächlich keine Erträge auf dem Arbeitsmarkt erbringe (vgl. Fuchs / Wößmann 2005: 3). Vor dem Hintergrund solcher Grundannahmen wird deutlich, dass Argumentationslinien zur Relevanz digitaler Medien in der Schule deutlich unterschiedlich verlaufen und zum Teil eng geführt werden (vgl. auch Wößmann 2006; Schleicher 2006).

Für die ICT-bezogenen Teildaten aus der PISA-Studie 2006 stellen Senkbeil / Wittwer (2007) verschiedene Regressionsmodelle auf und versuchen, die Einflüsse der Computernutzung auf den Kompetenzerwerb im Fach Mathematik unter Berücksichtigung der multiplen Determiniertheit von Schulleistungen – und damit unter Aufnahme der konzeptuellen und methodischen Schwächen vieler Studien – zu bestimmen. Dabei zeigt sich, dass die Computererfahrung nur einen relativ geringen Einfluss auf die mathematische Kompetenz hat und dass „eine vornehmliche programmbezogene Computernutzung den mathematischen Kompetenzerwerb fördern kann" (2007: 303). Gleichzeitig machen die Autoren aber darauf aufmerksam, dass andere mediale Aktivitäten (z.B. Lesen oder Fernsehkonsum) als informelle Lernprozesse eine wichtige Rolle im Erwerb fachbezogener Kompetenzen spielen (vgl. ebd.).

Auch die Auswertung von Kontextinformationen zur ICT-Nutzung im Rahmen der PISA-Studie 2009 zeigen Zusammenhänge zwischen der Erfahrung in der Computernutzung und leistungsbezogenen Testwerten. Zwischen der Häufigkeit der häuslichen Nutzung des Computers und PISA-Leistungswerten zeigt sich u.a. für Deutschland ein signifikanter Zusammenhang, wohingegen dies für den schulischen Bereich nicht gilt. Höhere Leistungswerte sind aber nicht eine unmittelbare Folge der Nutzungshäufigkeit, sondern hängen von den persönlichen Ressourcen der Schülerinnen und Schüler ab: „If the student, either because of his family, peer group or school, has a good wealth of cultural and social capital, this will enable the student to benefit from computer use in a way that increases the educational performance" (OECD 2009: 5). Eine neue Form der digitalen Spaltung, so die Befürchtung der OECD, werde sich entsprechend zwischen denen ergeben, „who have the right competencies and skills to benefit from computer use, and those who have not" (OECD 2009: 6). Daraus erwachse die dringende Aufgabe, die Kompetenzentwicklung von Schülerinnen und Schülern, ebenso wie von Lehrpersonen im Medienbereich zu fördern, um eine aktive

Partizipation am beruflichen und gesellschaftlichen Leben zu ermöglichen (vgl. dazu auch Herzig / Grafe 2010; Schelhowe / Herzig / Grafe et al. 2009). Während die OECD-Studie (2006) sich auf die Computernutzung generell bezieht, sind einzelne Studien mit Fokus auf spezifische Medien, z.B. Notebooks, durchgeführt worden.

In einer Einzelfallstudie konnten Schaumburg / Issing (2002) für eine Schule zeigen, dass mit dem Einsatz von Notebooks eine positive Veränderung in der Fähigkeit zur Textproduktion verbunden ist sowie eine Verbesserung der Rechtschreibleistung (vgl. ebd.: 156). In einer weiteren Studie von Reinmann / Häuptle zeigten sich ähnliche Effekte in Form einer leichten Verbesserung der Leistungen im Fach Deutsch (Textverständnis, Ausdrucksfähigkeit, Rechtschreibung). In anderen Fächern traten hingegen weder Verbesserungen noch Verschlechterungen auf (vgl. ebd. 2006: 35 f.).

Mit einer größeren Stichprobe (13 Schulen) arbeitete das Projekt „1000mal 1000 – Notebooks im Schulranzen" im Rahmen des niedersächsischen Aktionsprogramms „n-21: Schulen in Niedersachsen online". Auch hier zeigten sich positive Effekte in Realschulen und Gymnasien im Fach Deutsch bei der Aufsatzleistung (Inhalt, Aufbau und Ausdruck), während die Rechtschreib- und Grammatikleistungen konstant blieben. Im Fach Mathematik konnten keine Veränderungen infolge des Notebook-Einsatzes festgestellt werden (vgl. Schaumburg et al. 2007: 124 f.).

In verschiedenen anderen Studien wurden Lernerfolge von Schülerinnen und Schülern bzw. von Lehrpersonen nicht mit Hilfe von Tests, sondern auf der Basis von Selbsteinschätzungen gemessen.

Im Modellversuch „Selbstlernen in der gymnasialen Oberstufe – Mathematik" (SelMa), der in den Jahren 1999-2003 in NRW durchgeführt wurde, stand die Frage im Vordergrund, wie Mathematikunterricht zu gestalten ist, um bei den Schülerinnen und Schülern Eigentätigkeit und selbstreguliertes Lernen mit digitalen Medien zu fördern (vgl. Schulz-Zander / Preussler 2005: S. 214). Im Rahmen des Modellversuchs wurden didaktische Szenarien und Materialien für Selbstlernphasen im Mathematikunterricht entwickelt und in zehn Schulen erprobt. Für die Bearbeitung von Aufgaben wurden insbesondere Computer-Algebra-Systeme bzw. grafikfähige Taschenrechner verwendet. Die der Untersuchung zugrunde liegende Stichprobe ist nicht repräsentativ und umfasst 712 Schüler (quantitative Befragung) sowie verschiedene Stichproben für die Aufnahme qualitativer Daten (vgl. im Detail Büchter / Preussler / Schickhaus / Schulz-Zander 2002: 16 ff.).

Die Ergebnisse zeigen, dass eine Steigerung des Lernerfolgs auf Grund digitaler Medien vergleichsweise gering eingeschätzt wird (Mittelwerte von 1,96 bis 2,41 auf einer 5-stufigen Skala von 1 = trifft nicht zu bis 5 = trifft voll und ganz zu). Am förderlichsten werden Möglichkeiten der Veranschaulichung von mathematischen Modellen und der Aneignung neuer Themen angesehen (vgl. ebd.: LV). Wenn diese Ergebnisse auch zunächst eine insgesamt sehr geringe Wirkung des Medieneinsatzes auf den Lernerfolg ausweisen, so klärt sich das Bild, wenn einzelne Variablen kontrollierend hinzugezogen werden. So korrelieren die Skalen „Förderung von Verständnis und Motivation durch Medien" und „Selbstständigkeit" mit einem Koeffizienten von $\rho=0.573$ (vgl. ebd.: LXXXII). Dies ist ein Hinweis darauf, dass insbesondere die Schülerinnen und Schüler, die über ausgeprägtere Fähigkeiten zur Selbstregulation verfügen, nach eigener Einschätzung am stärksten vom Medieneinsatz profitieren. Eine negative Korrelation zwischen dem empfundenen Lernerfolg und dem Wunsch, mehr Hilfe durch die Lehrperson zu erhalten, bestärkt dies. Darüber hinaus zeigen leistungsstarke Schüler auch höhere Werte in der Einschätzung ihrer medienbezogenen Fähigkeiten (vgl. ebd.: LXXXIX).

Leistungsschwächere Schüler fühlen sich signifikant häufiger im Unterricht überfordert. Dieser Sachverhalt kann auf kumulative Effekte zurückgeführt werden, die durch überwiegend neue Inhalte, neue Methoden des Selbstlernens und die – häufig erstmals erfahrene – Arbeit mit digitalen Medien entstehen (vgl. Schulz-Zander / Preussler 2005: 224 f.).

Verschiedene weitere Studien fokussieren neben der Schülerperspektive bezüglich der Wirkungen digitaler Medien die Einschätzung der Lehrpersonen. In einer Repräsentativbefragung von nordrhein-westfälischen Schulen aller Schultypen in den Jahren 2002 und 2003 wurden die Lehrpersonen um eine Einschätzung der Leistungssteigerung von Schülerinnen und Schülern infolge des Medieneinsatzes gebeten. Die Ergebnisse lassen keinen eindeutigen Trend erkennen, im Durchschnitt stimmen die Befragten im Jahr 2003 der Aussage zu, dass es teils/ teils zutreffe, dass Leistungssteigerungen durch neue Medien bewirkt werden (vgl. Rösner / Bräuer / Riegas-Staackmann 2004: S. 57)[1]. Nach Schulformen differenziert, geben die Lehrpersonen der Grundschulen die positivsten Einschätzungen. Unter den übrigen Schulformen finden sich keine gravierenden Unterschiede, ebenso im Vergleich zum Jahr 2002. Aus der Sicht der Schüler ist die Einschätzung der eigenen Leistungsveränderung im Kontext neuer Medien etwas positiver, schulformspezifisch insbesondere bei den Berufsschulen (die Grundschüler wurden dabei nicht befragt).[2]

In einer von Bofinger durchgeführten Studie zur Situation der Integration neuer Medien im Fachunterricht in Bayern wurden die Lehrpersonen gebeten, den Lernerfolg auf der Basis selbst durchgeführter Studien einzuschätzen. Dabei

---

[1] Auf einer fünfstufigen Skala (1 = trifft gar nicht zu … 5 = trifft völlig zu) wurden die Mittelwerte $MW_{2002}=2,9$ (n=1300) und $MW_{2003}=3,0$ (n=1048) ermittelt (vgl. ebd.: 57).
[2] Mittelwerte $MW_{2002}=3,2$ (n=1040) und $MW_{2003}=3,3$ (n=953) (vgl. ebd.: S. 79).

gaben 73% der befragten Lehrpersonen (n=3057) einen besonderen Gewinn in der fachlichen Kompetenz der Schüler an (vgl. ebd. 2004: 63). Dieser Wert ist in der Folgestudie aus dem Jahr 2007 nahezu konstant (74%), wobei es sich in diesem Fall um Lehrpersonen handelt, die mit Schülerlaptops arbeiten. Von den Lehrpersonen, die vorwiegend in Computerräumen mit Desktops arbeiten, räumen nur 66 % den digitalen Medien einen Mehrwert in Bezug auf die Förderung von Fachkompetenz ein (vgl. Bofinger 2007: 70ff.).

Neben den genannten Studien gibt es eine Vielzahl weiterer Arbeiten zur Frage der Lernwirksamkeit von Neuen Medien. Übersicht bieten hier vor allem Metastudien, die durchschnittliche Effektstärken (vgl. Abschnitt 2.2) angeben. Solche Metaanalysen (vgl. z.B. Kulik / Kulik 1991; Fletcher-Flinn / Gravatt 1995; Christmann / Badgett / Lucking 1997; Christmann / Badget 2000; Hattie 2009) weisen in der Regel leichte Vorteile der computerbasierten Instruktion gegenüber der traditionellen Instruktion aus. Jedoch ist die Einschätzung der Ergebnisse häufig nicht unproblematisch, weil nicht immer erkennbar ist, um welche Art von Treatment es sich gehandelt hat oder welche Art von Software Verwendung fand. So ist beispielsweise in älteren Studien davon auszugehen, dass insbesondere Übungs- und Lehrprogramme zum Einsatz kamen. Über die Wirksamkeit von aktuell diskutierten Web 2.0-Technologien lässt sich demnach noch keine Aussage treffen. Zudem ist den Studien nicht konsistent zu entnehmen, welche Art des Lernfortschritts gemessen wurde.

Betrachtet man die in diesem Abschnitt dargestellten Studien in der Zusammenschau, so zeigt sich, dass die Ergebnisse repräsentativer Schulleistungsstudien Korrelationen zwischen Computerausstattung- bzw. -nutzung und Fachleistungen aufweisen, wobei jedoch noch keine Aussagen über kausale Zusammenhänge getroffen werden können. Darüber hinaus sind in Bezug auf diese Studien forschungsmethodische Fragen, wie die Wahl eines angemessenen Auswertungsmodells, noch strittig. Nicht repräsentative Einzelfallstudien zeigen jedoch, dass digitale Medien die fachlichen Leistungen nach Selbsteinschätzung von Lehrpersonen sowie Lernenden nicht verschlechtern, sondern in einigen Bereichen, wie mathematische Teilkompetenzen oder Aufsatzleistungen, verbessern können. Zur Ausschöpfung des sich andeutenden Wirkungspotenzials digitaler Medien scheint jedoch insbesondere die Passung zwischen den Eigenschaften des eingesetzten Medienangebots, den Lernvoraussetzungen der Schülerinnen und Schüler sowie der didaktischen Gestaltung der Lernsituation eine notwendige Voraussetzung zu sein.

2.2 Digitale Medien und Schlüsselqualifikationen

In mehreren der bereits erwähnten Evaluationsstudien zum Lernen mit Laptops wurden auch fachübergreifende Kompetenzen untersucht. So berichten beispielsweise Schaumburg und Issing (2002) folgende Effekte:

- Im Hinblick auf lernstrategisches Wissen zeigen sich Schüler mit mehrjähriger Laptop-Erfahrung gegenüber Schülern aus Nicht-Laptop-Klassen im Bereich der kognitiven Strategien ‚Elaboration' und ‚Transformation', im Bereich der metakognitiven Strategien ‚Planung', ‚Überwachung' und ‚Regulation' sowie im Bereich des Zeitmanagements überlegen. Allerdings sind die Unterschiede statistisch nicht signifikant, so dass sie allenfalls als Hinweis auf die erwartete Verbesserung gedeutet werden können (vgl. ebd.: 132 f.).
- Für die gleiche Stichprobe konnte ein signifikanter Unterschied in der Skala ‚Kooperatives Lernen' und ein geringerer, aber nicht signifikanter Unterschied auf der Skala ‚Kompetitives Lernen' (d.h. Lernen im Wettstreit mit anderen) festgestellt werden. Das Arbeitsverhalten wurde über die Lernpräferenzen erhoben (vgl. ebd.: 135 f.). Da in der Versuchsgruppe während des Laptop-Projekts häufiger kooperative Arbeitsformen eingesetzt wurden als im traditionellen Unterricht, kann davon ausgegangen werden, dass der Effekt u.a. auf eine häufigere Konfrontation mit kooperativen Arbeitsformen zurückzuführen ist.[3]
- Das Konstrukt ‚Computerkompetenz' wurde über die Subskalen ‚Bedienkompetenz' (Wissen über und Umgang mit Hardware) und ‚kritische und verantwortungsbewusste Nutzung von Computern' (Bewusstsein für Computersicherheit und verantwortlicher Umgang mit Passwörtern, Virenschutz etc.), ‚computerbezogene Selbstwirksamkeit', ‚internetbezogene Selbstwirksamkeit' und ‚Einstellungen zu Computern' erfasst. Die Ergebnisse der getesteten Stichprobe weisen signifikante Unterschiede zwischen den beiden Gruppen in den Bereichen ‚Bedienkompetenz' (Wissen über Hardware, Betriebssystem, Standard-Bürosoftware) und ‚Internetkompetenz' (Wissen über Informationssuche und E-Mail) aus (vgl. ebd.: 142).

Reinmann / Häuptle (2006) zeigen in ihrer Studie Veränderungen im Bereich der überfachlichen Wirkungen in verschiedenen Bereichen. Die Schüler der Notebook-Klassen nehmen positive Veränderungen in der Fähigkeit zum selbststän-

---

[3] Einschränkend weisen die Autoren aber darauf hin, dass das Ausgangsniveau nicht erhoben werden konnte. Ergänzende Interviews lassen jedoch darauf schließen, dass Versuchs- und Kontrollgruppe zu Beginn der Untersuchung über vergleichbare Voraussetzungen verfügten (vgl. ebd.: 135).

digen Arbeiten und zur Eigeninitiative wahr. Darüber hinaus werden Verbesserungen in der Problemlösefähigkeit genannt. Allerdings muss einschränkend gesagt werden, dass das Anforderungsniveau im Unterricht in seinem Einfluss auf das Problemlösen nicht systematisch kontrolliert wurde. Als unstrittig wird, durch Beobachtungen und Befragungen gestützt, die Entwicklung von Medienkompetenzaspekten hervorgehoben: „Der Notebook-Unterricht führt dazu, dass sich die Schüler mit Notebook und Internet zielgerichtet auseinandersetzen, dass sie zunehmend mehr Bedienfertigkeiten ausbilden und verschiedene Strategien anwenden; zudem zeigen die Schüler die Bereitschaft dazuzulernen" (ebd.: 39). Deutliche Effekte berichten Reinmann / Häuptle auch im Bereich der sozialen Kompetenzen. Gruppenarbeit mit Notebooks wird in allen Notebook-Klassen von über 50% der Schüler als effizienter angesehen als ohne, die sozialen Kontakte innerhalb der Klasse werden zahlreicher und in zwei Notebook-Klassen sind die Einstellungen der Schüler gegenüber der Gruppenarbeit positiver als in der Kontrollgruppe (vgl. ebd: 39 f.).

Im niedersächsischen Notebook-Projekt ließ sich feststellen, dass mit dem Einsatz der digitalen Medien eine höhere Motivation und weniger Disziplinprobleme verbunden waren. Weiterhin konnte eine Zunahme der Selbstständigkeit sowohl im Hinblick auf den Umgang mit dem Computer als auch in Bezug auf das Lösen von Unterrichtsaufgaben und die Kooperation in Gruppenarbeiten festgestellt werden (vgl. Schaumburg et al. 2007: 124). Darüber hinaus zeigten die Schülerinnen und Schüler der Notebookklassen ein höheres Computerwissen und eine höhere subjektive Einschätzung ihrer Kompetenz als Schüler in traditionell unterrichteten Klassen. Auch im Bereich der sozialen Kompetenz sind positive Wirkungen des Notebookprojekts von den Lehrpersonen registriert worden. Mit Blick auf vergleichbare Studien resümieren die Autorinnen: „Grundsätzlich belegen die Studien immer wieder ähnliche Potenziale in den Bereichen Schüleraktivität, Selbstständigkeit und Motivation. Alle genannten Studien zeigen auch, dass der Mehrwert des Unterrichts mit Notebooks vermutlich nicht primär in der Verbesserung von Fachleistungen zu suchen ist, oder zumindest nur dann, wenn hier deutlich mehr Ressourcen als bisher investiert werden, um Konzepte für den fachdidaktisch sinnvollen Einsatz zu entwickeln und die Lehrkräfte auch entsprechend fortzubilden" (ebd.: 125). Dieses Fazit wird auch durch die Studie von Bofinger (2007) bestätigt, bei der die befragten Lehrpersonen, die mit Schülerlaptops arbeiteten, den digitalen Medien einen Mehrwert in den Bereichen Lernmotivation (88%), Selbstständigkeit (74%), Selbstbewusstsein (74%), technische Kompetenz (79%), Arbeitsverhalten (64%) und Teamfähigkeit (60%) zusprachen. Bofinger resümiert: „Ein Unterricht, in dem die Selbstständigkeit und die Eigenverantwortlichkeit der Mädchen und Jungen im Vordergrund steht, profitiert in besonderer Weise von Schülerlaptops [...]" (Bofinger

2007: 70). Auch Condie und Munro (2007) kommen in ihrer zusammenfassenden Übersicht von 200 Studien im Bereich ICT zu einer vergleichbaren Einschätzung und betonen: „Where the use of ICT is effective, the tasks/activities must be seen as purposeful by pupils and the ICT dimension should be integrated into the experience in such a way that it genuinely enhances learning (provides added value) if the benefits are to be sustained in the longer term" (Condie / Munro 2007: 29).

Die Ergebnisse zur Wirksamkeit der Medien im fachlichen und im überfachlichen Bereich machen bereits deutlich, dass Wirkungen nicht durch das Medium per se zu erwarten sind, sondern nur im Kontext einer sinnvollen didaktischen Verwendung, in deren Rahmen eine lernförderliche Wechselwirkung zwischen Medienmerkmalen und Lernvoraussetzungen der Lernenden zustande kommt. Im folgenden Abschnitt werden daher Untersuchungen in den Blick genommen, die sich auf die Veränderung des Lehrerhandelns und der Unterrichtskultur beziehen.

3   Veränderung der Unterrichtskultur durch Neue Medien

Die spezifischen Möglichkeiten digitaler Medien bergen Potenziale für das Lernen, von denen aber nicht angenommen werden kann, dass sie sich quasi durch den Einsatz auch selbst entfalten. Entsprechend kommt der Gestaltung des Unterrichts eine besondere Bedeutung zu. In verschiedenen Studien wurde die Frage der Veränderung von Unterricht durch digitale Medien in den Fokus gerückt. Dabei wurde auch untersucht, inwieweit sich Rolle und Selbstverständnis der beteiligten Lehrpersonen verändern.

In der internationalen Studie „Second Information Technology in Education Study" SITES-M2 wurden u.a. Aussagen über Ablauf und Gestaltung des Unterrichts mit digitalen Medien, zur Rolle der Lehrperson und der Schüler sowie über die Implementation neuer Medien in den Unterricht gewonnen. Im Hinblick auf die Gestaltung des Unterrichts zeigen die nationalen Befunde aus den durchgeführten Fallstudien, dass in den meisten Fällen eine projektorientierte Konzeption vorliegt, die einen Wechsel von Phasen eigenständigen Arbeitens mit Phasen lehrergesteuerten Unterrichts verbindet: „Der beobachtete Unterricht ist ein Wechselspiel zwischen instruktiven und konstruktiven Anteilen. Eine Verschiebung des Aufgabenbereichs der Lehrperson im Unterricht ist erkennbar. Die Lehrperson vermittelt nicht mehr Wissen, sondern Methoden, wie die Schülerinnen und Schüler sich Wissen aneignen können" (Büchter / Dalmer / Schulz-Zander 2002: 194). Für die Lehrpersonen bedeutet dies neben dem Erwerb von Fertigkeiten im Umgang mit digitalen Medien auch den Erwerb neuer pädagogischer Fähigkeiten und positiver Einstellungen zum Lehrberuf (vgl. ebd.: 179 ff.)[4]. Als negativ wurden der gestiegene Zeitaufwand für die Einarbeitung in den Umgang mit neuen Medien sowie die Vorbereitung und Durchführung offener Unterrichtsformen gesehen. Innerhalb des Unterrichts bieten die digitalen Medien zudem verschiedene Kooperationsanlässe, sowohl zwischen den Schülern als auch unter den Lehrpersonen bis hin zu Kooperationen über den Unterricht hinaus (vgl. ebd.: 192 f.). Die Schüleraktivitäten umfassen beim Einsatz neuer Medien insbesondere das Recherchieren von Informationen, das Veröffentlichen und Präsentieren von Ergebnissen, das Entwerfen und Gestalten von Produkten, das Wählen der eigenen Aufgaben und die Zusammenarbeit mit Mitschülern. Entsprechend unterschiedlich sind auch die Funktionen von IKT im Unterricht. Auch diese Ergebnisse deuten in Richtung einer stärkeren Eigenaktivität von Schülern und zunehmender Kooperation (vgl. ebd.: 185).

Die Ergebnisse der nationalen Studie stimmen mit denen der internationalen Stichprobe im Hinblick auf die Unterrichtsentwicklung gut überein (vgl. Schulz-Zander 2005: 271). Zusammenfassend hält Schulz-Zander aber fest, dass der Einsatz von ICT im Unterricht weltweit nicht als innovativ bezeichnet werden kann, obwohl *best practice* untersucht wurde (vgl. ebd.: 276). Auch in den bereits erwähnten Laptopstudien wurden Veränderungen des Unterrichts in den Blick genommen. So halten Schaumburg et. al. (2007) für das niedersächsische Laptop-Projekt „1000mal1000 – Notebooks im Schulranzen" fest, dass

- der Computer häufiger als zuvor im Unterricht genutzt wird, wobei der häufigste Verwendungszweck im Schreiben und Gestalten von Texten sowie in der Dokumentation von Arbeitsergebnissen besteht (vgl. dazu auch Issing / Seidel 2010: 90),
- die Lehrpersonen uneinheitlich urteilen: ein Teil berichtet über Veränderungen im Bereich der Aufgabenstellungen, Sozialformen, inneren Differenzierung und der Mitgestaltungsmöglichkeiten, ein ebenso großer Teil konnte aber keine Veränderungen des Unterrichts feststellen,
- eine Veränderung der Unterrichtskultur hin zu stärker problemorientiertem, selbstgesteuertem und kooperativem Lernen nur von einem Teil der Lehrpersonen berichtet wird. Die Einschätzung, wie tiefgreifend die Änderungen sind, scheinen auch davon abhängig zu sein, „welchen Unterrichtsstil die Lehrer ohne Notebook praktizieren" (ebd.: 94) und nicht nur von den durch die Notebooks induzierten Änderungen.

---

[4] Allerdings muss darauf hingewiesen werden, dass die Datenlage nicht ersehen lässt, welcher kausalen Art die Zusammenhänge sind – ob es sich um Voraussetzungen, Auswirkungen oder um Wechselwirkungen handelt.

Der Einsatz digitaler Medien im Unterricht – dies zeigen die skizzierten Ergebnisse sowie solche einer weiteren zuvor durchgeführten Einzelfallstudie „Notebook-Klassen – Lernen für die Zukunft" – ist in seiner Wirkung u.a. von der didaktischen Fähigkeit der Lehrpersonen abhängig, die spezifischen Potenziale digitaler Medien so im Unterricht einzusetzen, dass Lernaktivitäten bei Schülerinnen und Schülern angeregt und unterstützt werden, die eine vertiefende Auseinandersetzung mit bestimmten Inhalten und Aufgabenstellungen fördern. Dies
bedeutet u.a., tradierte Muster der Unterrichtsführung zu überdenken und zu verändern. Unter der Frage, in welchem Verhältnis Lerninhalt, Unterrichtsmethode
und Medieneinsatz stehen, hat Schaumburg in der Evaluation des Laptop-
Projektes modellhafte Typen der Integration von Laptops in den Unterricht gebildet (vgl. Darstellung 1). Dabei wird – erwartungsgemäß – deutlich, dass die
Lehrpersonen, die einen eher lehrerzentrierten Unterrichtsstil (ohne Laptops)
pflegen, beim Laptopeinsatz Veränderungen wahrnehmen und diejenigen, die
ohnehin einen stärker schülerzentrierten Unterricht durchführen, weniger Veränderungen beim Einsatz von Laptops berichten. Im Einzelnen identifiziert
Schaumburg fünf Integrationstypen (vgl. ebd: 169 ff.):

- Typ 1: Subsumption unter lehrerzentrierten Unterricht. Lehrpersonen dieses
  Typs sehen sich in der Rolle der Wissensvermittler und strukturieren bzw.
  kontrollieren den Unterrichtsverlauf stark. Laptops haben eher die Funktion
  des Arbeitsheftes und werden nur phasenweise ähnlich wie klassische Medien – im Sinne einer Subsumption unter lehrerzentrierten Unterricht – eingesetzt.
- Typ 2: Fokus auf Medienkompetenz und Technik. Lehrpersonen des Typs 2
  schreiben dem Erwerb von Medienkompetenz eine hohe Bedeutsamkeit zu
  und erleben in der Bearbeitung technischer Fragen eine Veränderung des
  Unterrichts. Als problematisch empfinden sie die sinnvolle Nutzung des
  Laptops zur Vermittlung fachlicher Inhalte, sind aber zu Veränderungen des
  Unterrichts bereit und grundsätzlich aufgeschlossen. Der Laptop stellt den
  Auslöser zu Veränderungen im Unterricht dar, die sich jedoch zunächst vorrangig auf Fragen der Medienkompetenz – und hier wiederum häufig auf
  den konkreten Umgang mit Computern – konzentrieren.
- Typ 3: Curricular-inhaltlicher Fokus. Ausgehend von curricularen Inhalten
  versuchen Lehrpersonen des dritten Integrationstyps Potenziale des Computers zur Erarbeitung bestimmter Inhalte im Unterricht zu nutzen. Nur wenn
  eine sinnvolle Einbindung möglich ist, kommt der Laptop zum Einsatz. Innerhalb einzelner Themenbereiche werden neue Schwerpunkte gesetzt, in
  denen besondere Eigenschaften des Computers lernförderlich genutzt werden können. Insofern wirkt das Medium auch auf die Inhalte zurück.

		Unterrichtsveränderung durch Laptopeinsatz	
		keine Veränderung	Veränderung
Unterrichtsstil im laptopfreien Unterricht	eher lehrerzentriert	Typ 1: Subsumption unter lehrerzentrierten Unterricht	Typ 2: Fokus auf Technik und Medienkompetenz
			Typ3: Curricular-inhaltlicher Fokus
			Typ 4: Didaktisch-methodischer Fokus
	eher schülerzentriert	Typ 5: Konstruktivistische Integration	

Darstellung 1: Typen der Integration von mobilen Computern in den Unterricht (vgl. Schaumburg 2003: 169)

- Typ 4: Didaktisch-methodischer Fokus. Für Lehrpersonen dieses Typs ist die Verbindung von Medium, Methode und Inhalt im Unterricht kennzeichnend. Sie reflektieren darüber, wie sich mit der Einführung von Laptops die Inhalte und die Methoden ändern (müssen), um eine qualitative Verbesserung von Lernprozessen bzw. Unterricht zu erreichen. Neben einem insgesamt umfangreicheren Einsatz des Laptops sind diese Lehrer auch bereit, von curricularen Inhalten abzuweichen.[5]
- Typ 5: Konstruktivistische Integration. Ähnlich wie beim Typ 4 sehen Lehrerinnen und Lehrer dieses Typs Inhalts-, Methoden- und Medienentscheidungen als ein ganzheitliches Wirkungsgefüge und sind insbesondere an der qualitativen Verbesserung von Unterricht interessiert. Durch den Einsatz von Medien verändert sich ihr Unterrichtsstil allerdings nicht wesentlich,

---

[5] Interessant ist hierbei, dass Lehrpersonen dieses Integrationstyps vornehmlich im zweiten und dritten Jahr der Projektlaufzeit gefunden werden konnten. Dies spricht dafür, dass Lehrer, die zu Beginn insbesondere stark an technischen Fragen und an der Medienkompetenz der Schüler gearbeitet haben, sich zunehmend damit beschäftigen, wie ein qualitativ gewinnbringender und lernförderlicher Einsatz aussehen kann (vgl. Schaumburg 2002: 176).

weil sie bereits zuvor schülerzentrierte und stärker konstruktivistische Unterrichtsmethoden einsetzen, die durch Laptops zusätzlich vereinfacht werden und qualitative Vorteile bringen. Bei der Erprobung neuer Lernformen zeigen sich Lehrer des Typs 5 sehr innovativ und haben hohe Selbstwirksamkeitserwartungen an den erfolgreichen Einsatz von Computern im Unterricht[6].

Die Frage nach charakteristischen Handlungsmustern von Lehrpersonen beim Einsatz von IKT im Unterricht stand auch im Mittelpunkt eines Projektes von Blömeke / Müller / Eichler. Identifiziert werden konnten drei Unterrichtsskripts (vgl. ebd. 2005: S. 16 f.)[7]:

- Traditionelles IKT-Skript: Dieses Unterrichtsmuster zeichnet sich dadurch aus, dass die Lehrperson den Unterricht stark lenkt und digitale Medien im Wesentlichen die Funktion der Präsentation einnehmen. Entsprechend ist das Klassengespräch die dominierende Sozialform.
- Innovatives IKT-Skript: Eine starke Aktivierung von Schülern, komplexe Aufgaben und eine häufige Verwendung von Computern als Werkzeug zur Problemlösung sind Kennzeichen des innovativen Skripts.
- Modern-traditionelles IKT-Skript: Diese Art der Unterrichtsführung stellt eine Mischform zwischen der traditionellen und der innovativen Verwendung neuer Medien dar.

Betrachtet man die Ergebnisse der Studien, so kann nur für den Typ mit der didaktisch-methodischen Fokussierung bzw. dem innovativen IKT-Skript eine konsequente Änderung von Handlungsmustern konstatiert werden. Vergleicht man die Erhebungen und Interviewdaten mit Beobachtungen aus den Videostudien, wird darüber hinaus deutlich, dass noch einmal zu unterscheiden ist zwischen Veränderungen in der subjektiven Wahrnehmung und solchen Veränderungen, die auch durch Externe mit niedrig-inferenten Beobachtungen wahrnehmbar sind. Darüber hinaus sind die bisher diskutierten Muster erste Annäherungen an Formen der Unterrichtsführung und -gestaltung, die in Wechselwirkung zu weiteren – insbesondere medienspezifischen – Aspekten untersucht

---

[6] Lehrpersonen des fünften Integrationstyps sehen allerdings ihre technischen Kompetenzen als eher mittelmäßig an.

[7] Datenbasis für die Typisierung ist eine Stichprobe von 20 Lehrpersonen, von denen jeweils eine Unterrichtsstunde mit Einsatz digitaler Medien videographiert wurde (12 mal Mathematik, fünfmal Informatik, dreimal Deutsch, vgl. Blömeke / Müller / Eichler 2006: 6 f.). Eine Auswertung erfolgte inhaltsanalytisch durch Kodierung der Unterrichtsstunden und anschließende Clusterzentrenanalyse.

werden müssen. Deutlich wird allerdings, dass der Einsatz digitaler Medien im Unterricht – wenn er gewinnbringend erfolgen soll – deutliche Auswirkungen auf nahezu alle unterrichtskonstitutiven Faktoren (Lernaktivitäten, Lehrhandlungen, Lernvoraussetzungen, Inhalte, Sozialformen, Ziele – (vgl. Tulodziecki / Herzig / Blömeke 2004: 130 f.) hat.

In der von Häuptle / Reinmann durchgeführten Laptop-Fallstudie konnten keine einheitlichen Unterrichtsstile bzw. für den Notebook-Unterricht typische Handlungsmuster gefunden werden: „Vielmehr hat jeder Lehrende seinen eigenen Lehrstil und setzt diesen auch im Notebook-Unterricht fort. Deshalb ist bei der Beschreibung von Notebook-Unterricht auch stärker der jeweilige Unterrichtsstil für die methodische Gestaltung, für die Nutzung des Notebooks als Werkzeug und für den Einsatz etwa einer Lernplattform oder weiterer Medien verantwortlich als der Notebook-Einsatz an sich" (ebd. 2006: 27). In Bezug auf die Veränderung von Unterrichtskultur konnten tendenziell mehr und intensivere offene Unterrichtsformen beobachtet werden, in denen Schüler kooperativ und selbstständig arbeiten. Dabei lassen sich – aus der Perspektive der Lehrpersonen – verschiedene Nutzungsvarianten der Notebooks ausmachen:

- anschauliche Darstellung von Inhalten,
- selbstorganisierte Arbeitsphasen in Einzel- und Gruppenunterricht,
- Informationsrecherche und Exploration im Internet (zur Förderung der Fähigkeiten zur Erfassung, Verarbeitung und Bewertung von Informationen),
- Bereitstellung zusätzlicher Materialien (vgl. ebd.: 28).

Auch diese Ergebnisse weisen darauf hin, den tradierten Unterrichtsmustern und ihrer Weiterverwendung im mediengestützten Unterricht verstärkt Aufmerksamkeit zu schenken.

Insgesamt lässt sich zusammenfassen, dass digitale Medien eine Veränderung von Unterricht fordern und fördern. Dies betrifft sowohl konkrete Lehraktivitäten mit digitalen Medien, wie z.B. Gruppenarbeit, als auch grundsätzliche Auffassungen der Lehrenden von der Unterrichtsgestaltung und -durchführung, wie z.B. ein höherer Grad an Schülerzentrierung. Abhängig von den zuvor praktizierten Unterrichtsroutinen wird der Grad der Veränderung unterschiedlich wahrgenommen. Eine gewinnbringende Integration Neuer Medien gelingt am ehesten den Lehrpersonen, die mit ihrem Unterrichtsstil der Wechselwirkung von Inhalt, Medium, Lernvoraussetzungen und Sozialformen Rechnung tragen. Dies ist allerdings ein längerfristiger Prozess, der in vielen Fällen zunächst einmal an stärker medienbezogenen Aspekten ansetzt und erst später auf die inhaltliche Unterrichtsarbeit mit digitalen Medien ausgeweitet wird. Die ‚Trägheit' solcher Veränderungsprozesse ist nicht auf den Medienbereich beschränkt, Ergebnisse der Professions- und Expertiseforschung zeigen, dass die Veränderung von Handlungsstrukturen im Unterricht und der damit verbundenen subjektiven Theorien von Unterricht ein schwieriger und langwieriger Prozess sind.

Die bisherigen Überlegungen zu empirischen Ergebnissen im Kontext digitaler Medien wurden unter der Perspektive ausgewählt, welchen Beitrag sie zu der Frage leisten können, welche Effekte mit digitalen Medien im Lehr- und Lernprozessen erzielt werden können und welche Veränderungen damit im Unterricht und in der Rolle der Lehrpersonen einhergehen. Die Darstellung hat deutlich werden lassen, dass in der Regel Evaluationsstudien oder Erhebungen entsprechende Informationen liefern. Über diese beiden Forschungsverfahren hinaus sind weitere bedeutsam, die wir im Folgenden kurz skizzieren und dabei zentrale Ergebnisse herausstellen. Gleichzeitig soll dabei noch einmal deutlich werden, wie schwierig es ist, einen Überblick über den Stand der Forschung zu gewinnen.

4   Forschungsmethodische Zugänge

Die bisher dargestellten Ergebnisse zu Wirkungen digitaler Medien beziehen sich auf den schulischen Bereich und wurden nach einzelnen Wirkungsfeldern strukturiert. Im Folgenden wird der Blick stärker auf verschiedene Untersuchungsverfahren gelenkt. Dadurch wird zum einen eine Einordnung der Ergebnisse in die allgemeine mediendidaktische Forschung möglich, zum anderen werden die an verschiedenen Stellen angesprochenen forschungsmethodischen Probleme noch einmal systematisch reflektiert. Grundsätzlich lassen sich folgende Arten von Untersuchungen unterscheiden:

- Untersuchungen zu allgemeinen Medieneffekten, die häufig als experimentelle oder quasi-experimentelle Vergleichsstudien zwischen mediengestütztem und herkömmlichem Unterricht durchgeführt werden,
- Untersuchungen zu den Effekten spezieller Medienmerkmale – z.B. Codierungsarten und Sinnesmodalitäten – für das Lernen, die in der Regel als experimentelle oder quasi-experimentelle Studien realisiert werden und
- Evaluationsstudien, bei denen nach dem Erfolg von medienbezogenen Maßnahmen gefragt wird, z.B. Einführung des Schulfernsehens oder von Computern in den schulischen Alltag.

4.1 Untersuchungen zu allgemeinen Medieneffekten

Die frühe mediendidaktische Forschung ist durch den Versuch gekennzeichnet, Medienunterricht mit konventionellem Lehrerunterricht zu vergleichen. So haben verschiedene Studien zum Vergleich von herkömmlichem und fernsehgestütztem Unterricht keine einheitlichen Effekte gezeigt (vgl. z.B. Chu / Schramm 1968; Jamison / Suppes / Wells 1974; Cohen / Ebeling / Kulik 1981). Für den Bereich des computerunterstützten Unterrichts haben Kulik / Kulik (1991) insgesamt 248 Studien ausgewertet. Von diesen zeigten 94 (= 38%) einen statistisch signifikant höheren Lernerfolg für das computergestützte Lernen und 6 (= 2%) ein signifikant höheres Lernergebnis für den konventionellen Unterricht. In 60% der Fälle gab es keine statistisch signifikanten Unterschiede. Allerdings ergab sich bei insgesamt 202 der Studien (= 81%) eine positive Differenz der Lernergebnisse zugunsten des computergestützten Lernens (einschließlich der 94 Studien mit signifikanten Unterschieden). Die durchschnittliche Effektstärke betrug 0.30 bei einer Spannbreite von -1.20 bis 2.17.

Insgesamt zeigen die vielen Studien zu generellen Medieneffekten (als Vergleich zwischen medienunterstützten und herkömmlichen – personal vermittelten – Lehr- und Lernprozessen), dass nicht von einer grundsätzlichen Überlegenheit des Lernens mit Medien gesprochen werden kann – allerdings auch nicht von einer grundsätzlichen Unterlegenheit medienunterstützten Lehrens und Lernens. Mit Blick auf die Uneinheitlichkeit der Ergebnisse spricht Schulmeister (2002) vom „Land der Nullhypothesen" (ebd.: 387). Die Studien zu generellen Medieneffekten machen deutlich, dass die Forschungsfrage nach einem globalen Vergleich zwischen einzelnen Medienarten und dem personal geführten Unterricht letztlich nicht sinnvoll ist, weil eine Vielzahl von Variablen die Effizienz von Lernprozessen mit Medien beeinflusst. Im Hinblick auf die „entweder/oder"-Mentalität der Medienvergleichsuntersuchungen konstatiert Negroponte (1995): „The ‚either/or‘ mentality was driven by the false belief that there was a universal ‚best‘ solution for any given situation; it is false because people are different, situations change and the circumstances of a particular interaction may be driven by the channel you have available" (ebd.: 97). In ähnlicher Weise hat Clark (1994) darauf verwiesen, dass bereits Ende der 70er Jahre Folgendes erkannt wurde: „[L]earning is influenced more by the content and instructional strategy in a medium than by the type of medium" (ebd.: 21).

Die insgesamt nur geringe Aussagekraft der vergleichenden Studien hängt auch mit forschungsmethodischen Problemen zusammen, auf die schon an verschiedenen Stellen verwiesen wurde (vgl. auch Clark 1994; Phipps / Merisotis 1999; Strittmatter / Niegemann 2000: 150 f.; Schulmeister 2002: 409 ff.):

- In der Regel sind die durchgeführten Treatments nur unzureichend beschrieben, so dass ex post nicht mehr nachvollziehbar ist, welche einzelnen
Instruktionen oder Interaktionen stattfanden. Die fehlende Kontrolle entsprechender Variablen erschwert die Interpretation der Ergebnisse in Bezug
auf eine Differenzierung von Ursache und Wirkung.
- Eine grundsätzliche Kritik verbindet sich mit der experimentellen Situation,
in der zum Teil künstliche Umgebungen geschaffen wurden, die eine Übertragung der Ergebnisse auf ‚reale' Lernsituationen in der Regel nicht zulassen (dies gilt allerdings nicht nur für Medienvergleichsuntersuchungen,
sondern auch für andere Bereiche der Lehr-Lernforschung).
- Komparative Studien abstrahieren insbesondere von Interaktionsbedingun-
gen während des Treatments. Unterstellt man, dass interaktionelle Kontexte
aber für die experimentelle Situation grundsätzlich bedeutsam sind, dann
„sind die Versuchsbedingungen eben nicht vergleichbar, obwohl sie gerade
verglichen werden sollen" (Schulmeister 2002: 409).
- Viele Untersuchungen sind nicht theoriegeleitet angelegt. Damit leisten sie
zum einen nur begrenzt Beiträge zur Theoriebildung zum Lernen mit Medi-
en, zum anderen gehen sie häufig von theoretisch nicht begründeten Hypothesen aus.
- Studien zu generellen Medieneffekten zielen in der Regel auf Effizienz-
aspekte des Lernens im Hinblick auf Wissenserwerb, Behaltensleistung
oder Lernzeit ab. Eine differenzierte Sicht auf Lernwege und andere Pro-
zessvariablen unterbleibt häufig.

4.2 Untersuchungen zu Effekten spezieller Medienmerkmale

Vergleichsuntersuchungen zu allgemeinen Medieneffekten gestatten – wenn
überhaupt – nur in sehr begrenzter Weise Aussagen über Effekte einzelner Medienmerkmale. Deshalb wird in verschiedenen experimentellen oder quasi-
experimentellen Studien eine Differenzierung von Aussagen zum Lehren und
Lernen mit Medien dadurch angestrebt, dass einzelne Medienmerkmale genauer
untersucht werden. In diesen Untersuchungen wird danach gefragt, wie sich bestimmte Medieneigenschaften auf den Lernerfolg – z.B. den Wissenserwerb –
auswirken. Die – als unabhängige Variablen – untersuchten Medienmerkmale
umfassen dabei Darstellungsformen mit einer Akzentuierung bei Codierungsarten oder Sinnesmodalitäten sowie Ablaufstrukturen, Gestaltungstechniken und
Gestaltungsformen.

a)   Studien mit Bezug zu den Codierungsarten

Relativ viele Studien gehen der Frage nach, ob eine Kombination aus verbalem Text und Bild zu besseren Lernerfolgen führt als die bloße Präsentation von verbalen Texten. Wertet man die Ergebnisse verschiedener Untersuchungen aus (vgl. z.B. Levin / Anglin / Carney 1987; Mayer 1997), so lässt sich festhalten, dass ein höherer Lernerfolg – in Bezug auf Wissenserwerb, Transferfähigkeit bzw. Problemlösefähigkeiten – dann zu erwarten ist, wenn:

- Informationen als Text und Bild präsentiert werden, als wenn sie nur als Text dargeboten werden,
- Illustrationen zu einem Text als kommentierte Illustrationen dargeboten werden, als wenn die Illustrationen unkommentiert sind,
- Informationen in Text und Bild integriert (in räumlicher Nähe zueinander) präsentiert werden, als wenn zunächst der Text und anschließend die Illustrationen dargeboten werden.

Dabei ist grundsätzlich unterstellt, dass es sich um potenziell lernfördernde Bilder bzw. Illustrationen handelt. Allerdings ist zu beachten, dass sich der Lernerfolg letztlich immer nur als Wechselwirkung zwischen den im Medienangebot gewählten Codierungsarten und den Voraussetzungen der jeweiligen Lernenden verstehen lässt.

b)   Studien mit Bezug zu den Sinnesmodalitäten

Untersuchungen mit Bezug zu den Sinnesmodalitäten gehen der Frage nach, welche Präsentationsmodi sich als besonders wirkungsvoll im Hinblick auf den Lernerfolg erweisen. Dabei wird der Lernerfolg – wie in vielen Studien – häufig zunächst im Bereich des Wissenszuwachses erfasst, teilweise auch im Bereich des Problemlösens und des Wissenstransfers (vgl. Mousavi / Low / Sweller 1995; Mayer 1997; Mayer / Anderson 1991, 1992; Moreno / Mayer 1999; Brünken / Leutner 2001). Ergebnisse entsprechender Untersuchungen lassen sich so zusammenfassen, dass der Lernerfolg dann größer ist, wenn:

- Informationen auditiv (als gesprochener Text) und visuell (als Bild oder als Animation) präsentiert werden, als wenn sie nur visuell (als geschriebener Text und als Bild bzw. als Animation) dargeboten werden,
- Informationen auditiv (als gesprochener Text) und visuell (als Animation) präsentiert werden, als wenn sie nur auditiv (als gesprochener Text) dargeboten werden,
- Informationen auditiv (als gesprochener Text) und visuell (als Animation) simultan präsentiert werden, als wenn die Informationen auditiv (als ge-

sprochener Text) und visuell (als Animation) nacheinander dargeboten werden,

- Informationen visuell (als geschriebener Text und als Animation) in räumlicher Nähe zueinander (integriert) präsentiert werden, als wenn sie räumlich getrennt dargeboten werden.

Ergänzen lässt sich, dass die audiovisuelle Präsentation von symbolisch-verbal codierten und abbildhaft codierten Informationen (d.h. gesprochener Text in Verbindung mit einer Animation) den Wissenserwerb mehr unterstützt, als wenn die gleiche symbolisch-verbal codierte Information zusätzlich (redundant) visuell (d.h. als schriftlicher Text) dargestellt wird (vgl. Mayer 2001). Diese Ergebnisse sind insbesondere auch für die Gestaltung von Lernsoftware von Bedeutung. Zudem sind die Ergebnisse auf der Basis entsprechender theoretischer Ansätze und daraus abgeleiteter Hypothesen entstanden und damit auch in dieser Hinsicht gut abgesichert.

c)   Studien mit Bezügen zu weiteren Medienmerkmalen

Neben den Codierungsarten und den Sinnesmodalitäten ist eine Vielzahl weiterer Studien durchgeführt worden, die sich z.B. mit Ablaufstrukturen, Gestaltungsformen und -techniken oder Wechselwirkungen zwischen solchen Merkmalen und Lernvoraussetzungen beschäftigen. Insbesondere mit der kognitionstheoretischen Wende ist den Lernenden und ihren Voraussetzungen verstärkt Bedeutung zugemessen worden. So beschreibt Weidenmann unter Rückgriff auf Untersuchungen verschiedener Autoren vier allgemeine Variablen, die für die Mediennutzung und den Lernerfolg bedeutsam sind (vgl. ebd. 1993: 29 ff.). Als erstes nennt er die medienspezifische Einstellung und die mentale Anstrengung. Beispielsweise wird bei einem Medium, das vom Lernenden als schwierig eingeschätzt wird, z.B. ein schriftlicher Text, in der Regel von vornherein eine größere mentale Anstrengung investiert und damit ein größerer Lernerfolg grundgelegt als bei einem Medium, das als ,leichtes Medium' gilt, z.B. das Fernsehen. Eine zweite wichtige Variable stellen die intrinsische Motivation und das Interesse dar: Je stärker diese ausgeprägt sind, umso wahrscheinlicher sind gute Lernerfolge. Als dritte Variable wird die Fähigkeit zum Umgang mit Überlastung beschrieben: Je besser es dem Individuum bei der Mediennutzung gelingt, Belastungen durch wechselnde Codierungsarten, Sinnesmodalitäten, Gestaltungstechniken und inhaltliche Unklarheiten zu bewältigen, umso größer sind die Chancen auf gute Lernergebnisse. Schließlich wird als viertes die Variable ,Media-Literacy' aufgeführt: Je kompetenter ein Individuum die Gestaltungsmöglichkeiten und Ausdrucksformen der Medien bzw. die ,Mediensprache' interpretieren und einordnen kann, umso eher ist ein angemessenes Verstehen und Verarbeiten der medialen Präsentationen zu erwarten.

Die dargestellten Untersuchungsergebnisse zum Einfluss spezieller Medienmerkmale legen generell die Annahme nahe, dass für das Erreichen bestimmter Lehrziele die Wahl der Erfahrungsformen bzw. Codierungsarten, z.B. die reale oder abbildhafte Form, und die Wahl bestimmter Gestaltungsformen, z.B. Aktivierung durch Aufgaben, wichtiger sind als die Medienart, durch die sie präsentiert und realisiert werden. Darüber hinaus machen die Untersuchungsergebnisse darauf aufmerksam, dass neben bestimmten Medienmerkmalen die Wahl des Lehrkonzepts besonders wichtig ist. So wurden beispielsweise die medialen Effekte – bezogen auf Codierungs- und Gestaltungsformen – in den verschiedenen Untersuchungen durch die zugrundeliegenden Lehrkonzepte (z.B. problemorientiertes Vorgehen und programmierte Unterweisung) überlagert. Aber auch für das jeweilige Lehrkonzept gilt, dass es in seiner Wirkung – wie die Medienmerkmale und inhaltliche Aspekte des Medienangebots – in Wechselbeziehung zu den Merkmalen des Lernenden, insbesondere seinen Lernvoraussetzungen zu sehen ist.

Bei aller Bedeutung, die z.B. den Ergebnissen experimenteller Studien zu Sinnesmodalitäten, Codierungsarten und Lernerfolg – die zudem hinreichend theoretisch fundiert sind – zukommt, so wird doch deutlich, dass für die Frage des Lernerfolgs im Kontext des Einsatzes digitaler Medien in der Schule eine ergänzende Form der Forschung notwendig ist. Ein solches Verfahren stellt die Evaluation dar.

Während das Experiment ein vorrangig erkenntnisorientiertes Verfahren darstellt, ist die Evaluation ein stärker entscheidungsorientierter Ansatz, der Aussagen darüber ermöglichen soll, ob z.B. ein bestimmtes unterrichtliches Verfahren sich zur Erreichung bestimmter Ziele eignet bzw. bewährt hat, welche Nebenwirkungen auftreten können, und ob es für die eigene Situation einer Lehrperson (mit jeweils spezifischen schulischen Voraussetzungen) adaptierbar ist. Damit liegen die Untersuchungssituationen in einer Evaluation im Vergleich zur experimentellen Forschung üblicherweise näher an Alltagssituationen und sind dadurch im Hinblick auf die speziellen Rahmenbedingungen und Voraussetzungen – wie die Lernvoraussetzungen, die durchgeführten Lehr- und Lernhandlungen sowie besondere Unterrichtsbedingungen – im Vergleich zur eigenen Situation leichter einzuschätzen. Dadurch dürfte auch die Übertragbarkeit von Evaluationsergebnissen insgesamt erleichtert werden (vgl. Tulodziecki 1982: 373). Dies bedeutet aber, die ergebnisrelevanten Gesichtspunkte der Durchführung klassenbezogen so zu beschreiben, dass eine Lehrperson in der Lage ist zu entscheiden, ob in ihrer Lerngruppe vergleichbare Bedingungen gegeben sind und sich das

Konzept in vergleichbarer Weise realisieren ließe. Auf der Basis einer solchen Einschätzung könnte dann – unter Hinzuziehung der Evaluationsergebnisse – eine Vorhersage über den vermutlichen Lernerfolg gemacht werden (vgl. als Beispiel die Studie von Grafe (2008) zur Förderung von Problemlösefähigkeit beim Lernen mit Computersimulationen).

Alltagssituationen sind Einzelfallsituationen, d.h. Evaluationen sind i.d.R. Studien, die mit Gelegenheitsstichproben arbeiten und daher nicht verallgemeinerungsfähige Ergebnisse liefern. Allerdings sei im Hinblick auf die aus der Evaluation zu gewinnenden handlungsrelevanten Aussagen angemerkt, dass verallgemeinerungsfähige, an repräsentativen Stichproben gewonnene Aussagen für die Unterrichtspraxis auch nicht unbedingt einen Vorteil darstellen müssen. Für die Umsetzung eines – allgemeingültigen – Unterrichtskonzeptes zum Erreichen eines bestimmten Zieles wäre von der Lehrperson auch dann noch eine Adaption konkreter zielgruppenspezifischer bzw. situativer Bedingungen an die repräsentativen Evaluationsbedingungen erforderlich. Es dürfte zumindest zweifelhaft sein, ob dies immer sinnvoll oder möglich ist und ob die Handlungsrelevanz repräsentativer Aussagen per se größer ist. Damit verbunden ist auch die Problemlage einer Standardisierung von Unterrichtssituationen. Nicht zuletzt würde eine solche Strategie auch die Verbindung von Theorie und Praxis sowie die Theorienentwicklung deutlich fördern.

Insgesamt lässt sich demnach auf die eingangs gestellten Fragen zusammenfassend festhalten, dass mit Bezug auf fachliche Leistungen derzeit keine umfassenden Kenntnisse vorliegen. Zwar sind in jüngerer Vergangenheit Korrelationen zwischen z.B. der Verfügbarkeit von Computern oder der Nutzungshäufigkeit von Computern und schulischen Leistungen hergestellt worden, diese Zusammenhänge sind aber zum einen nicht kausaler Natur, zum anderen sind verschiedene forschungsmethodische Fragen derzeit noch nicht geklärt. Dennoch lassen verschiedene explorative Studien erkennen, dass digitale Medien die Fachleistungen nicht verschlechtern, in einzelnen Bereichen – etwa Aufsatzleistungen oder mathematische Teilkompetenzen – konnten Verbesserungen nachgewiesen werden.

Im Bereich der Schlüsselqualifikationen werden tendenziell positive Veränderungen beim selbstständigen und selbstgesteuerten Arbeiten, bei der Kooperation untereinander und im kompetenten Umgang mit dem Computer berichtet. Mit Blick auf die Unterrichtskultur zeigen verschiedene – auch internationale – Studien eine Veränderung der Lehrerrolle mit einer stärkeren Betonung der beratenden und moderierenden Funktionen von Lehrpersonen. Eine gewinnbringende Integration digitaler Medien in den Unterricht gelingt den Lehrpersonen am besten, die mit ihrem Unterrichtsstil dem Zusammenhang von Medium, Lernvoraussetzungen, Inhalt und Sozialform Rechnung tragen. Mit anderen Worten: Die Integration digitaler Medien in den Unterricht erfordert auch eine Veränderung der Handlungsmuster von Lehrpersonen, insbesondere dann, wenn diese bisher einen eher lehrerzentrierten Unterricht durchgeführt haben. Qualitative Veränderungen werden insbesondere in Form einer höheren Anschaulichkeit, einer höheren Schülerzentrierung und einer höheren Motivation und Lernfreude wahrgenommen. Zusammenfassend kann allerdings auf der Basis der gesichteten empirischen Daten noch nicht grundlegend vom Einzug einer neuen Lernkultur gesprochen werden.

Über das Lehren und Lernen mit digitalen Medien ist inzwischen eine Vielzahl von Erkenntnissen zusammengetragen worden. Dennoch besteht erheblicher weiterer grundlegender Forschungsbedarf. Dabei sollte Forschung zum Lernen mit Medien nicht nur auf den *outcome* von Lernprozessen fokussiert sein, sondern stärker die Lernprozesse selbst berücksichtigen.

Ausgangspunkt von Forschung sollte die Frage sein, inwieweit digitale Medien angemessene Mittel darstellen, pädagogisch gerechtfertigte Ziele zu erreichen und welche Nebenwirkungen zu beobachten sind. Im Kontext derzeitiger Forschungsschwerpunkte empfiehlt es sich, Lernen mit digitalen Medien vor dem Hintergrund des fachlichen und überfachlichen Kompetenzerwerbs zu verstehen und mit Bezug auf entsprechende Kompetenzmodelle zu erforschen. Im Sinne eines Monitoring sind aus unserer Sicht darüber hinaus auch Längsschnittstudien wichtig, um medienbezogene Bildungsverläufe beobachten und die Wirkung von Bildungsmaßnahmen über längere Entwicklungszeiträume einschätzen und beurteilen zu können. Dabei sollte im Mittelpunkt der Forschung und Entwicklung im Bereich der Nutzung von digitalen Medien grundsätzlich ein Subjekt stehen, das die Herausforderungen und Anforderungen einer mediengeprägten Welt in kompetenter Weise handelnd bewältigen können soll.

Literatur

Bachmair, B. / Diepold, P. / de Witt, C. (Hrsg.) (2005): Jahrbuch Medienpädagogik. Evaluation und Analysen. Wiesbaden: VS Verlag für Sozialwissenschaften

Blömeke, S. / Müller, Ch. / Eichler, D. (2005): Abschlussbericht zum DFG-Projekt „Handlungsmuster von Lehrerinnen und Lehrern beim Einsatz neuer Medien im Unterricht der Fächer Deutsch, Mathematik und Informatik". Berlin: Humboldt Universität

Bofinger, J. (2004): Neue Medien im Fachunterricht. Eine empirische Studie über den Einsatz neuer Medien im Fachunterricht an verschiedenen Schularten in Bayern. Donauwörth: Auer Verlag

Brünken, R. / Leutner, D. (2001): Aufmerksamkeitsverteilung oder Aufmerksamkeitsfo-
kussierung? Empirische Ergebnisse zur „Split-Attention-Hypothese" beim Lernen
mit Multimedia. Unterrichtswissenschaft. 29. 4. 357-366

Büchter, A. / Dalmer, R. / Schulz-Zander, R. (2002): Innovative schulische Praxis mit
Neuen Medien. Nationale Ergebnisse der internationale IEA-Studie SITES-M2. In:
Rolff et. al. (2002): 163-197

Büchter, A./ Preussler, A./ Schickhaus, M.H. (2002): Abschlussbericht der projektspezifi-
schen Evaluation des BLK-Modellversuchs „Selbstlernen in der gymnasialen Oberstufe – Mathematik (SelMa). Soest: Landesinstitut für Schule LfS

Chu, G.C. / Schramm, W. (1968): Learning from television. What the research says.
Washington: National Association of Educational Broadcasters

Christmann, E. / Badgett, J. (2000): The comparative effectiveness of CAI on collegiate
academic performance. Journal of Computing in Higher Education. 11. 2. 91-103

Christmann, E. / Badgett, J. / Lucking, R. (1997): Progressive comparison of the effects of
computer-based instruction on the academic achievement of secondary students.
Journal of Research on Computing in Education. 29. 4. 325-336

Clark, R. E. (1994): Media will never influence learning. Educational Technology: Research & Development. 42. 2. 21-29

Cohen, P.A. / Ebeling, B.J. / Kulik, J.A. (1981): A meta-analysis of outcome studies of
visual-based instruction. Educational Communication and Technology Journal. 29.
1. 29-36

Condie, R. / Munro, B. (2007): The impact of ICT in schools – a landscape review. Coventry: Becta

Eickelmann, B. (Hrsg.) (2010): Bildung und Schule auf dem Weg in die Wissensgesellschaft. Münster u.a.: Waxmann

Fletcher-Flinn, C.M. / Gravatt, B. (1995): The efficacy of computer assisted instruction
(CAI): A meta-analysis. Journal of Educational Computing Research. 13. 2. 219-242

Fuchs, T. / Wößmann, L. (2004): Computers and Student Learning: Bivariate and Multi-
variate Evidence on the Ability and Use of Computers at Home and at School.
CESifo Working Paper No. 1321

Fuchs, T. / Wößmann, L. (2005): Computer können das Lernen behindern. ifo-
Schnelldienst. 58. 18. 3-10

Grafe, S. (2008): Förderung von Problemlösefähigkeit beim Lernen mit Computersimulationen. Grundlagen und schulische Anwendungen. Bad Heilbrunn: Klinkhardt

Hattie, J. (2009): Visible learning. A synthesis of over 800 meta-analyses relating to
achievement. London u.a.: Routledge

Herzig, B. / Meister, D. / Moser, H. / Niesyto, H. (Hrsg.) (2010): Jahrbuch Medienpädagogik 9. Medienkompetenz und Web 2.0. Wiesbaden: Verlag VS für Sozialwissenschaften

Herzig, B. / Grafe, S. (2010): Bildungsstandards für die Medienbildung. Grundlagen und
Beispiele. In: Herzig, B. et al. (Hrsg.) (2010): 103-120

Holtappels, H. G. / Höhmann, K. (Hrsg.) (2005): Schulentwicklung und Schulwirksam-
keit. Systemsteuerung, Bildungschancen und Entwicklung der Schule. Weinheim,
München: Juventa

Issing, L. / Seidel, T. (2010): Integration von Laptops in den Unterricht mit implementationsfördernden Maßnahmen. In: Eickelmann, B. (Hrsg.) (2010): 85-98

Jamison, D. / Suppes, P./ Wells, S. (1974): The effectiveness of alternative instructional media: A survey. Review of Educational Research. 44. 1. 1-68

Kulik, C.C. / Kulik, J.A. (1991): Effectiveness of computer based instruction: An updated analysis. Computers in Human Behavior 7. 1. 75-94

Levin, J. R. / Anglin, G. J. / Carney, R. N. (1987): On empirically validating functions of pictures in prose. In: Willows, D. M. / Houghton, H. A. (Hrsg.) (1987): 51-85

Mayer, R. E. (1997): Multimedia Learning: Are We Asking the Right Questions? Educational Psychologist. 32. 1. 1-19

Mayer, R.E. / Anderson, R.B. (1992): The instructive animation: Helping students build connections between words and pictures in multimedia learning. Journal of Educational Psychology. 84. 4. 444-452

Mayer, R.E. / Anderson, R.B. (1991): Animation need narrations: An experimental test of dual-coding hypothesis. Journal of Educational Psychology 83. 4. 484-490

Mousavi, S.Y. / Low, R. / Sweller, J. (1995): Reducing cognitive load by mixing auditory and visual presentation modes. Journal of Educational Psychology. 87. 2. 319-334

Müller, C. / Blömeke, S. / Eichler, D. (2006): Unterricht mit digitalen Medien – zwischen Innovation und Tradition? Eine empirische Studie zum Lehrerhandeln im Medienzusammenhang. In: Zeitschrift für Erziehungswissenschaft. 9. 4. 632-650

Negroponte, N. (1995): Being digital. London: Hodder & Stoughton

OECD [Organisation for Economic Co-Operation and Development] (Hrsg.) (2006a): Are Students ready for a technology-rich world? What PISA studies tell us. OECD Briefing Notes für Deutschland. http://www.oecd.org/dataoecd/48/59/36002483.pdf, 05/2006

OECD [Organisation for Economic Co-Operation and Development] (Hrsg.) (2006b): Are Students ready for a technology-rich world? What PISA studies tell us. OECD Briefing Notes für Deutschland. http://www.oecd.org/dataoecd/48/59/36002483.pdf, 05/2006

OECD [Organisation for Economic Co-Operation and Development] (Hrsg.) (2009): Is technology use related to educational performance? Evidence from PISA. http://www.nml-conference.be/wp-content/uploads/2009/09/Technology-Use-and-Educational-Performance.pdf, 12/2010

Olechowski, R. (1995) (Hrsg.): Schulbuchforschung. Frankfurt u.a.: Lang

Phipps, R. / Merisotis, J. (1999): What's the Difference? A Review of Contemporary Research on the Effectiveness of Distance Learning in Higher Education. Washington: The Institute for Higher Education Policy

PISA-Konsortium Deutschland (Hrsg.) (2007): PISA 06. Die Ergebnisse der dritten internationalen Vergleichsstudie. Münster: Waxmann

Reinmann, G. / Häuptle, E. (2006): Notebooks in der Hauptschule. Eine Einzelfallstudie zur Wirkung des Notebook-Einsatzes auf Unterricht, Lernen und Schule. Abschlussbericht. Augsburg: Universität, Philosophisch-Sozialwissenschaftliche Fakultät

Rolff, H.-G / Holtappels H.G. / Klemm, K. / Pfeiffer, H. / Schulz-Zander, R. (Hrsg.) (2002): Jahrbuch für Schulentwicklung, Bd. 12. Daten, Beispiele und Perspektiven. Weinheim, München: Juventa

Rösner, E. / Bräuer, H. / Riegas-Staackmann, A. (2004): Neue Medien in den Schulen Nordrhein-Westfalens. Ein Evaluationsbericht zur Arbeit der e-nitiative.nrw. Dortmund: IFS-Verlag

Schaumburg, H. / Issing, L. J. (2002): Lernen mit Laptops. Ergebnisse einer Evaluationsstudie. Gütersloh: Verlag Bertelsmann Stiftung

Schaumburg, H. (2003): Konstruktivistischer Unterricht mit Laptops? Eine Fallstudie zum Einfluss mobiler Computer auf die Methodik des Unterrichts. Dissertation. Berlin: Freie Universität Berlin

Schaumburg, H. / Prasse, D. / Tschackert, K. / Blömeke, S. (2007): Lernen in Notebook-Klassen. Endbericht zur Evaluation des Projekts „1000mal1000: Notebooks im Schulranzen". Bonn: Schulen ans Netz

Schelhowe, H. / Grafe, S. / Herzig, B. et.al. (2009): Kompetenzen in einer digital geprägten Kultur. Medienbildung für die Persönlichkeitsentwicklung, für die gesellschaftliche Teilhabe und für die Entwicklung von Ausbildungs- und Erwerbsfähigkeit. Bericht der Expertenkommission des BMBF zur Medienbildung. Bonn: BMBF. Bericht zum Download: http://www.bmbf.de/pub/kompetenzen_in_digital_kultur.pdf, 12/2010

Schleicher, A. (2006): Stellungnahme der OECD zur Erwiderung des ifo. Computer + Unterricht. 16. 63. 61-62

Schulmeister, R. (2002): Grundlagen hypermedialer Lernsysteme. München u.a.: Oldenbourg

Schulz-Zander, R. (2005). Innovativer Unterricht mit Informationstechnologien – Ergebnisse der SITES M2. In Holtappels / Höhmann (Hrsg.) (2005): 264-276

Schulz-Zander, R. / Preussler, A. (2005): Selbstreguliertes und kooperatives Lernen mit digitalen Medien – Ergebnisse der SITE-Studie und der SelMa-Evaluation. In: Bachmair et al. (2005): 213-228

Senkbeil, M. / Wittwer, J. (2007): Die Computervertrautheit von Jugendlichen und Wirkungen der Computernutzung auf den fachlichen Kompetenzerwerb. In: PISA-Konsortium Deutschland (Hrsg.) (2007): 277-308

Strittmatter, P./ Niegemann, H. (2000): Lehren und Lernen mit Medien. Eine Einführung. Darmstadt: Wissenschaftliche Buchgesellschaft

Tulodziecki, G. (1982): Zur Bedeutung von Erhebung, Experiment und Evaluation für die Unterrichtswissenschaft. Unterrichtswissenschaft. 10. 4. 364–377

Tulodziecki, G. / Herzig, B. (2004): Handbuch Medienpädagogik. Mediendidaktik. Bd. 2, Stuttgart: Klett-Cotta

Tulodziecki, G. / Herzig, B. / Blömeke, S. (2009): Gestaltung von Unterricht. Eine Einführung in die Didaktik. 2. durchg. Aufl. Bad Heilbrunn: Klinkhardt

Tulodziecki, G. / Herzig, B. / Grafe, S. (2010): Medienbildung in Schule und Unterricht. Bad Heilbrunn: Klinkhardt/ UTB

Wagner, R. (2006): Computernutzung und Schülerleistungen. Computer + Unterricht. 16. 62. 56-59

Weidenmann, B. (1993): Instruktionsmedien. München: Universität der Bundeswehr, Institut für Erziehungswissenschaft und Pädagogische Psychologie

Willows, D. M. / Houghton, H. A. (Hrsg.) (1987): The Psychology of Illustration. Volume 1. Basic research. New York: Springer

Wößmann, L. (2006): Replik des ifo auf die OECD-Stellungnahme in C+U62. Computer + Unterricht. 16. 63. 60-61

Medien nutzen, Medien gestalten – eine qualitative Analyse der Computernutzung

Carsten Schulte und Maria Knobelsdorf

1 Einleitung

Am 30. April 1994 wurde das World Wide Web zur allgemeinen Benutzung freigegeben – nachzulesen beispielsweise in der deutschsprachigen Wikipedia[1]. Im Prinzip konnte nun jeder das Web durch eigene Seiten bereichern oder den bereits bestehenden Verwebungen Link für Link nachfolgen. Während das Websurfen sehr rasch populär wurde, ist das eigene Beitragen von Inhalten erst seit wenigen Jahren im Zusammenhang mit den Schlagwörtern Web 2.0 und *social web* populär geworden[2]. Mittlerweile verzichtet kaum ein Unternehmen auf den eigenen Webauftritt. Bekannte Marken sind sowieso im Web vertreten, aber auch der kleine Kramladen um die Ecke oder die Abiturfeier des örtlichen Gymnasiums. Viele Privatleute haben eigene Webseiten, viele Schülerinnen und Schüler pflegen ihre virtuelle Identität in sozialen Netzwerken. All diese Mediennutzungen sind nun erstens nicht ohne Zugriff auf digitale Artefakte – den PC zu Hause, das Netbook, den MP3-Player oder internetfähige Handys – möglich; und zweitens bedeutet Nutzen hier zumeist auch das Gestalten von Medienangeboten.

In dieser digital geprägten Medienwelt fühlen sich viele, vor allem jüngere Menschen zu Hause. Je nach Alter kann man sich als ,digital native' fühlen – als jemand, dessen Leben und Lebensstil sich ,schon immer' durch nahezu unbegrenzten und alltäglichen Zugriff auf vernetzte digitale Artefakte auszeichnete. Die Computernutzung selbst verschwindet gleichsam hinter diesen digitalen Medienwelten. Benutzungsschnittstellen werden immer bunter, intuitiver und mit allen Sinnen erfahr- und bedienbar.

In diesem Artikel wollen wir auf die scheinbar bereits überflüssige Schulung der Computernutzung eingehen, die mehr und mehr als nebenbei zu erwerbendes Bedienwissen in der Diskussion um Medienbildung gesehen wird. Diesen hier etwas unpräzise als ,Schulung der Computernutzung' genannten Aspekt informatischer Bildung halten wir aus folgenden zwei Gründen für immer noch wichtig:

---

[1] http://de.wikipedia.org/ (27.02.2009)
[2] Gründungsdatum der (englischsprachigen) *Wikipedia* ist der 15. Januar 2001.

- Ergebnisse der Untersuchung von Computernutzungserfahrungen zeigen, dass diese nicht immer bruchlos und erfolgreich verlaufen. In unseren Studien zu Computernutzungsbiographien stellen wir sogar eine Dichotomie fest, in der (scheinbar) sehr ähnliche Erfahrungen bei einigen Nutzern als Eintrittskarte in die Welt der Informatik wirken, für andere jedoch eine schier unüberwindbare Barriere aufbauen.
- Computernutzung kann sich auf verschiedenen Ebenen abspielen. Das Benutzen der wesentlichen Funktionen ist einfach, doch wenn komplexere Funktionen benötigt werden, wenn der Benutzungsprozess auf einmal nicht mehr bruchlos abläuft, dann wird eine zweite Ebene der Computernutzung erforderlich. Diese zweite Ebene scheint nicht immer so leicht zugänglich zu sein.

Die Unterscheidung solcher dichotomer Ebenen stützt sich auf den technikphilosophischen Ansatz der dualen Natur technischer Gegenstände, demzufolge diese nur dann vollständig erfasst und erklärt werden können, wenn sowohl deren Struktur und Funktion als auch der Zusammenhang dieser beiden Dimensionen berücksichtigt werden. Strukturelemente beziehen sich auf den Aufbau des Artefakts, beispielsweise verwendete informatische Konzepte, Algorithmen und Datenstrukturen. Diese Dimension ist objektiv messbar. Die andere Seite der Dualität, die Funktion, bezieht sich auf den Einsatzzweck des Artefakts und beschreibt dessen potenziellen Nutzen. Dieser ist jedoch nicht objektiv beobachtbar. Vielmehr handelt es sich um eine sozial verankerte Zuschreibung. Die Dualität von Struktur und Funktion bewirkt, dass zumeist entweder nur die Funktion aus Benutzersicht bzw. von außen, oder die technische Struktur aus Entwicklersicht bzw. von innen betrachtet wird.

Im ersten Teil des Artikels werden wir auf diese Nutzungserfahrungen eingehen, Hinweisen zur digitalen Spaltung nachspüren und sie anschließend mit Hilfe der Theorie der dualen Natur digitaler Artefakte erklären (vgl. Schulte 2008a). Im zweiten Teil des Artikels werden wir aufbauend auf diesem Gerüst mehreren spezifischen Dimensionen der Computernutzung nachgehen, diese qualitativ analysieren und daraus Schlussfolgerungen für die Schule in der digitalen Welt ziehen.

2 Nutzungserfahrungen und deren Aufarbeitung

Kinder und Jugendliche verfügen insgesamt über vielfältige Erfahrungen im Umgang mit Computern (vgl. Medienpädagogischer Forschungsverbund Südwest 2008; Medienpädagogischer Forschungsverbund Südwest 2007). Unterschiedliche digitale Artefakte wie Internet, MP3-Player oder Handy sind zu einem selbstverständlichen Teil ihres Alltags geworden. Da die Nutzung in der Schule nicht so weit verbreitet ist, drängt sich die Vermutung auf, dass das Thema Computernutzung von Kindern und Jugendlichen im Großen und Ganzen erfolgreich abgeschlossen sei. Doch schaut man etwas genauer hin, sowohl bei den Kindern und Jugendlichen als auch bei den digitalen Artefakten selbst, zeigt sich, dass dieses Thema auf verschiedenen Dimensionen angesiedelt ist, die im nächsten Abschnitt kurz skizziert werden sollen.

2.1 Die Dimensionen der Computernutzung

In mehreren vom IPN durchgeführten Studien zur Computernutzung wurden im Schuljahr 1999/2000 Schülerinnen und Schüler der Klassenstufe 9 aus unterschiedlichen Schultypen zum Thema Medien und Computer befragt. Das untersuchte Verhältnis von Computernutzung, Computerbesitz, Motivation und Intention wurde in einer Typologie der Computernutzung abgebildet. Dabei wurden auf Grundlage vorhergehender Studien die folgenden vier Typen herausgearbeitet: Enthusiasten, Spaßnutzer, Pragmatiker und Unerfahrene. *Enthusiasten* haben dem Computer gegenüber eine sehr positive Einstellung und eine hohe intrinsische Motivation. Die Computernutzung ist vielfältig, aber intensiv, das Selbstkonzept entsprechend hoch angesiedelt. *Spaßnutzer* haben ebenfalls eine ausgeprägt positive Einstellung dem Computer gegenüber, nutzen ihn aber hauptsächlich als freizeitbezogenes Medium, während der Nützlichkeitsaspekt eine geringere Rolle spielt. Bei *Pragmatikern* steht der Nützlichkeitsaspekt im Vordergrund wie bei den Enthusiasten, jedoch wird der Computer seltener verwendet, da ein eigener PC auch seltener zur Verfügung steht. *Unerfahrene* zeichnen sich dadurch aus, dass sie dem Computer gegenüber eher neutral eingestellt sind, ihre Handlungsmotivation nur sehr schwach ausgeprägt ist und der Computer auch in der Freizeit nur wenig genutzt wird (vgl. Senkbeil 2004: 72 ff.).

Auch die PISA-Studie 2003 benennt eine Typologie der Computernutzung und unterscheidet zwischen Enthusiasten, Pragmatikern, interessierten Laien und Unerfahrenen. In der Befragung von 2006 wird außerdem eine Typologie der Nutzungsformen getroffen: intensive Nutzung, programmbezogene Nutzung, freizeitbezogene Nutzung und eingeschränkte Nutzung (vgl. PISA 2006: 282f.). Senkbeil schlägt daher ein mehrdimensionales Modell zur Erfassung der Medienkompetenz vor. Dabei skizziert er folgende drei Dimensionen der Computernutzung mit folgenden Kompetenzen:

- Basiskompetenzen: Typ der Computernutzung/motivationale Voraussetzungen; Lese- und Schreibkompetenz, Problemlösefähigkeit, visual literacy
- Computerbezogene Kompetenzen: technische Kompetenz, Nutzungskompetenz, Gestaltungskompetenz
- Anwendungskontexte: Multimediaprogramme, Standard- bzw. kontextfreie Programme, Internet. (vgl. Senkbeil 2004: S. 189)

In einer von uns durchgeführten Studie mit Studierenden der Psychologie, von Studierenden des Faches Deutsch für das Lehramt sowie Studierenden der Informatik (die im weiteren Verlauf später noch ausführlich dargestellt wird) konnten wir zwei dichotome Ansätze in der Computernutzung beobachten. Für eine Gruppe bilden Computernutzungserfahrungen die Eintrittskarte in die Welt der Informatik, für die andere Gruppe bilden scheinbar fast identische Erfahrungen eine unüberwindbare Barriere, die den Einstieg in die Informatik verhindert. Die einen sehen nur den Aspekt des Benutzens und fühlen sich zumeist als Outsider in Bezug auf Informatik und den professionellen Umgang mit digitalen Artefakten. Die anderen sehen auch Aspekte des Gestaltens, fühlen sich als Insider und schätzen sich dementsprechend als professionelle Benutzer ein.

Diese kurz umrissenen Beispielstudien zeigen, dass das Thema Computernutzung nicht nur unterschiedliche Tätigkeiten und Kompetenzen am Computer umfasst, sondern auch Einstellungen, Interessen und Motivation der jeweiligen Personen. Daher nehmen wir in unseren Untersuchungen zur Computernutzung Bezug auf vier Dimensionen: das Weltbild, das Selbstbild, Handlungsweisen und der zeitliche Prozess. Diese vier Dimensionen beschreiben verschiedene Aspekte, die in der Computernutzung wirken. Das Selbstbild entsteht durch emotionale und intentionale Lebensprozesse, die bezogen auf physische, psychische und soziale Momente die subjektive Persönlichkeitsbildung und Selbstreflektion prägen. Im Forschungsprojekt liegt der Fokus auf Computernutzungserfahrungen und der Selbstorientierung in der informatischen Welt. Im Weltbild des Subjekts konstruiert sich ein ihm sinngebendes Verhältnis zur sachlich-sozialen Welt gesellschaftlicher Bedeutungszusammenhänge (digitale Artefakte und ihre gesellschaftliche Bedeutungsstruktur). Die Handlungsweisen schließen Formen und Strategien von Verhalten, Reaktion und Lernen ein, während die zeitliche Dimension und der Wandel der anderen Dimension als Prozess abgebildet wird (Knobelsdorf / Schulte 2007: 5 ff.).

Andererseits wird deutlich, dass neben der Subjektperspektive auch das digitale Artefakt selbst verschiedene Formen und Schwierigkeitsgrade der Nutzung zulässt und vorgibt. Im nächsten Abschnitt gehen wir darauf näher ein und analysieren diese Mehrdimensionalität digitaler Artefakte.

2.2 Struktur und Funktion

Oben wurde bereits angedeutet, dass für die Nutzung neben einer ‚reinen' Nutzungskompetenz auch ‚technische' Kompetenzen eine Rolle spielen. Daraus ergibt sich sofort die Frage, wieso eigentlich und wenn ja in welchem Ausmaß, welche technischen Kompetenzen benötigt werden.

Bevor diese Fragen diskutiert werden, soll zunächst der Begriff des digitalen Artefakts geklärt werden. Er erweitert die Perspektive der Computernutzung auf weitere digitale Artefakte wie das Handy oder Internet, von denen unklar ist, ob sie ebenfalls einbezogen werden, wenn von der Computernutzung die Rede ist. Digitale Artefakte werden durch drei spezifische Merkmale gekennzeichnet:

1. Digitale Artefakte sind Zustandsautomaten. Eine Eingabe wird abhängig vom Zustand des Automaten bearbeitet. Abhängig vom Zustand kann also die Eingabe mehrerer Befehle zum gewünschten Ergebnis führen oder nicht. In der Praxis kann man das beobachten, wenn ausgerufen wird, „genau das habe ich vorhin auch gemacht, aber da hat es nicht funktioniert."
2. Der Zustand verändert sich digital, d.h. sprunghaft und nicht stetig-analog. Wir sind jedoch analoge, stetige Veränderungen gewöhnt. Bevor eine Holzbrücke bricht, biegen sich zunächst die Bretter, man hört verdächtige Geräusche etc. Ein digitales Artefakt funktioniert einwandfrei, bis es (scheinbar unvermittelt) in einen Fehlerzustand gerät. Das erkennt man manchmal beim digitalen Fernsehen, während in der analogen Technik das Bild langsam schlechter wird und rauscht, greift beim digitalen Bild zunächst die Fehlerkorrektur ein, zumeist bis sie einfach abbricht und das Bild (scheinbar unvermittelt) schwarz wird.
3. Digitale Artefakte benötigen immer eine eigens gestaltete Benutzungsschnittstelle. Das umfasst ebenso die Gestaltung von Rückmeldungen – im Unterschied zur analogen Technik, bei der Rückmeldungen immer auch durch die Materialität selbst erzeugt werden: Das Fahrrad quietscht, wenn es geölt werden muss.

Digitale Artefakte zeichnen sich also durch ein spezifisches Verhältnis zwischen der Innen- und Außenperspektive aus, d.h. zwischen dem, was der Nutzer von außen wahrnimmt – bzw. wahrnehmen kann – und was der Entwickler/Techniker über die inneren Zustände und Komponenten, den Aufbau des Artefakts, weiß.

Aufbauend auf den technikphilosophischen Ansatz von P. Kroes (vgl. Kroes / Meijers 2006) können wir diese beiden Perspektiven als Funktions- und Strukturperspektive kennzeichnen. Der springende Punkt ist nun, dass man, ob-

wohl beide Perspektiven als Dualität aufeinander bezogen sind – man wie bei einer Münze entweder nur die eine oder die andere Seite betrachten kann.
Funktion bezieht sich auf die Perspektive, die beim Nutzen eines Artefakts eingenommen wird. Dabei interessiert der Nutzen des Artefakts: Was kann ich damit machen? Wozu ist es gut? Das Handy ist zum Telefonieren gedacht, die Textverarbeitung zum Schreiben von Texten. Schaut man genauer hin, ist das gar nicht so klar: Ist das Handy nicht auch zum Fotografieren und Verfassen von SMS gedacht; vielleicht sogar stärker als fürs Telefonieren? Die Funktion eines Artefakts ist also nur auf den ersten Blick eindeutig festgelegt. So könnte in einer Gruppe das Handy tatsächlich vor allem zum Telefonieren, und in einer anderen Gruppe tatsächlich vor allem für SMS benutzt und entsprechend betrachtet werden. Auf den zweiten Blick wird so deutlich, dass es sich um eine sozial vermittelte Zuschreibung handelt. Die Zuschreibung einer Funktion zu einem digitalen Artefakt ist also nicht eindeutig und objektiv, vielmehr ist sie sozial vermittelt und subjektiv – häufig antwortet man also eher in ‚mehr oder weniger'-Kategorien und Wertungen. Mit der Textverarbeitung kann man auch Tabellen erzeugen, man kann auch ein bisschen Desktop-Publishing betreiben – mehr oder weniger. Aus marktwirtschaftlichen Erwägungen wird dieses ‚mehr oder weniger' noch verstärkt: baut ein Hersteller weitere Funktionen ein, dann erweitert sich der potentielle Kundenkreis und wenn es erfolgreich ist, dann ist z.B. bald kein Handy ohne Kamera oder GPS mehr zu bekommen. Digitale Artefakte weisen daher zumeist eine recht schillernde Funktionsvielfalt auf. Diese Funktionsvielfalt ist jedoch nicht unbegrenzt, sondern wird durch den internen Aufbau des Artefakts ermöglicht.

Funktion ist also auf Struktur angewiesen. Die Perspektive der Struktur fragt nach den inneren Bestandteilen des Artefakts, nach dessen technischem Aufbau und den einzelnen Komponenten. In Bezug auf technische Artefakte besteht die Struktur in Materialität, Form und Zusammenhang der einzelnen Komponenten. Etwa das harte Metall des Hammerkopfes, während der Stil aus Holz ist. Holz federt und liegt angenehm in der Hand. Die Struktur ist also in Bezug auf den intendierten Zweck hin gestaltet. Digitale Artefakte verbergen nun ihre Struktur hinter aufwändig gestalteten Benutzungsschnittstellen. Informatisch gesprochen bestehen dies Strukturen aus der Hard- und Software, aus den verwendeten Algorithmen und Datenstrukturen. Man kann sich diese Dinge analog zu technischen Gegenständen wie dem Hammer oder dem Fahrrad auch als Bauteile vorstellen. Die einzelnen Bausteine kann man auf einer Explosionszeichnung gut erkennen. Die Explosionszeichnung digitaler Artefakte würde diese Bauteile in Form der digitalen Bauteile und/oder der verwendeten informatischen Konzepte visualisieren.

2.3 Die duale Natur der Computernutzung

In diesem Abschnitt werden wir nun mit Hilfe der Perspektive der Dualität digitaler Artefakte klären, wieso sich Computernutzungsbiographien so unterschiedlich entwickeln können. Wir betrachten dabei die duale Natur der Computernutzung, d.h. sowohl die subjektbezogenen Dimensionen Selbstbild, Weltbild, Handlungsweisen und Prozess als auch die Artefakt bezogenen Dimensionen Struktur und Funktion. Dabei beziehen wir uns auf vorangegangene Studien unseres Forschungsprojekts. Diese Klärung wird zeigen, dass und welche informatische Bildung für die kompetente Teilhabe an der digitalen Welt in der Schule vermittelt werden sollte.

Im Forschungsprojekt Computernutzungsbiographien an der Freien Universität Berlin untersuchen wir biographisches Lernen im Kontext der dualen Natur von Computernutzung. Hierbei geht es nicht generell um Lernen, sondern Lernen über und mit dem digitalen Artefakt Computer im biographischen Kontext. Dazu wurde ein Datenerhebungsinstrument entwickelt, das autobiographische Texte über Computernutzungserfahrungen von Studienanfängern liefert. Personen werden gebeten, ihre Erfahrungen und Erlebnisse mit dem Computer in Form einer Autobiographie niederzuschreiben und ermutigt, mit dem ersten Computerkontakt, den sie erinnern, zu beginnen. Der Schreibprozess wird mit sogenannten Locktexten (Ausschnitten aus anderen Biographien) angeregt. Die Schreibaufforderung ist offen gestaltet, um den Personen die Möglichkeit zu lassen frei zu entscheiden, über welche Erlebnisse sie wie berichten. So sind Computernutzungsbiographien von Informatikstudienanfängern gleichzeitig Geschichten, die vermitteln, wie und warum die Studierenden zur Informatik gekommen sind. Die schriftlich erhobenen Daten sind Teil eines qualitativen empirischen Forschungsansatzes.

In einer Studie mit Studienanfängern der Informatik konnten wir folgende Entwicklung der Computernutzung rekonstruieren: die Studierenden begannen ihre Computernutzung im Kindesalter (im Alter von 5-10 Jahren), indem sie zunächst lernten, einfache Anwendungen zu bedienen. Diese Anwendungen waren beispielsweise ein Computerspiel, ein Textverarbeitungs- oder ein Bildverarbeitungsprogramm. Diese Tätigkeiten waren komplett auf die Funktion der digitalen Artefakte beschränkt. Mit der etwas später einsetzenden Internetnutzung begann ein Prozess, der sich über die Entdeckung von Webseiten-Codes über die Erzeugung von kleinen Web-Seiten zu dynamischen Web-Seiten, die Skripte und kleine Datenbanken enthielten, fortsetzte. Die reine Nutzung entwickelte sich fort zu einer gestalterischen Tätigkeit. Exemplarisch für eine solche Entwicklung steht die folgende Biographie eines Informatikstudienanfängers:

Den ersten Kontakt mit Computern hatte ich mit fünf Jahren, als meine Eltern einen Rechner mit 10 MHZ Rechenleistung kauften und mein Vater mich den Umgang mit Paint lehrte. Später folgte ein Rechner mit 100MHZ und Windows95,auf dem ich durch Ausprobieren ein intuitives Verständnis entwickelte. Vor allem die Windowsspiele und die verschiedenen Schriftarten faszinierten mich.
Dann kauften meine Eltern einen Rechner mit 700MHZ und Windows98. Da lernte ich Excel kennen und entdeckte bald die Möglichkeit, von VBA kleine Programme zu schreiben. Die gelungenste Kreation war eine Art „Wer wird Millionär?" in Excel. Nebenbei studierte ich den von Frontpage generierten HTML-Code und versuchte ihn zu verstehen. Mit dem ersten eigenen Rechner mit 1,4GHZ und dem Kontakt mit Linux in der Schule wuchs das Interesse an weitern Möglichkeiten. Die Gestaltung einer Homepage mit der antreibenden Kreativität zweier Freunde brachten mich dazu, PHP in Verbindung mit MySQL zu erlernen. Heute führen wir drei eine Art Unternehmen für sämtliche multimedialen Service-Leistungen und bieten unter anderem Webdesign für mittelständige Unternehmen an.
Die Schule hatte mit dem Lehren der Sprachen Miranda, Modula-2 und Java zwar keinen großen Einfluss auf die Webprogrammierung, nährte aber das Interesse an tiefer gehendem Verständnis von Rechnern und deren Strukturen sowie deren Funktionsweise. [U8I52m1988]

Um gestalterisch tätig werden zu können, muss die Struktur des vorher genutzten digitalen Artefakts erschlossen werden. Die Erschließung der Struktur des digitalen Artefakts bringt dann aber nicht nur fachspezifische Kenntnisse, sondern auch die Fähigkeit, die Funktions- und sogar Strukturelemente zu verändern. Sehr oft nahmen (zumindest rückblickend) die Studierenden diese Entwicklung bewusst wahr, indem für sie nicht nur eine Weiterentwicklung von Computertätigkeiten stattfand, sondern auch der Eintritt in eine Welt, der nicht alle angehören. Sie fühlten sich wie Insider einer computerisierten Informatikwelt und nahmen deutlich wahr, dass ihr Wissen / ihre Kenntnisse durchaus ‚exklusiven' Charakter haben können. Das mit diesem Weltbild einhergehende Selbstbild passte sich entsprechend dieser Entwicklung an. Je mehr Kenntnisse und Fähigkeiten erworben wurden, desto selbstsicherer traten die Personen am Computer - insbesondere bei Fehlermeldungen und Problemen - auf. Nicht zuletzt findet auf Grund dieser positiven Kopplung zum Selbstbild eine starke Identifikation mit dem Computer und einer potenziellen Informatikwelt statt (vgl. Knobelsdorf / Schulte 2008).

In einer weiteren Studie mit Studierenden der Psychologie und denen des Faches Deutsch für das Lehramt zeigte sich eine andere Entwicklung. Die Anfänge der Computernutzung waren zunächst sehr ähnlich: die Computertätigkeiten waren ebenso auf die Funktion der digitalen Artefakte beschränkt. Trotz eines Internetzugangs konnte bei den Studierenden jedoch keine Entwicklung zu gestalterischen Tätigkeiten beobachtet werden. Im Gegenteil, den Studierenden schien eine solche Option nicht bewusst zu sein. Sie unterschieden stattdessen zwischen Nutzen und professionellem Nutzen und verstanden unter dem einen ihre eigene, (teilweise beschränkte oder selbst angeeignete) Computernutzung und unter dem anderen eine professionelle Beherrschung von Computeranwendungen wie z. B. das In- und Deinstallieren von Programmen oder das Administrieren von Computern. Dieser professionelle Umgang mit Computern wurde dabei als nicht nachvollziehbar oder undurchschaubar beschrieben. Personen, die einen solchen professionellen Umgang mit Computern beherrschten, wurden von ihnen als (männliche) Informatiker bezeichnet. Auch hier baute sich also ein spezifisches Weltbild zwischen Insidern und Outsidern auf, wobei andere Tätigkeiten und Wissen die Zugehörigkeit definierten (vgl. Schulte / Knobelsdorf 2007). Exemplarisch für eine solche Entwicklung steht die folgende Biographie einer Psychologie-Studentin im 6. Semester:

> Erste Berührungen mit Computern bzw. besser gesagt Spielekonsolen habe ich dank meinem Bruder sammeln können. Gemeinsam haben wir unsere ‚Ataris‘ & ‚Gameboys‘ regelmäßig zum Glühen gebracht. Mit dieser Art von Computer kam ich auch bestens zurecht. Was uns jedoch im schulischen Informatik-Unterricht zugemutet wurde, raubte mir jegliches Interesse am selbigen Gebiet. Das Erstellen von Programmen, Logarithmen etc. bleibt für mich bis heute ein Mysterium.
> Im Zuge meiner Bankausbildung & Berufstätigkeit im Bankgewerbe musste ich mich jedoch erneut mit Computern auseinandersetzen, da sämtliche Bankgeschäfte elektronisch ablaufen. Sobald man das System dahinter verstanden hatte, war es auch recht einfach. Wenn sich jedoch Systemabstürze u. ä. ereigneten, bin ich bis heute ziemlich rat- und hilflos geblieben.
> Im Privaten nutze ich seit Jahren aktiv die wunderbare Erfindung Internet & auch fürs Studium ist ein PC zu Hause unentbehrlich geworden. Solange ich nur Texte, Powerpoint, E-Mails erstellen muss und im Internet surfen oder auch Internet-Banking mache, ist mir der Computer auch sympathisch. Schwierigere Aufgaben wie das Erstellen einer eigenen Benutzer-Plattform etc. überlasse ich jedoch weiterhin gerne den Profis, meist männlichen Geschlechts. [U6P01w1977]

Insgesamt zeigen unsere biographischen Untersuchungen eine digitale Spaltung in Insider und Outsider. Die beiden Gruppen der Insider und Outsider werden in der folgenden Abbildung gegenübergestellt:

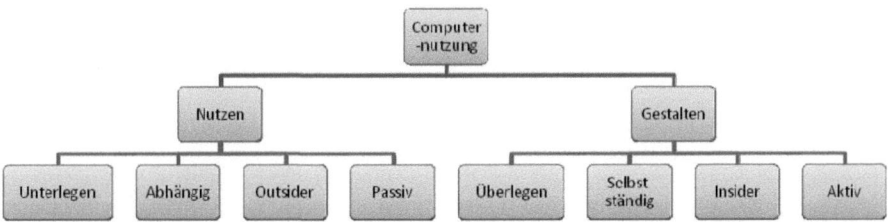

Abbildung 1:   Individuell verschiedene Wahrnehmungsweisen der Computernutzung als Nutzen oder Gestalten (vgl. Schulte / Knobelsdorf 2007)

Die Dualität von Struktur und Funktion kann helfen, diese Art der digitalen Spaltung zu erklären, weshalb die von den Studierenden erlebte professionelle Nutzung als unzugänglich, merkwürdig oder magisch beschrieben und erlebt wird. Einem Outsider fehlt die Möglichkeit zu erklären, warum der Computer, bzw. das digitale Artefakt trotz anderer Erwartungen ungewöhnlich reagiert – warum die Verbindung zum Internet wieder aufgenommen wird oder die im Text eingebettete Grafik an der richtigen Stelle bleibt. Der professionelle Nutzer hingegen nutzt zwar dieselben Anwendungen, ist aber einer scheinbar willkürlich richtig ablaufenden Funktionalität nicht ausgeliefert, da die dahinter liegende Struktur erschlossen ist. Wer jedoch nur die Seite der Funktion wahrnimmt und kennt, der kann eben nicht unter Rückgriff auf die Struktur die Situation erklären und zielgerichtet Funktionalität benutzen.

3   Qualitative Analyse verschiedener Nutzungserfahrungen

In diesem zweiten Teil des Artikels untersuchen wir genauer die individuell unterschiedliche innere Verarbeitung und Aufarbeitung der Erfahrungen im Umgang mit digitalen Artefakten. Wir beziehen uns dabei auf die Aspekte der Problemlösefähigkeit, der individuellen Bedeutung sowie des kreativen Umgangs mit digitalen Artefakten.

3.1 Problemlösefähigkeit

Die Outsider-Perspektive der Psychologie- und Deutsch-Studierenden wurde bei allen Tätigkeiten, die über die routinierten, bekannten Arbeitsabläufe am Computer hinausgingen, besonders deutlich. Bei Computerproblemen oder Situationen, in denen ein gewohnter Arbeitsablauf verändert werden sollte, fielen eine große Unselbstständigkeit und ein Hang zur Passivität auf. Das Selbstbild des ,dummen Users', der überzeugt ist, diesen Zustand nicht ändern zu können, wurde besonders deutlich. Bei Problemen nahmen die Studierenden an, dass um Hilfe zu fragen die einzige Reaktionsmöglichkeit ist, auch wenn das unangenehm ist und Gefühle der Hilflosigkeit weckt. Computertätigkeiten von professionellen Nutzern wurden von den Studierenden als nicht nachvollziehbar, geradezu als ,Schwarze Magie' bezeichnet. Ganz besonders deutlich wurde dabei, dass in dieser Weltsicht die oben beschriebene professionelle Nutzung eine Fähigkeit darstellt, die man nicht erlernen kann, sondern die einigen scheinbar mühelos ,in den Schoß' fällt, während andere ohne diese Fähigkeiten und Wissen sich am Computer durchschlagen müssen.

Aus der Perspektive der Dualität lässt sich das folgendermaßen erklären: Wenn sich jemand trotz intensiver Computernutzungserfahrungen als reiner Nutzer einschätzt, der mit gestalterischen Tätigkeiten überfordert ist, dann sind die eigenen Erfahrungen der Computernutzung entweder nur auf der Ebene der Funktion verarbeitet worden bzw. die in der Nutzung erworbenen Vorstellungen über die Struktur sind lückenhaft oder falsch. Jemand, der sich als Gestalter einschätzt, hat dagegen in viel höherem Ausmaß angemessene Vorstellungen der Struktur aufbauen können, die eine weitreichende Nutzung ermöglichen und damit das bewusste Umgestalten der angebotenen Strukturen erlebbar machen. Das lässt computerbegeisterte Personen oder Informatiker/-innen am Computer dann ‚gottähnlich' wirken. Rasant und mühelos wird das jeweilige digitale Artefakt, benutzt, verändert und angepasst. Auch wenn es nicht sofort zu ‚reagieren' scheint, werden scheinbar mühelos Alternativen umgesetzt. Der gesamte Umgang wirkt selbstsicher und gekonnt und auch Fehler bewirken keine unmittelbare Einschüchterung oder Irritationen. Das, was dabei ‚gottähnlich' wirkt, ist lediglich ein tiefes Verständnis und eine Vertrautheit für/mit die im digitalen Artefakt zugrunde liegende Struktur. Tauchen Fehler oder Fehlfunktionen auf, mutet für den Außenstehenden (im wahrsten Sinne des Wortes) die Problemlösestrategie mitunter wie zufälliges ‚Ausprobieren' an. Tatsächlich findet eine sinnvolle und durchaus systematische Fehlersuche durch Abtasten der Möglichkeiten, die die Struktur des Artefakts bietet, statt. Doch aus der reinen Perspektive der Funktion ist das nicht sichtbar und kann daher als willkürlich oder sogar ‚gottähnlich' erlebt werden, wenn die Lösung für ein schier unlösbares Problem sekundenschnell herbeigeführt ist.

Die Dualität von Struktur und Funktion erklärt auch, warum Computerkurse wie der Computer-Führerschein in ihrer Wirkung begrenzt sind, wenn sie vor allem darauf abzielen, den Lernenden noch mehr Funktionalität anzubieten. Wenn sich jemand als hilfloser Nutzer wahrnimmt und dann im Unterricht Fertigkeiten wie den Umgang mit *Word* erlernt, wird er sich danach als ‚hilfloser Nutzer mit Word-Kenntnissen' wahrnehmen. Hier muss eine Umsteuerung stattfinden: die passiven, hilflosen Nutzerinnen und Nutzer müssen zu einem aktivem, selbstgestalterischen Umgang geführt werden, indem man bei der Nutzung von Funktionalität zunehmend auch die Struktur einbezieht und aufzeigt. Anders herum, wenn sich Informatikunterricht nur auf die Vermittlung von Struktur bezieht, ohne für diejenigen eine Brücke zur Funktion zu bauen, denen die Strukturdimension neu ist, findet keine Anknüpfung an existierendes Wissen statt. Die Reaktion auf einen solchen Unterricht kann exemplarisch in der folgenden Biographie einer Deutsch-Studentin beobachtet werden:

Bis zur 10. Klasse habe ich in meiner Schulzeit nie Gelegenheit gehabt, mich mit dem PC auseinander zu setzten; daher habe ich mich auf Grund mangelnder Kenntnisse in diesem Bereich in der 11. Klasse für einen Informatikkurs entschieden. Ich ging davon aus, wir werden nützliche Informationen für den alltäglichen Gebrauch und den Umgang mit verschiedenen Programmen erhalten; anstatt dessen sollten wir lernen zu programmieren, was sowohl uninteressant + langweilig als auch unsinnig gewesen ist. Die Informationen, die ich brauchte, um die typischen Microsoft Programme anwenden zu können, erhielt ich entweder von Freunden oder habe sie mir selbst beigebracht. [25L1980wU2]

3.2 Die individuelle Bedeutung des Computers

Die Frage bleibt offen, wie ‚Gestalter' oder ‚Insider' es eigentlich schaffen, sich die Struktur eines digitalen Artefakts zu erschließen, während andere, wie beispielsweise die Psychologie-Studierenden nicht nur daran scheitern, sondern sich oft einer dahinterliegenden Struktur erst gar nicht bewusst sind.

Wir konnten beobachten, dass für Personen mit einer Entwicklung vom Nutzen zum Gestalten der Stellenwert und die Bedeutung des Computers anders gelagert sind. Der Computer wird nach der ersten Kennenlernphase schnell als eine Art ‚Wundertüte' erlebt, die viel mehr Möglichkeiten zur Beschäftigung und zum Spielen bietet als normale Spielzeuge. Ganz besonders deutlich wird das in den Beschreibungen darüber, was man mit dem Computer machen kann. Da ist die Rede von ‚einer schier nie endenden Anzahl von Möglichkeiten', von den ‚kreativen Möglichkeiten des Computers', die begeistern und Interesse wecken. Das Verhältnis zwischen Artefakt und Nutzer klingt dabei oft sehr emotional aufgeladen, mit einem hohen Identifikationspotenzial. Solche Aussagen findet man wiederum beispielsweise bei den Psychologie- und Deutsch-Studierenden nicht. Dort ist die Rede vom ‚Arbeitsgerät', dem ‚Mittel zum Zweck', das nützlich und leicht handhabbar sein sollte. Das Verhältnis ist also viel pragmatischer und bewegt sich eher auf einer rationalen denn einer spielerischen Ebene.

Dieses Verhältnis zum Computer wirkt sich auch auf das Verhalten und den Umgang mit dem Computer aus (wobei die Frage offen bleibt, ob die Handlungsweisen das Verhältnis prägen oder umgekehrt). Mit einem Spielzeug spielt man für gewöhnlich, man macht sich keine Gedanken, ob es dabei kaputt gehen könnte. Das Verhalten ist entsprechend: Es wird experimentiert, ausprobiert und gebastelt. Es ist dann nicht verwunderlich, dass Informatik-Studierende in ihren Biographien immer wieder die Fähigkeit zu entdecken und auszuprobieren erwähnen.

Aus der Dualitätsperspektive ist der Grund dafür klar: Durch das Experimentieren mit den angebotenen Funktionen werden nicht nur die Funktionen ausprobiert, sondern Strukturelemente entdeckt. Diese Entdeckungen führen dazu, dass das von außen scheinbar so sinnlose Herumspielen motivierend wirkt (man kann hier auch an kleine Kinder denken, die immer wieder Klötzchen stapeln und die Türme umkippen – sie entdecken dabei auch viel mehr als nur die

verschiedenen Varianten von Holztürmchen). Diese Entdeckungen von Struktur-
elementen bedeuten zum einen, dass etwas Neues, Unbekanntes sich auftut und
zum anderen, dass Verknüpfungen entstehen, die die Dualität aufdecken und so
auch Verbindungen zwischen ansonsten wie zufällig nebeneinander stehende
verschiedene Funktionen oder notwendige Bedienschritte einleuchtend werden
lassen. Wer jedoch diesen Zugang zur Struktur nicht hat, für den bleibt das Herumspielen mit Funktionen einfach nur und wortwörtlich sinnloses Herumspielen,
bei dem nichts gelernt wird – außer vielleicht das Memorieren von Funktions-
elementen und die Abfolge von Bedienschritten, wobei der Grund für die Abfolge verborgen bleibt.

Mit einem ‚Arbeitsgerät' wiederum spielt man nicht, es könnte kaputt gehen
und den Arbeitsprozess unterbrechen. Man benutzt den Computer dann vielmehr
so, wie man es gezeigt bekommen hat und versucht Abläufe erst dann zu verändern, wenn man vorher genau verstanden hat, wie das geht. Wobei dieses ‚Verstehen' meist nicht mehr als das Auswendiglernen bedeutet, oder dass der Ablauf
durch eine Autoritätsperson als notwendig legitimiert wurde. Sowohl privat, als
auch in vielen Einsteigerkursen an der Schule wie ITG wird dabei entweder die
reine Funktion oder sofort die Strukturebene eines digitalen Artefakts unterrichtet. Bei der Vermittlung von Funktion werden dann weitere Abläufe gelernt, die
in genau der gelernten Weise dann am ‚Arbeitsgerät' benutzt werden. Wird nur
die reine Strukturebene unterrichtet, können nur die Schülerinnen und Schüler
das Wissen verankern, die sich über die duale Natur des Artefakts im Klaren
sind. Für die anderen wird es eine frustrierende Erfahrung, die vermutlich zur
Abwahl des Kurses führt.

In unseren Studien zeigt es sich, dass Personen, die dem Strukturbereich
fern stehen, den Computer in jeglicher Hinsicht als Arbeitsgerät verstehen und
sich diesen nur aus der Funktionsperspektive erschließen. Sie möchten gewisse
Software oder generell den Computer und seine Möglichkeiten anwenden, so wie
sie das von anderen Geräten auch gewohnt sind, d.h. Nutzungsverhalten aus anderen Bereichen wird übertragen, wie das folgende Beispiel einer Psychologie-
Studentin zeigt:

> Erst vor 3 Jahren habe ich meinen 1. eigenen Computer gekauft (einen PC Laptop). Ich ver-
> wende ihn tägl. (etwas per Hand zu schreiben habe ich seitdem verlernt☺), aber bedienen kann
> ich ihn nur oberflächlich. Ich bin froh, wenn ich Software allein de- und installieren kann. Bei
> größeren Problemen, z.B. Viren, hole ich immer noch Hilfe. Aber ich fahre ja auch Auto, ohne
> eine Mechaniker-Ausbildung zu haben. Computer benutzerfreundlich zu machen, ist meiner
> Meinung nach enorm wichtig für die Zukunft. [02P1979wU6]

3.3 Kreativität in der Computernutzung

Eine Analyse dessen, was zukünftige Gestalter in ihrer Computernutzung veranlasst, schöpferisch tätig zu werden, kann helfen, generelle Merkmale zu erschließen, die es möglich machen, auch solche Schülerinnen und Schüler schöpferisch tätig werden zu lassen, deren Vorerfahrungen diesen kompetenten und kreativen Umgang sehr unwahrscheinlich erscheinen lassen. In einer weiteren Studie mit Studienanfängern der Informatik und Bioinformatik wurden daher die Biographien bzgl. der Aspekte der informatischen Kreativität untersucht (vgl. Knobelsdorf / Romeike 2008). Mit dem Begriff Kreativität in der Informatik ist hier eine kreative Leistung oder Tätigkeit gemeint, die für die tätigende Person etwas Bedeutsames, Neues und Originäres schafft. Im Computer- und Informatikkontext kann das also beispielsweise ein per Grafiksoftware verändertes Bild oder das erste eigene Sortierprogramm sein, genauso wie die Entwicklung einer neuen Programmiersprache.

Der Studie lag das Faktorenmodell von Romeike (2008) zugrunde, das Kreativitätsaspekte in der Informatik aus drei miteinander in Beziehung stehenden Perspektiven Mensch, Fach und Technologie betrachtet. Aus der Perspektive *Mensch* werden im kreativen Prozess die subjektbezogenen Merkmale berücksichtigt, dabei sind vor allem Motivation und Interesse als Faktoren zentral. Die Perspektive *Fach* fokussiert auf Fachcharakteristika und zählt dazu die Produktorientierung sowie das Bausteinprinzip als Verständnis von Konzepten der Informatik. Bei der Perspektive *Technologie* geht es insbesondere um Informations- und Kommunikationstechnologien (IKT), die ein Gestaltungs- und Konstruktionspotential aufweisen (vgl. Romeike 2008: 63ff.). Im Folgenden beschreiben wir aus diesen drei Perspektiven die in den Biographien genannten Aspekte kreativer Computernutzung.

In den Biographien findet sich eine starke Faszination für die Beschäftigung mit dem Computer und ein großes Interesse am Erforschen und Lernen über Computer und Informatik, insbesondere im Zusammenhang mit der Erstellung von Software. Interesse für etwas ist für sich genommen kein direkter Indikator für Kreativität. Berücksichtigt man jedoch den Kontext, so wird die Beziehung zu Kreativität deutlich: Interesse, Faszination und Spaß werden in den Biographien immer wieder in Zusammenhang mit Aktivitäten, die kreatives Arbeiten beinhalten, wie Webseitenerstellung, Basteln mit Hardware und Programmieren, erwähnt. Zusätzlich bietet Programmieren die Möglichkeit, Artefakte zu entwerfen, verschiedene Ideen umzusetzen und selbstständig zu arbeiten – alles direkte Indikatoren für Kreativität.

So gut wie alle in den Biographien gefundenen Aussagen bezüglich Interesse beziehen sich auf selbstständige Lern- und Arbeitsweisen: Eigenständiges Arbeiten, Erschaffen eines Artefakts sowie selbstgesteuertes Entdecken sind die am häufigsten genannten Aspekte im Bereich Verhaltensweisen. Das in den Biographien geschilderte Interesse weist noch einen anderen Aspekt auf: Ein Teil der Studierenden ist einfach von den Möglichkeiten, die Computer bieten, fasziniert, und das regt Interesse an. Für diese Studierenden sind Originalität von und Identifikation mit den geschaffenen Artefakten bedeutsam. Diese Gruppe experimentiert gern und erforscht den Computer eigenständig.

Ein anderer Teil interessiert sich ebenfalls für Computer, allerdings primär, um damit bestimmte Aufgaben zu erledigen – hier ist das Nutzen digitaler Artefakte in Arbeits- und (für die Schüler) schulischen Lernzusammenhängen zentral. Durch diese eher nutzenorientierte Herangehensweise ist die Anerkennung der eigenen Arbeit und Expertise durch Freunden und Familie ein wichtiger Aspekt. Zudem werden kaum kreative Nutzungsmöglichkeiten gesehen, da es ja gilt (vorgefertigte bzw. bereits bekannte) Ziele mit Hilfe des Einsatzes digitaler Artefakte zu erreichen. Hier soll die unmittelbar benötigte Funktionalität möglichst direkt bereitstehen.

Der Computer kann aber auch als ein kreatives Werkzeug angesehen werden, da er den Anwender bei der Beschaffung von relevantem Wissen (immer wieder wurde in dieser Hinsicht das Internet von den Studenten genannt) unterstützt, eine Plattform zum Entdecken und Experimentieren darstellt und direkt Feedback (dieser Aspekt bezieht sich hauptsächlich auf Programmiersprachen und/oder Webdesign) geben kann. Außerdem erlaubt er durch Vernetzung – z.B. durch das Publizieren einer Internetseite – die Ergebnisse anderer mitzuteilen. Dabei wird das Internet zum Katalysator: Es ist Informations- und Inspirationsquelle.

Um allen Schülerinnen und Schülern diese Perspektive näher zu bringen, sollten Lernformen kreative Verhaltensweisen ermöglichen. Ein denkbarer Ansatzpunkt ist das selbstständige Entdecken. Informatik-Studierende erwähnen in ihren erfolgreichen Computernutzungsbiographien immer wieder die Freude am Entdecken und Ausprobieren. Sie benutzten nicht einfach nur eine Anwendung, sie erforschen ihre Möglichkeiten und ihre Grenzen. Im so geschaffenen kreativen Spiel mit der Anwendung findet ein Lernprozess und Übergang vom Nutzen zum Gestalten statt. Probleme werden dabei zu Herausforderungen, deren Lösung eine aufregende Suche ist, die gleichzeitig eine Wissenserweiterung ermöglicht. In ihrer Computernutzungsgeschichte entwickeln sie so andere Problemlösestrategien, die sich vor allem durch eine aktive, selbstständige und experimentierfreudige Haltung ausdrückt. Den Informatik-Studierenden gelingt der Übergang vom Nutzen zum Gestalten auch auf Grund ihrer Fähigkeit und Motivation, selbstständig zu arbeiten, neugierig zu sein, und ohne Scheu einfach am Computer Funktionen auszuprobieren.

Lernende, die sich als reine ziel- und nutzenorientierte Benutzer sehen, können mit einfachen Werkzeugen kreativ tätig werden: Einfachere Tätigkeiten wie Fotos bearbeiten können dazu anregen, sich mehr zuzutrauen und kompliziertere Dinge zu schaffen. An diesem Beispiel wird vielleicht noch ein weiterer Punkt deutlich: Digitale Artefakte haben zwar eine Funktionalität, doch diese zu nutzen bedeutet immer auch, diese zu gestalten. Der Textverarbeitungsnutzer gestaltet einen Text, die Nutzerin eines MP3-Players entwirft eine Musiksammlung usw. In allen Fällen entstehen durch die Nutzung neue Strukturen, mindestens jedoch Datenspuren. Auf diesen Spuren können dann neue Funktionen aufbauen: Das Textdokument, das sich in die von mir gewünschte grafische Form bringen lassen kann, die Playlist, die meine Musikstücke in meiner Lieblingsfolge abspielt, usw. Je mehr Wissen und Erfahrung über die dahinter liegende Struktur vorhanden ist, desto größer sind die Möglichkeiten, sich gestalterisch mit dem Artefakt auseinanderzusetzen und so den Radius der eigenen Funktionsnutzung zu vergrößern.

4 Fazit und Ausblick

In den vorangegangen Abschnitten wurde gezeigt, dass das Thema Computernutzung und die damit zusammenhängenden Themen wie Computerbesitz, Motivation und Intention eine Komplexität aufweist, die die bisherigen Studien über Mediennutzung und Typologien der Computernutzung nicht abbilden. Die in der PISA-Studie benannten und vom IPN herausgearbeiteten Typen: Enthusiasten, Spaßnutzer, Pragmatiker und Unerfahrene beziehen sich hauptsächlich auf die Nutzungserfahrungen ohne auf die besondere Natur digitaler Artefakte und die durch diese Nutzungserfahrungen ausgelösten inneren Verarbeitungsprozesse zurückzugreifen. Die eigene Computernutzung hat jedoch einen grundlegenden Einfluss auf das eigene Selbstbild, Weltbild und die damit verbundenen Handlungsweisen. Mögliche Interventionsstrategien greifen also zu kurz, wenn sie sich nur auf eine Perspektive beschränken. Erst die Berücksichtigung aller Perspektiven schafft eine Grundlage, um sich selbst innerhalb der ‚Computerwelt‘ neu zu definieren (vgl. Schulte 2008a).

Es wurde gezeigt, dass für die kompetente, erfolgreiche Nutzung digitaler Artefakte nicht nur die ‚reine‘ Nutzungskompetenz, sondern auch ‚technische Kompetenzen‘ eine Rolle spielen. Dem liegt die spezifische Natur von digitalen Artefakten zugrunde: einem Verhältnis zwischen der Innen- und Außenperspektive, die zwischen dem, was der Nutzer von außen wahrnimmt und dem was der Entwickler über die inneren Zustände und Komponenten des Artefakts weiß, unterscheidet. Digitale Artefakte verbergen ihre Struktur hinter aufwändig gestalteten Benutzungsschnittstellen (Funktionalität), so dass sich die Struktur des Artefakts nur selten aus der Funktionalität ableiten lässt.

Es zeigt sich, dass Personen, die dem Strukturbereich fern stehen, den Computer in jeglicher Hinsicht als Arbeitsgerät verstehen und sich diesen nur aus der Funktionsperspektive erschließen. Sie möchten gewisse Software anwenden, so wie sie das bei anderen Geräten auch gewohnt sind, d.h. Nutzungsverhalten aus anderen Bereichen wird übertragen. Je mehr Wissen und Erfahrung über die dahinter liegende Struktur vorhanden ist, desto größer sind die Möglichkeiten, sich gestalterisch mit dem Artefakt auseinanderzusetzen und so den Radius der eigenen Funktionsnutzung zu vergrößern.

Wie kann eine informatische Bildung vermittelt werden, die eine kompetente Teilhabe an der digitalen Welt ermöglicht? Wird im Lernprozess nur auf die Funktionalitätsperspektive eingegangen, findet vor allem ein Memorieren von Nutzungsabläufen statt, die bei einem veränderten Szenario nicht angepasst werden können. Das kann überall dort beobachtet werden, wo der Computer als Arbeitsgerät benutzt wird, aber sonst kein Interesse weckt, sich über die spezifische Nutzung hinaus mit seinen strukturellen Prinzipien zu beschäftigen. Schulische Bildung könnte hier dazu beitragen, einen möglichen Stillstand auf Nutzungsebene zu durchbrechen.

Die von vielen Lernenden als unerreichbar erlebte professionelle Nutzungskompetenz kann als Ausgangslage und als ein Brückenschlag zur informatischen Bildung dienen. Gerade diese erhoffte professionelle Nutzungskompetenz ist auf Strukturwissen und auf Wissen über die ‚technischen' Hintergründe angewiesen (vgl. Schulte 2008b: S. 23). Dies gilt für digitale Artefakte in besonderem Maße, da deren Nutzen inhärent die Automatisierung von informationsverarbeitenden Prozessen anstrebt. Der in vielen Fällen beste Nutzen digitaler Artefakte besteht darin, individuelle Strukturen zu gestalten, die den spezifischen Anforderungen entsprechen. Im Kleinen geschieht das bereits beim Eintippen von Text, der als Datenstruktur (Codes) abgelegt wird – hier werden Strukturen zunächst noch genutzt. Wenn jedoch Text mit Hilfe der dazu vorgesehenen Formatvorlagen gegliedert wird, dann werden bereits ansatzweise individuelle Strukturen entworfen, mit denen weitere Funktionalität ermöglicht wird, wie z.B. das automatische Erzeugen eines Inhaltsverzeichnisses. Weitere individuelle Strukturen erhöhen die Funktionalität, etwa durch individuelle Formatvorlagen oder durch eigene Textmarken, auf die verwiesen werden kann. Bereits die direkten Textverarbeitungsfunktionen ermöglichen und erfordern entwerfende, auf Strukturaspekte bezogene Nutzerhandlungen. Auf diese Weise wird kein als sinnlos erlebtes, von der Alltagserfahrung losgelöstes Strukturwissen behandelt, sondern zunächst vertieftes Nutzungswissen vermittelt, welches als sinnvoll erlebt wird. Das löst dann – das ist unsere didaktische Hoffnung – einen Perspektivwechsel aus, in dem die Dualität digitaler Artefakte erkannt wird und deren Nutzen das Gestalten digitaler Artefakte und Medien einbezieht (vgl. Schulte 2009).

Literatur

Knobelsdorf, Maria / Romeike, Ralf (2008): Creativity as a pathway to computer science. In: ITiCSE '08: Proceedings of the 13th annual conference on Innovation and technology in computer science education. New York, NY: ACM. 286-290

Knobelsdorf, Maria / Schulte, Carsten (2007): Das informatische Weltbild von Studierenden. In: Schubert (2007): 69-79

Knobelsdorf, Maria / Schulte, Carsten (2008): Computer Science in Context - Pathways to Computer Science. 7th Baltic Sea Conference on Computing Education Research 2007. In: Conferences in Research and Practice in Information Technology. Sydney, Australia, Bd. 88

Kroes, Peter / Meijers, Anthonie (2006): The dual nature of technical artefacts. In: Studies in History and Philosophy of Science. Part A. 37. 1. 1-4

mpfs (Medienpädagogischer Forschungsverbund Südwest) (2007): JIM-Studie 2007. Jugend, Information, (Multi-)Media; Basisuntersuchung zum Medienumgang 12- bis 19jähriger. Stuttgart, Baden-Baden: mpfs

mpfs (Medienpädagogischer Forschungsverbund Südwest) (2008): KIM-Studie 2008. Kinder und Medien; Computer und Internet; Basisuntersuchung zum Medienumgang 6- bis 13jähriger. Stuttgart, Baden-Baden: mpfs

Mittermeir, Roland T. / Syslo, Maciej M. (2008) (Hrsg.): Informatics Education – Supporting Computational Thinking. Third International Conference on Informatics in Secondary Schools – Evolution and Perspectives, ISSEP 2008 Torun Poland, July 1-4, 2008 Proceedings. Berlin, Heidelberg: Springer (Springer-11645 /Dig. Serial)

Romeike, Ralf (2008): Kreativität im Informatikunterricht. Dissertationsschrift: Universität Potsdam

Schubert, Schubert, Sigrid (Hrsg.) (2007): Didaktik der Informatik in Theorie und Praxis. 12. GI-Fachtagung Informatik und Schule – INFOS 2007. Siegen

Schulte, Carsten (2008a): Die duale Natur digitaler Artefakte als Kern Informatischer Bildung. In: Thomas / Weigend (2008): 7-25.

Schulte, Carsten (2008b): Duality Reconstruction – Teaching Digital Artifacts from a Socio-technical Perspective. In: Mittermeir / Syslo (2008): 110-121

Schulte, Carsten (2009): Dualitätsrekonstruktion als Hilfsmittel zur Entwicklung und Planung von Informatikunterricht. (in Vorb.)

Schulte, Carsten / Knobelsdorf, Maria (2007): Attitudes towards Computer Science – Computing Experiences as a Starting Point and Barrier to Computer Science. In: ICER 07: Proceedings of the 3rd Workshop on International Computing Education Research: ACM. 27-38

Senkbeil, Martin (2004): Typen der Computernutzung. Identifizierung einer Schülertypologie und ihre Bedeutung für das Lernen. Innsbruck: StudienVerlag

Thomas, Marco; Weigend, Michael (Hrsg.) (2008): Interesse wecken und Grundkenntnisse vermitteln. 3. Münsteraner Workshop zur Schulinformatik – 7. Mai 2008. Münster: Universität Münster. Zentrum für Lehrerbildung

Lernplattformen in der Schule

Helmut Felix Friedrich, Aemilian Hron und Jörn Töpper

1 Merkmale von Lernplattformen und deren Einsatzmöglichkeiten in der Schule

Lernplattformen sind webbasierte Softwaresysteme, die eine Reihe von Funktionalitäten zur Unterstützung von Lehr-/Lernprozessen sowie entsprechende Lehrmaterialien (E-Learning Ressourcen) umfassen. Zugriff haben – ggf. mit differenzierten Rechten – sowohl Lehrende als auch Lernende oder sonstige in das Lerngeschehen involvierte Personen. Die Funktionalitäten sind je nach System in unterschiedlichem Ausmaß und unterschiedlicher Differenziertheit gegeben. Als Kernfunktionalitäten anzusehen sind Benutzerverwaltung (z.B. Anmeldung mit Passwortzuteilung), Kursverwaltung (z.B. Einrichten von Kursen oder Gruppen, Zuordnung von Inhalten, Verwaltung von Gruppen-Daten), Rollen- und Rechtevergabe, Kommunikationsmethoden (z.B. Chat, Foren) und Werkzeuge für das Lernen (z.B. Whiteboard, Notizbuch, Annotationen, Kalender) (vgl. Schulmeister 2003). Die den Lernenden zur Verfügung gestellten Lehrinhalte können entweder selbst erstellt (mit geeigneten Autorenwerkzeugen) oder hinzugekauft sein.

Im anglo-amerikanischen Sprachraum wird auch von VLE (Virtual Learning Environment), MLE (Managed Learning Environment) oder LMS (Learning Management System) gesprochen. Der Versuch, diese Begriffe untereinander abzugrenzen, ist keineswegs überzeugend. So werden als kennzeichnend für VLE die auf Lehren und Lernen bezogenen Funktionalitäten angesehen, die bei diesen Systemen im Vordergrund stehen, während bei MLE und LMS der Akzent eher auf das inhaltliche E-Learning-Angebot und dessen Verwaltung liegt. Der Begriff der Lernplattform (,learning platform') wird als diese Systemvarianten übergreifende Bezeichnung verwendet (vgl. Becta 2005). Wegen der Vielzahl unterschiedlicher Funktionen der einzelnen Systeme und deren unterschiedliche Ausprägung erscheinen die Abgrenzungsversuche allerdings schwierig. Sie sind für die vorliegende Arbeit auch nicht bedeutsam. Es wird hier der Begriff der Lernplattform verwendet und darunter das Gesamt an relevanten Funktionen verstanden, wobei das jeweilige Inhaltsangebot davon getrennt gesehen wird (vgl. Baumgartner / Häfele / Maier-Häfele 2002; Schulmeister 2003). Es besteht

ein breit gefächertes Angebot von Lernplattformen mit jeweils spezifischer Pro-
grammstruktur, Bedienung, Funktionalität und grafischem Design. Einheitliche
Standards haben sich noch nicht durchgesetzt. Auch fallen die technischen Spe-
zifika unterschiedlich aus. Gemein ist den Systemen die Internet- und Browser-
Technologie und die Intention, Lehr-/Lernprozesse durch computergestützte
Funktionen und Werkzeuge zu unterstützen.

Eine Lernplattform kann in der Schule für unterschiedliche Aufgaben eingesetzt werden, je nach Art und Umfang der verfügbaren Funktionen. Grundsätzlich kann die Lernplattform als *Speicher- und Präsentationsmedium* für alle Informationen dienen, die im Schulalltag eine Rolle spielen, z.b. allgemeine Informationen, wie Schulordnung, Termine für Schulveranstaltungen, Eltern-
Informationen oder Benotungskriterien. Sie kann außerdem fachspezifische Informationen enthalten, wie Internet-Links zu aktuellen Stoffgebieten oder Hinweise auf Schülerwettbewerbe. Für die schulklassen- oder kursbezogene Verwendung können Unterrichtsmaterialien vorgegeben werden, interaktive Ar-
beitsblätter, Themen für Hausarbeiten und Referate oder Lehrinhalte zum Üben
vor einer Klassenarbeit. Gleichzeitig können Gruppen- oder Einzelarbeiten ge-
sammelt und den Mitschülern zur Verfügung gestellt werden.

Lernplattformen enthalten in der Regel *Kommunikationsfunktionen*, wie
Chat, Diskussionsforen, Wikis, oder ein Abstimmungsmodul für Befragungen,
und ermöglichen damit eine Vielzahl kommunikativer Szenarien und
kollaborativer Aufgabenbearbeitungen, wie z.b. themenbezogene Gruppenarbeit,
Diskussion in klassenbezogenen oder klassenübergreifenden Foren, Erstellen
von Wikis, Umfragen oder Workshops sowie längerfristige Projektarbeit, die
sich in den außerunterrichtlichen Bereich erstreckt. Bei der schulischen Nutzung
einer Lernplattform geht es nicht um den Ersatz des Präsenzunterrichts, sondern
um eine sinnvolle Ergänzung im Sinne von Blended Learning, wobei Präsenzler-
nen durch E-Learning erweitert und ergänzt wird. Damit verbunden ist die Erwartung, dass Lernplattformen den Erwerb von Fachwissen unterstützen, die
Medienkompetenz der Schüler verbessern und deren Fähigkeit zu selbstgesteuertem Lernen erhöhen.

Lernplattformen können auch als Werkzeug zur *Schulentwicklung* und zum
schulischen Wissensmanagement genutzt werden (vgl. Breiter 2002). Dabei bietet eine Lernplattform viele Möglichkeiten, die Kommunikation und Zusammenarbeit zwischen den Beteiligten am Schulleben zu unterstützen. So können z.B.
durch ein Nachrichtenforum Lehrer, Schüler[1] und Eltern über Stundenplanände-
rungen informiert werden oder in einem Kalender werden die wichtigen Termine

---

[1] In diesem Beitrag werden aus Gründen der Lesbarkeit durchgehend die Begriffe ‚Lehrer' und
‚Schüler' verwendet. Das andere Geschlecht ist jeweils mitgemeint.

wie Konferenzen, Abgabetermine und Schullandheimaufenthalte bekannt gemacht. Die elektronische Vernetzung kann die Kooperation zwischen den schulischen Akteuren erleichtern und die innerschulische Organisation unterstützen. Lernplattformen sind ursprünglich für Formen der Lehr-/Lernorganisation konzipiert, bei denen, z.B. wie im Fernstudium oder bei berufsbegleitender Weiterbildung, die am Lernen Beteiligten – im Unterschied zur Schule – zum größten Teil (oder sogar ausschließlich) örtlich verteilt agieren und Präsenzunterricht gar nicht oder nur selten stattfindet. Beim Einsatz von Lernplattformen in der Schule, in der Präsenzunterricht eine zentrale Rolle spielt, stellt sich damit die Frage, wie ein solches Werkzeug in den Unterricht integriert werden soll, welche seiner Funktionen genutzt und welche Lehr-/Lernaktivitäten mit seiner Hilfe realisiert werden sollen. Auch wenn viele Einsatzmöglichkeiten für Lernplattformen im schulischen Kontext vorstellbar sind, so ist doch diese grundsätzliche Frage derzeit noch nicht ausdiskutiert (vgl. Astleitner 2005; Baumgartner / Dimai 2001).

2 Befundlage

Angesichts der Möglichkeiten und Erwartungen zur schulischen Nutzung von Lernplattformen erstaunt es, dass zu den tatsächlichen Wirkungen kaum empirische Forschungsbefunde vorliegen. Jedoch gibt es eine Vielzahl von Erfahrungsberichten aus der schulischen Praxis, z.B. fachdidaktisch fundierte Unterrichtsprojekte und -entwürfe in Verbindung mit dem Einsatz von Lernplattformen, insbesondere auf den Bildungsservern der einzelnen Bundesländer und dem Schulportal Lehrer-Online. Ein interessanter Erfahrungsbericht zur Einführung einer Lernplattform in Schulen findet sich bei Dankwart (2005).

Für das deutsche Schulsystem gibt es keine Untersuchungen dazu, wie verbreitet Lernplattformen an Schulen sind, welche Systeme angewendet und welche Funktionalitäten dabei eingesetzt werden. Ein aktueller Zustandsbericht liegt für das englische Schulsystem vor, der möglicherweise die deutsche Situation erhellen könnte. Demnach gibt es in England Lernplattformen in 30 % der Schulen im Grundschulbereich, in 57 % der Schulen im Sekundarbereich und 26 % der Förderschulen. Dabei sind die Art der eingesetzten Lernplattformen und das Ausmaß der Nutzung an der jeweiligen Schule vielfältig. Gewöhnlich wird eine Anzahl von Kernfunktionen eingesetzt entsprechend den jeweiligen Bedürfnissen der Schule bzw. des Unterrichtsfachs (vgl. Becta 2006). Die festgestellte größere Verbreitung von Lernplattformen im Sekundarbereich dürfte auch für Deutschland gegeben sein. Diese Vermutung wird durch eine Online-Befragung von 581 Lehrern gestützt, die Nutzer der Lernplattform lo-net sind (vgl. Hron /

Neudert 2006). Dabei fand sich eine größere Nutzungshäufigkeit im Sekundarschulbereich gegenüber der Grund- und Hauptschule, wobei die Nutzung in berufsbildenden Schulen den ersten Rang einnimmt.

Die empirische Forschung sieht sich einem dynamischen und facettenreichen Feld gegenüber, das die Anlage breiter angelegter systematischer Studien zu den schulischen Wirkungen von Lernplattformen stark erschwert. Viele Systeme, insbesondere für Schulen entwickelte, sind neu, und viele Schulen nutzen Lernplattformen erst seit kurzer Zeit (vgl. Becta, 2007). Bereits vor einigen Jahren beklagten Cullen, Hadjivassiliou, Hamilton, Kelleher, Sommerlad und Stern (2002), dass keine systematische Überblicksstudie dazu vorläge, wo Lernplattformen eingesetzt werden sollten und unter welchen Bedingungen ihr Einsatz lohnend sei. Bis heute hat sich diese Situation nicht wesentlich verbessert. Bezogen auf die Definition und Abgrenzung des Forschungsfeldes liegen keine spezifischen theoretischen Modelle vor, auf die sich die Auswahl abhängiger und unabhängiger Variablen und der Variablenbeziehungen stützen könnte. Jedoch existiert eine Reihe von E-Learning bezogenen Arbeiten, die wichtige Hinweise auf den Forschungsgegenstand geben (vgl. z.B. Döring 2002; Kerres et al. 2004). Auf diesem Hintergrund erscheinen für den schulischen Einsatz von Lernplattformen folgende Aspekte bedeutsam:

- inhaltliche Aspekte, z.B. Bedeutsamkeit der Lehrinhalte, Lehrplanbezug und curriculare Passung
- pädagogisch-didaktische Aspekte, z.B. Unterrichtsformen, Blended Learning, selbständiges Lernen, kooperatives und projektorientiertes Lernen
- Benutzungsfreundlichkeit der Lernplattform; z.B. grafisches Design, Handhabung, Einarbeitung, Support
- technische Aspekte, z.B. Internet/Intranet der Schule, Computerausstattung (stationäre vs. mobile Rechner), Implementation und Wartung
- schulorganisatorische Aspekte, z.B. Einbettung in Schulorganisation, Schulung des Kollegiums

Diese Untersuchungsaspekte sind ausschnittsweise berücksichtigt worden in verschiedenen Fallstudien unterschiedlicher methodischer Ausrichtung, welche von einfachen Erfahrungsberichten bis hin zu systematischen Evaluationsstudien reichen. Angesichts dieser Situation sowie der Komplexität und Neuartigkeit des Forschungsfeldes können derzeit keine verallgemeinerbaren Erkenntnisse zu Anwendungsbedingungen und Vor- und Nachteilen schulischer Lernplattformen erwartet werden. Die Darstellung der folgenden Fallstudien soll die Befundlage erhellen.

3   Fallstudien zu Lernplattformen

3.1   Fallstudie „South Yorkshire e-Learning Programme"

Die Fallstudie zum „South Yorkshire e-Learning Programme" (SQW Ltd 2006) beleuchtet technische, benutzerbezogene und curriculare Aspekte der Einführung von Lernplattformen in Schulen. Das Programm war öffentlich gefördert und darauf gerichtet, die langfristige sozio-ökonomische Entwicklung der Region South Yorkshire zu unterstützen. Die Programmlaufzeit betrug drei Jahre und endete im September 2006. Kernpunkt des Programms war die Verbesserung der IT-Infrastruktur von Schulen und Klein- und mittelständischen Unternehmen und die Initiierung von E-Learning. Eine zentrale Programmmaßnahme bestand in der Distribution einer zentral gehosteten Lernplattform und geeigneter Hardware. Über die Lernplattform wurden als Lerninhalte Kurse zum Umgang mit Micro-soft-Office-Anwendungen angeboten. Darüber hinaus sollten die Beteiligten geeignete eigene E-Learning-Ressourcen entwickeln und sich in einem Lernplatt-form basierten E-Learning-Netzwerk gegenseitig verfügbar machen. Die Wirkungen des Programms wurden durch eine Evaluationsstudie erfasst, die zwischen Januar 2005 und Juli 2006 durchgeführt wurde (vgl. SQW Ltd 2006). An dem Programm nahmen 150 Schulen teil, wovon 16 Schulen in die Evaluation einbezogen wurden. Kriterium dafür war die angenommene Repräsentativität dieser Schulen für die einzelnen Teilregionen von South Yorkshire. Evaluationsmethoden waren strukturierte Telefoninterviews mit Lehrern und den Programmkoordinatoren an den jeweiligen Schulen sowie informelle Schulbesuche. Von den verschiedenen Auswirkungen, die das Programm hatte, werden im Folgenden ausschließlich die auf die Lernplattform in den Schulen bezogenen Ergebnisse dargestellt.

Es zeigte sich, dass während der dreijährigen Projektlaufzeit ein Viertel der in die Evaluation einbezogenen Schulen die Lernplattform nicht genutzt hatte. Im ersten Programmjahr wurde die Lernplattform kaum genutzt. Als Ursache dafür wurden von den befragten Lehrern und den Programmkoordinatoren an den Schulen mangelnde Benutzerfreundlichkeit, technische Schwierigkeiten sowie fehlende Kursinhalte angeführt. Ein Relaunch der Lernplattform im zweiten Programmjahr verbesserte die Nutzungssituation, ohne dass allerdings die schlechten Erfahrungen des ersten Jahres völlig ausgeräumt werden konnten. Einige Lehrpersonen verwiesen auch bzgl. der verbesserten Version auf Schwierigkeiten mit der Navigation und dem Hochladen von Materialien. Es zeigte sich, dass die Einführung der Lernplattform anfänglich reibungsloser verlief, wenn der dafür verantwortliche Programmkoordinator aus dem ICT-Bereich der Schule kam. Jedoch war die nachfolgende Nutzung und Akzeptanz der Lernplattform in der Schule erfolgreicher, wenn der Programmkoordinator keinen ICT-Hintergrund hatte und eher die unterrichtlichen Dimensionen statt technische Spezifikationen im Vordergrund standen.

Von Seiten des Programmkomitees war auf das bemängelte Fehlen geeigneter Kursinhalte reagiert worden, indem im dritten Projektjahr E-Learning-Material von kommerziellen Anbietern gekauft wurde. Außerdem wurde ein Team professioneller Content-Entwickler bereitgestellt, das mit den Schulen zusammenarbeitete, um E-Learning-Ressourcen zu entwickeln. Es zeigte sich jedoch, dass nur ein Viertel der Schulen eigenes Kursmaterial entwickelte, - für naturwissenschaftliche Fächer, Geschichte, Geografie, Informationstechnik oder Design und Technologie. Engagierte Lehrer, die für die Materialentwicklung in Frage kamen, waren auch mit administrativen und organisatorischen Aspekten der Lernplattform beschäftigt und schnell an ihre Belastungsgrenzen gestoßen.

Trotz der Content bezogenen Initiativen blieb die Nutzung der Lernplattform hinter den Erwartungen des Programms zurück. So erwies sich auch die Intention des Aufbaus eines Lernplattform basierten E-Learning-Netzwerks als Fehlschlag, in welchem die Beteiligten sich geeignete eigene E-Learning-Ressourcen gegenseitig verfügbar machen sollten. Die Evaluation erbrachte nur wenige Hinweise darauf, dass die Schulen zusammenarbeiteten, um – wie ursprünglich intendiert – ein erweitertes regionales Netzwerk zu bilden und Lehrmaterialien und Erfahrungen auszutauschen. Insgesamt erwiesen sich die mangelnde Bedienungsfreundlichkeit und technische Probleme als äußerst hinderlich für die Nutzung der Lernplattform. Ein gewichtiger Faktor war auch das Fehlen geeigneter E-Learning-Materialien, wobei die Lehrkräfte zu wenig initiativ waren, um diesem Mangel abzuhelfen.

3.2 Fallstudie „Neues Lernen Wirtschaft"

Die Fallstudie zum Projekt „Neues Lernen Wirtschaft" (Gramlinger 2004) bezieht sich auf den Einsatz einer Lernplattform in der Sekundarstufe II eines beruflichen Gymnasiums, der Tourismusschule Wien 21. Die Studie adressiert in erster Linie pädagogisch-didaktische Aspekte, liefert aber auch Hinweise auf inhaltliche und schulorganisatorische Bedingungen. Die Konzeption des Projekts umfasste neben der Lernplattform die Entwicklung eines methodisch-didaktischen Konzepts für Blended Learning sowie die Entwicklung und Bereitstellung geeigneter Kursinhalte. Bezogen auf Blended Learning war eine Kombination unterrichtlichen Präsenzlernens mit Phasen kooperativen Lernens über die Lernplattform (kooperatives E-Learning) vorgesehen. Letzteres sollte projektorientiert und selbstgesteuert sein (vgl. Cortolezis-Schlager / Schrack 2002).

Zur Umsetzung der didaktischen Konzeption wurden in Verbindung mit den Lehrinhalten verschiedene modular aufgebaute Lernarrangements entwickelt (vgl. Schrack 2005). Sie umfassen verschiedene Phasen Plattform gestützter Arbeit von Lerngruppen und gegenseitiger Präsentation und Diskussion der Arbeitsergebnisse. Selbständiges und eigenverantwortliches Lernen sollte dadurch gefördert werden, dass die Koordination der Gruppenarbeiten und die Moderation der Ergebnispräsentation von den Gruppenmitgliedern zu leisten war. Es bestand der Anspruch, die Konzeption übertragen zu können und für den Ausbildungsbereich Wirtschaft fächerübergreifend zur Verfügung zu stellen.

Die Konzeption wurde in zwei aufeinanderfolgenden Schuljahren in jeweils zwei Klassen anhand wirtschaftsbezogener Lehrinhalte erprobt. Im ersten Erprobungsjahr nahmen eine Abschluss- bzw. Maturaklasse teil sowie eine Klasse des vorausgehenden Jahrgangs. Letztere war im zweiten Jahr als Maturaklasse beteiligt, zusammen mit einer weiteren Klasse des vorausgehenden Jahrgangs. Die beiden Klassen des ersten Jahres umfassten jeweils 20 Schüler; beide wurden von denselben zwei Lehrpersonen unterrichtet. Die jüngere Klasse war eine Notebook-Klasse, in der jeder Schüler ein eigenes Notebook bereits seit drei Jahren eingesetzt hatte. Im zweiten Jahr umfasste die nun zur Matura-Klasse gewordene Klasse wiederum 20 Schüler, die neu hinzugekommene Klasse 17 Schüler. Beide Klassen wurden wiederum von den beiden Lehrpersonen unterrichtet. Auf weitere Schulklassen in Österreich, in denen die Konzeption ebenfalls erprobt wurde, wird im Folgenden nicht weiter eingegangen, weil dazu nur kursorisch berichtete Evaluationsergebnisse vorliegen (vgl. Gramlinger 2004).

Das Projekt wurde durch eine Evaluation wissenschaftlich begleitet, deren Schwergewicht auf den didaktisch-pädagogischen Aspekten lag (ebd. 2004). Die Evaluation richtete sich u.a. auf die Tragfähigkeit des Konzepts des Blended Learning und des kooperativen E-Learning für den Bereich Wirtschaft in der Sekundarstufe II, auf den pädagogischen Mehrwert und auf Faktoren für die Weiterentwicklung und Dissemination. Als Evaluationsinstrumente eingesetzt wurden teilnehmende Beobachtung, Fragebögen, teilstrukturierte Interviews, qualitative inhaltsanalytische Auswertung verschiedener Kurse sowie Daten aus der integrierten Statistikfunktion der Lernplattform. Bei dem im ersten Jahr vorgegebenen Schüler-Fragebogen betrug die Rücklaufquote 100 %. Im zweiten Jahr bearbeiteten von den 20 Schülern der einen Klasse 19 den Fragebogen, von den 17 Schülern der anderen Klasse 12 Schüler.

Eine Eingangsbefragung erbrachte eine generelle Aufgeschlossenheit der Schüler gegenüber Computern, Internet und neuen Technologien. Insbesondere die Laptop-Klasse war als technik-affin zu bezeichnen. Bezogen auf die pädagogisch-didaktischen Aspekte verwiesen die Fragebogendaten und die Plattformstatistik auf gute Motivation und Interesse am Lernplattform gestützten Unterricht. Allerdings wurde das Konzept des plattformgestützten kooperativen Lernens nicht durchgängig positiv eingeschätzt. So gaben im zweiten Erprobungsjahr von der Matura-Klasse, die bereits Erfahrungen mit der Konzeption aus dem Vorjahr hatte, 39 % der Schüler an, lieber alleine arbeiten zu wollen. Bei der anderen Klasse, die neu in das Projekt aufgenommen worden war, machten sogar 92 % der Schüler diese Angabe. Bei dieser neu hinzugekommenen Klasse, die noch nicht an die Lernplattform gewöhnt war, zeigte sich dementsprechend auch eine geringere Zustimmung zur Lernplattform. Insgesamt sprechen sich die Schüler auch mehrheitlich dafür aus, das Konzept des kooperativen E-Learning nicht auf zu viele andere Fächer auszuweiten. Die reservierte Haltung könnte durch die teilweise sehr starke Beanspruchung bewirkt sein, welche die Schüler in Interviews zu ihrer Arbeit auf der Lernplattform berichten. In der Evaluationsstudie wird die Befürchtung geäußert, dass wegen der Intensität der Lernplattform gestützten Arbeit andere Fächer vernachlässigt werden könnten.

Zur Benutzerfreundlichkeit zeigte sich, dass die Schüler leicht und gut mit der Lernplattform – es handelte sich um Blackboard – umgehen konnten und sich schnell in die Benutzung einarbeiteten. Fehlender eigener Internetanschluss oder technische Ausstattung zuhause wurden kein einziges Mal als Problem thematisiert. Auch zeigte sich, dass die inhaltlich-didaktische Passung der Konzeption gut gelang. Die Inhaltsmodule konnten in das Curriculum gut integriert und umgesetzt werden. Ebenso war die schulorganisatorische Einbettung erfolgreich, wofür vor allem eine angemessene Einführungsphase in den betroffenen Klassen sowie Unterstützung des Projekts durch die Schulleitung als ursächlich angesehen wurden. Der pädagogische Mehrwert wird in der Evaluationsstudie im hohen Engagement der Schüler gesehen, im selbständigen und selbstgesteuerten Lernen sowie in den Lernergebnissen, die über das Fachliche hinaus vor allem im Bereich der personalen und organisationalen Kompetenzen und Schlüsselqualifikationen lagen, wie Teamarbeit, Präsentationsfähigkeit oder Stress- und Konfliktbewältigung.

Insgesamt verweisen die vorstehend diskutierten Fallstudien auf einige neuralgische Punkte. So erscheinen insbesondere die Bedienungsfreundlichkeit und das technisch einwandfreie Funktionieren für die Akzeptanz und schulische Nutzung einer Lernplattform als bedeutsam. Wichtig dürfte auch die Unterstützung durch die Schulleitung und die Einbettung in die schulischen Lehrpläne sein. Berücksichtigt werden sollte ebenso die mögliche Belastung von Lehrern und Schülern, die durch Lernplattform gestütztes kooperatives E-Learning entstehen kann.

4 DigiO: Eine Lernplattform für die gymnasiale Oberstufe[2]

Im Folgenden werden Erfahrungen berichtet, die bei der Erprobung einer Lernplattform im Rahmen des Projekts „Digitale Oberstufe" (DigiO) in der gymnasialen Oberstufe mehrerer Gymnasien gewonnen wurden. Die Lernplattform, an der diese Fragen untersucht wurden, ist eine zentrale Komponente des integrativen Lehr-/Lernsystems „Digitale Oberstufe", welches von den Verlagshäusern Klett und Cornelsen entwickelt wurde (und während der Erprobung von diesen auch zentral gehostet wurde). Eine weitere Komponente dieses Systems sind fachspezifische multimediale Lernprogramme, sog. Fachmodule, für Mathematik, Deutsch, Englisch, Französisch und Latein, die (zum Teil) über die Lernplattform ausgerufen werden können. Damit verfügten Lehrer und Schüler nicht nur über ein Werkzeug, die Lernplattform, zur Organisation von Lehren und Lernen, sondern – im Unterschied zur o.a. Fallstudie „South Yorkshire e-Learning Programme" – auch über fachspezifische Lernressourcen. Neben den für Lernplattformen üblichen Funktionen weist die DigiO-Lernplattform einige Funktionen auf, die besonders für den Einsatz in der Schule interessant sind:

- ein Bibliothekssystem mit verschiedenen Teilbibliotheken (Schul-, Lehrer-, Kurs-Bibliothek sowie „Meine Bibliothek") mit jeweiligen Zugriffsrechten, über welches auch einige der Fachmodule aufgerufen werden und in welches Lehrende und Lernende selbst produzierte Materialien einstellen können
- ein Lernplan für die Vorgabe und Terminierung von Aufgaben, für deren Verknüpfung mit entsprechenden Lernressourcen sowie für die Kontrolle der Aufgabenlösungen

Die für Unterrichtsplanung und -durchführung besonders relevante Funktionalität „Lernplan" wird im Folgenden näher beschrieben. Abbildung 1 zeigt den Lernplan aus Sicht der Lehrperson für einen Mathematik-Kurs. In der unteren Hälfte der Abbildung sind insgesamt 8 Spalten zu erkennen. In der Spalte „Alle Aufgaben" sind verschiedene Aufgabentypen ersichtlich, welche die Lehrperson der Aufgabenkonstruktion jeweils zugrunde gelegt hat. Die Lehrperson kann unter verschiedenen Aufgabentypen wählen und erhält dann ein entsprechendes Aufgabenschema mit hilfreichen interaktiven Elementen. In der Spalte „Titel" befinden sich die Aufgabenbezeichnungen in Form interaktiver Links, mit denen die Lehrperson auf von ihr bereitgestellte Lernressourcen verweist. Daneben sind

---

[2] Die Begleitstudie, über die hier berichtet wird, wurde vom Bundesministerium für Bildung und Forschung (BMBF) im Rahmen des Förderprogramms "Neue Medien in der Bildung (Sektion Schule)" unter dem Förderkennzeichen 8NM203C (ab 1.6.05: 01NM203C) finanziell gefördert.

unter den Spalten „Start" und „Ende" die Aufgabenbearbeitungszeiten angegeben. Die Spalte „Bearbeiten" enthält interaktive Schaltflächen zum Löschen oder Modifizieren einer Aufgabe, die Spalte „Zuordnung" die Zuweisung an einen Schüler des Kurses, einer Lerngruppe oder den gesamten Kurs. „Freigabe" bezeichnet die Möglichkeit, eine Aufgabe zu sperren oder freizugeben. „Stand" ermöglicht Informationen über den Bearbeitungsstand: Für jeden Schüler wird mittels Markierung angegeben, ob sie oder er die Aufgabenbearbeitung abgeschlossen hat. Der Bearbeitungsstand wird bei Lernaufgaben, welche dem Metadaten-Standard SCORM entsprechen, durch eine Prozentangabe signalisiert. Der Lernplan sieht für Schüler ähnlich aus, es fehlen aber einige Funktionen.

Die zentralen Komponenten des DigiO-Systems – Lernplattform und Fachmodule – erlauben folgende *Nutzungsvarianten*: (a) Lehrende können sich auf die Nutzung der Lernplattform beschränken, ohne gleichzeitig auch die Fachmodule zu nutzen. (b) Sie können die Lernplattform und die Fachmodule nutzen und sie können sich (c) auf die Nutzung nur der Fachmodule beschränken, ohne gleichzeitig die Werkzeuge benutzen zu müssen, welche die Lernplattform bereit stellt. Die Variante (c) – Nutzung nur der Fachmodule – wird dadurch möglich, weil es sich bei den Fachmodulen um elaborierte ‚stand alone' Lernsoftware handelt, die ihrerseits mit einer Vielzahl von ergänzenden fachspezifischen und fachunspezifischen Werkzeugen (z.B. Algebra-, Mindmap-Werkzeuge, Vokabeltrainer, PowerPoint-Vorlagen) ausgestattet ist, welche selbst gesteuertes Lernen unterstützen sollen.

Insgesamt handelt es sich bei der DigiO-Lernplattform um ein umfassendes Werkzeug zur Planung und Realisierung unterschiedlicher Lehr- und Lernformen: So können Lehrende es für die Unterrichtsplanung nutzen, z. B. indem sie eigene oder von den Verlagen entwickelte Unterrichtsmaterialien für die Schüler in der Kursbibliothek der Lernplattform bereit stellen, indem sie mit Hilfe des Lernplans Arbeitsaufträge erstellen, diese terminieren und an die Schüler kommunizieren. Die Lernplattform kann sowohl im Präsenzunterricht als auch außerunterrichtlich für verschiedene Sozialformen des Lernens – Einzel-, Partner-, Gruppenarbeit – und für Lernaufgaben unterschiedlicher Komplexität – Information recherchieren, Fachinhalte üben/vertiefen, neue Themen selbständig erarbeiten, an längerfristigen Projekten arbeiten – genutzt werden.

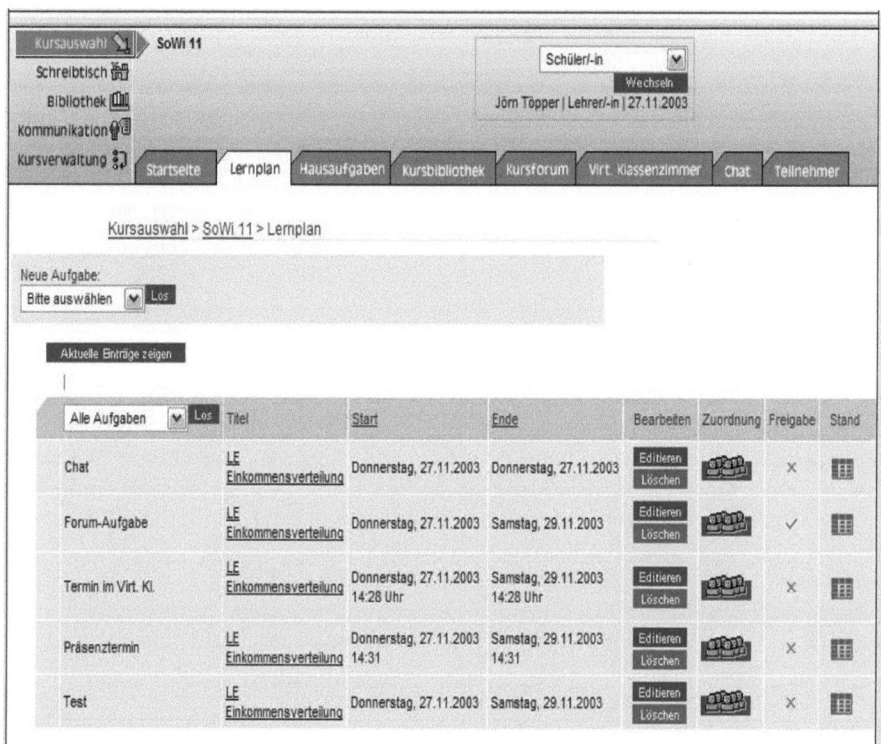

Abbildung 1:   Kursspezifischer Lernplan für Mathematik (Sicht der Lehrperson)

5   Felderprobung und wissenschaftliche Begleitung

Das DigiO-System wurde von Dezember 2004 bis Schuljahresende (Erpro-bungsphase 1) und von Schuljahresbeginn 2005 bis zu den Weihnachtsferien 2005 (Erprobungsphase 2) an acht Gymnasien in verschiedenen Bundesländern erprobt und wissenschaftlich begleitet. Ziel war es zu untersuchen, wie Lehrer und Schüler ein solches System im Rahmen der jeweils gegebenen schulischen und curricularen Strukturen in ihre persönlichen Lehr- bzw. Lernaktivitäten in-tegrieren. Im Unterschied zum Projekt von Cortolezis-Schlager und Schrack (2002, s.o. 3.2) wurden im Rahmen dieser Felderprobung den Lehrern keine auf diese Art von E-Learning abgestimmten methodischen Vorgaben gemacht. Die

Entscheidung über wichtige Parameter der Erprobung, z.B. über Zeitpunkt und Dauer der Nutzung, über Nutzungsvarianten (nur Lernplattform, nur Fachmodul, Lernplattform und Fachmodul) sowie über die Unterrichtsmethoden lag bei der einzelnen Lehrkraft. Das System kam in den beiden Erprobungsphasen vorwiegend in den Klassenstufen 11 und 12 in insgesamt 54 Kursen (in 19 Englisch-, 16 Deutsch-, 15 Mathematik-, 2 Latein- und in 2 Französisch-Kursen) zum Einsatz.

Jede der 8 Pilotschulen verfügte über mindestens 2, höchstens 4 Computer- bzw. ITG-Räume, welche mit Desktop-Rechnern ausgestattet waren. 7 Schulen waren in der Erprobungsphase über einen 1 MB-DSL-Anschluss mit dem Internet verbunden, eine Schule über eine 2 MB-Standleitung. Diese Ausstattungsmerkmale sind mit Blick auf eine flexible („jederzeit, überall') und situationsangemessene Nutzung eines internetbasierten Lehr-/Lernsystems eher kritisch zu beurteilen: Zum einen muss die Nutzung eines ITG-Raumes in aller Regel frühzeitig und in Konkurrenz mit anderen Lehrenden geplant werden, was potentiell das zeitliche Ausmaß der Nutzung einschränkt. Zum anderen scheinen mit stationären Desktoprechnern ausgestattete Computerräume einem flexiblen Wechsel der Arbeits- und Kommunikationsformen im Unterricht – wie sie etwa Notebooks ermöglichen – entgegen zu stehen (vgl. Baumgartner / Dimai 2001; Schaumburg / Issing 2002). Bezüglich der Bandbreite der Internetanbindungen der Versuchsschulen stellte sich die Frage, ob diese ausreichend dimensioniert ist oder eher einen Flaschenhals darstellt, der die Nutzung des Systems einschränkt, beispielsweise wenn eine ganze Klasse simultan online ist und über die Lernplattform auf ein Fachmodul zugreift.

Die Erprobung wurde vom Institut für Wissensmedien (IWM) u.a. durch mehrstufige Befragungen der Lehrer und Schüler begleitet. Diese wurden zu Beginn (Eingangsbefragung: Dezember 2004/Januar 2005) und am Ende von Erprobungsphase 1 (Juni/Juli 2005) sowie am Ende von Erprobungsphase 2 (Dezember 2005/Januar 2006) schriftlich befragt. Ergänzend wurden am Ende von Erprobungsphase 2 Gruppendiskussionen mit Lehrern und Schülern sowie Interviews mit den Schulleitungen geführt.

Die Interviews mit den Schulleitungen sowie die Eingangsbefragung legen nahe, dass sich am Projekt DigiO vorwiegend Computer affine Lehrkräfte beteiligten. Zum Teil ging die Initiative für die Beteiligung am DigiO-Projekt direkt von Lehrern mit Interesse am Thema E-Learning aus. Zum Teil ging sie von den Schulleitungen aus, die entsprechend motivierte Kolleginnen und Kollegen angesprochen haben. Die am DigiO-Projekt beteiligten Lehrer verfügten vergleichsweise über wenig Vorerfahrung im Umgang mit Lernplattformen/Lernmanagementsystemen/Groupware und den darin integrierten Werkzeugen für synchrone und asynchrone Kommunikation – mit Ausnahme von E-Mail.

Die Begleitstudie bot Gelegenheit, einige der Fragen zu untersuchen, die mit Blick auf den Einsatz von Lernplattformen in der Schule von besonderem Interesse sind. So interessierten neben allgemeinen Nutzungsdaten insbesondere pädagogische Aspekte des Einsatzes der DigiO-Lernplattform, z.B. pädagogische Nutzungsformen sowie die Auswirkungen auf Prozesse und Ergebnisse des Lernens und die Akzeptanz, welche die Lernplattform bei Lehrern und Schülern findet.

Der Beantwortung dieser Fragen liegen für Erprobungsphase 1 die Daten von 29 Lehrern und von 504 Schülern, für Erprobungsphase 2 Daten von 170 Schülern zu Grunde. Für Erprobungsphase 2 liegen weiterhin Daten von 9 Lehrern vor. Im folgenden Abschnitt werden, soweit es die Lehrer betrifft, wegen der größeren Fallzahlen nur Ergebnisse für Erprobungsphase 1 berichtet. Soweit es die Schüler betrifft, werden Ergebnisse für beide Erprobungsphasen dargestellt.

6   Ergebnisse

6.1 Allgemeine Nutzungsdaten

Die Lernplattform wurde in Erprobungsphase 1 von 20 von 29 Lehrkräften im Unterricht eingesetzt, wobei 10 der 20 Lehrkräfte sie häufig bzw. immer unabhängig von einem der Fachmodule nutzten. Die 9 Lehrer, welche sich zwar mit der Lernplattform auseinandergesetzt, sie aber letztendlich nicht im Unterricht eingesetzt haben, gaben hierfür folgende Gründe an (Mehrfachnennungen waren möglich): (a) Ich konnte nicht davon ausgehen, dass alle Schüler außerhalb des Unterrichts Zugang zu einem Rechner haben (6 Nennungen). (b) Ich sehe derzeit keine Möglichkeit, die Lernplattform sinnvoll im Unterricht einzusetzen (5 Nennungen). (c) Die Lernplattform passt nicht zu meinem persönlichen Arbeitsstil (5 Nennungen). (d) Habe wegen technischer Probleme nicht mit der Lernplattform gearbeitet (5 Nennungen). (e) Habe vor, die Lernplattform zu einem späteren Zeitpunkt einzusetzen (3 Nennungen).

Da es an den acht Pilotschulen kein einheitliches zeitliches Schema für die Nutzungsdauer des DigiO-Systems gab, lag die Entscheidung über *Dauer und Regelmäßigkeit der Nutzung* beim einzelnen Lehrer. 12 der 20 Lehrkräfte nutzten sie bis zu einer Dauer von 2 Monaten, 5 nutzten sie zwischen 3 und 5 Monaten und 2 nutzten sie länger als 6 Monate (keine Angabe: 1 Person). Es wurde zusätzlich erfragt, wie häufig die Plattform in der Zeit, in der mit ihr gearbeitet wurde, genutzt wurde. Nur eine Minderheit der Lehrkräfte (6 von 20) nutzte die Lernplattform mehrmals pro Woche. Jeweils die Mehrzahl der Lehrkräfte (12 von 20) nutzte sie maximal viermal pro Monat (keine Angaben: 2 Personen). Von den in die Lernplattform integrierten *Kommunikationswerkzeugen* wurden am häufigsten – sowohl im als auch außerhalb des Unterrichts – E-Mail und Kursforum genutzt. Die Werkzeuge für synchrone Kommunikation – Chat, Virtuelles Klassenzimmer – wurden vergleichsweise selten genutzt.

Die Befragungsdaten legen nahe, dass folgende Faktoren die Nutzung der Lernplattform eingeschränkt haben: *(1) Schulseitige Rechnerausstattung und deren Konzentration auf ITG-Räume:* 9 von 18 Lehrkräften beklagten Probleme bei der Absprache über die Belegung des Computerraumes. *(2) Kompatibilitätsprobleme der Lernplattform mit ,Nicht-Microsoft-Browsern':* Lehrer und Schüler bemängelten, dass die Lernplattform bei der Arbeit mit ,Nicht-Microsoft-Browsern', z.B. Mozilla, Firefox, Probleme bereitete (Zitat: „…ich kann bestimmte Sachen nur mit dem Internetexplorer reinstellen, ich kann sie nicht mit Mozilla reinstellen, da krieg ich Schwierigkeiten …"). (3) *Lange Ladezeiten für Lernplattform (und Fachmodule):* Als ein großes Problem für die Nutzung von DigiO in der Klasse erwiesen sich die häufig langen Ladezeiten für Lernplattform und Fachmodule. Ob dies auf die zu geringe Bandbreite der Internetanbindungen der Schulen oder auf serverseitige Probleme, z.B. Kapazitätsengpässe beim simultanen Zugriff vieler Rechner auf die Lernplattform, zurückzuführen war, kann anhand der Daten dieser Untersuchung nicht beurteilt werden.

Die Ergebnisse zum zeitlichen Ausmaß der Nutzung der Lernplattform durch die Lehrenden lassen sich angesichts der geringen Fallzahl nur sehr vorsichtig bewerten. So sollte man berücksichtigen, dass Dauer und Regelmäßigkeit der Nutzung durch die Lehrer in den beiden Erprobungsphasen nicht nur von ihrer persönlichen Einstellung zum E-Learning oder gar von pädagogischen Überlegungen, sondern in hohem Maße von anderen Faktoren abhingen, so z.B. von der Art des jeweiligen Kurses (Grund-/Leistungskurs), von der Verfügbarkeit des Computerraumes sowie von technischen Problemen, hier insbesondere der Erreichbarkeit der Lernplattform im Internet, welche die Nutzung des Systems eingeschränkt haben.

6.2 Pädagogische Nutzungsformen

Von den 20 Lehrkräften, welche in Erprobungsphase 1 mit der Lernplattform arbeiteten, haben 18 sie für die Unterrichtsplanung genutzt, 16 haben sie im Präsenzunterricht und 12 haben sie zur Unterstützung außerunterrichtlicher Lernaktivitäten eingesetzt.

In der Phase der *Unterrichtsplanung* konzentrierte sich die Nutzung der Lernplattform durch die Lehrkräfte auf die verschiedenen Bibliotheken („Schulbibliothek", „Kursbibliothek", „Meine Bibliothek") mit dem Ziel, Unterrichtsmaterialien auszuwählen und für die Schüler bereit zu stellen. Der Lernplan wurde genutzt, um den Schülern Lernaufgaben zuzuweisen. Weitere Potenziale und Funktionen der Lernplattform, z.B. für die Organisation längerfristiger Projektarbeit oder für die Aufteilung eines Kurses in Untergruppen, wurden dagegen seltener genutzt.

Im *Präsenzunterricht* wurde die Lernplattform sowohl für computerbasierte Einzelarbeit (ein Schüler arbeitet alleine an einem Rechner) als auch für computerbasierte Partner- bzw. Gruppenarbeit (zwei oder mehr Schüler arbeiten zusammen an einem Rechner) genutzt. Dabei praktizierten die meisten Lehrkräfte (10 von 16) beide Sozialformen des Lernens. Im Vordergrund standen vertraute Formen des Wissens- und Fertigkeitserwerbs: neue Themen selbständig erarbeiten, fachliche Inhalte üben/vertiefen, Information recherchieren. Weitere Möglichkeiten, die die Lernplattform bietet, z.B. synchrone und asynchrone Kommunikation mit Personen, die nicht im Klassenzimmer anwesend sind, oder Abstimmung von Aufgaben auf den individuellen Leistungsstand einzelner Schüler (eine Form der Binnendifferenzierung), wurden seltener genutzt.

Für die Unterstützung *außerunterrichtlichen Lernens* nutzten die Lehrer die Plattform schwerpunktmäßig, um Schülern Aufgaben zu stellen, die zu bearbeiten und zurückzusenden waren und zu denen sie dann Rückmeldung erhielten. Ansonsten dominierten auch hier vertraute Aufgabenstellungen: neue Themen selbständig erarbeiten, üben/vertiefen fachlicher Inhalte sowie Informationsrecherche. Längerfristige Projektarbeit, Kommunikation mit schulexternen Personen, z.B. Schüler anderer Schulen/Experten, wurden eher selten genannt.

Man kann festhalten, dass die Lernplattform in den verschiedenen Phasen – Unterrichtsplanung, Präsenzunterricht, außerunterrichtliches Lernen – für fast alle der abgefragten Lehr-/Lernaktivitäten genutzt wurde. Die Bandbreite an Lehr-/Lernaktivitäten, welche die DigiO-Lernplattform bietet, wurde damit im Prinzip ausgeschöpft. Andererseits zeigen die Ergebnisse aber auch, dass mit der Lernplattform vorwiegend vertraute Lehr-/Lernformen realisiert wurden (üben/vertiefen, Information recherchieren usw.). Lehr-/Lernaktivitäten, z.B. längerfristige Projektarbeit, synchrone oder asynchrone Kommunikation mit schulexternen Personen, Abstimmung von Aufgaben auf den individuellen Leistungsstand einzelner Schüler, die ebenfalls durch die Lernplattform unterstützt werden, wurden jeweils nur von wenigen Lehrern realisiert.

6.3 Auswirkungen auf Prozesse und Ergebnisse des Lernens aus Sicht der Schüler

In Folgenden wird gezeigt, wie die Schüler in Erprobungsphase 1 und 2 die Auswirkungen der Arbeit mit der DigiO-Lernplattform auf Prozesse – kognitive Belastung während des Unterrichts, erlebte Qualität des Unterrichts (Verständlichkeit, Interessantheit) – und Ergebnisse des Lernens – Wissens- und Kompetenzerwerb – einschätzen. In dem entsprechenden Fragebogen war das DigiO-System als Ganzes zu beurteilen. Rückschlüsse auf spezifische Wirkungen der Lernplattform ergeben sich durch den Vergleich von Schülergruppen, die mit verschiedenen Nutzungsvarianten – nur Lernplattform, nur Fachmodule, Lernplattform und Fachmodule – gearbeitet haben.[3]

6.3.1 Kognitive Belastung

Moderne computerbasierte Lernumgebungen bieten i.d.R. eine Fülle von Lernwegen, Darstellungsformen sowie Interaktions- und Kommunikationsmöglichkeiten. Diese Komplexität kann während des Unterrichts dazu führen, dass die Aufmerksamkeit auf die Bedienung der Technologie und die Verarbeitung des Inhalts aufgeteilt werden muss (vgl. Kirschner 2002). Um Hinweise auf diesen Aspekt der Arbeit mit DigiO zu erhalten, hatten die Schüler zu den folgenden Aussagen auf einer 5-Punkte-Skala (1 = trifft in geringem Maße zu, 5 = trifft in hohem Maße zu) Stellung zu nehmen:

- Bei der Arbeit mit dem DigiO-System im Unterricht war ich anfänglich sehr angespannt.
- Meine Sicherheit im Umgang mit dem DigiO-System nahm auch mit der Zeit nicht zu.
- Die Lösung technischer und organisatorischer Probleme während des Unterrichts zog Zeit und Aufmerksamkeit vom Lernen ab.

Für die statistische Analyse wurden die Einzelwerte zu einem Gesamtwert zusammengefasst, der maximal 15, minimal 3 Punkte betragen konnte (vgl. An-

---

[3] Die Daten wurden jeweils einer zweifaktoriellen Varianzanalyse (Faktor 1: Erprobungsphase, Faktor 2: Nutzungsvariante) unterzogen. Post hoc-Einzelvergleiche wurden mit dem Scheffé-Test durchgeführt, in einigen Fällen von Varianzinhomogenität wurde der Tamhane-T2-Test verwendet. Da die Stichprobengrößen in den verschiedenen Zellen des Designs unterschiedlich groß waren und die Fehlervarianzen nicht in allen Fällen homogen waren, wurden alle Analysen zur Absicherung zusätzlich mit Hilfe nonparametrischer Tests (Mann-Whitney, Kruskall-Wallis) durchgeführt. In keinem Fall wichen die Resultate von denen der Varianzanalyse ab, so dass in diesem Beitrag aus Platzgründen jeweils nur die Ergebnisse der Varianzanalysen berichtet werden.

hang, Tabelle 1). Die Analyse ergab Folgendes: (a) Die Schüler in Erprobungs-phase 1 schätzten – unabhängig von der jeweiligen Nutzungsvariante – die kognitive Belastung signifikant (p=.001) höher ein als die Schüler in Erprobungs-phase 2. (b) Die Schüler, die mit unterschiedlichen Nutzungsvarianten gearbeitet haben, schätzen – unabhängig von der jeweiligen Erprobungsphase – die kognitive Belastung signifikant (p=.04) unterschiedlich ein. Post hoc-Einzelvergleiche, welche das Signifikanzniveau von p=.05 nur knapp verfehlen, zeigen eine deutliche Tendenz, dass Schüler, die nur eine Komponente – Lernplattform oder Fachmodul – genutzt haben, die Belastung niedriger einschätzen als Schüler, die beide Komponenten – Lernplattform und Fachmodul – nutzten.

6.3.2 Qualität des Unterrichts

Die Arbeit mit dem DigiO-System soll dazu beitragen die Qualität des Unterrichts zu verbessern. In diesem Zusammenhang sollten die Schüler beurteilen, ob – im Vergleich zum Unterricht ohne DigiO – DigiO-Unterricht verständlicher (=+1), gleich verständlich (=0) oder weniger verständlich (= –1) und ob er interessanter (=+1), gleich interessant (=0) oder weniger interessant (= –1) ist (vgl. Anhang, Tabelle 2). Insgesamt wurden dem DigiO-Systems leichte Vorteile gegenüber dem herkömmlichen Unterricht attestiert: dies in etwas stärkerem Maße mit Blick auf den Zuwachs an Interessantheit, in geringerem Maße mit Blick auf den Zuwachs an Verständlichkeit des Unterrichts (vgl. die entsprechenden Mittelwerte in der Spalte „gesamt" von Tabelle 2 im Anhang).

Die statistische Analyse ergab, dass der Zugewinn an Verständlichkeit und an Interessantheit des Unterrichts – unabhängig von der jeweiligen Nutzungsvariante – in Erprobungsphase 2 signifikant (jeweils p=.000) höher eingeschätzt wird als in Phase 1. Auch die verschiedenen Nutzungsvarianten (nur Lernplattform, nur Fachmodul, Lernplattform und Fachmodul) wurden hinsichtlich des Zuwachses an Verständlichkeit und Interessantheit signifikant (p=.000 bzw. p=.006) unterschiedlich eingeschätzt. Post hoc-Einzelvergleiche zeigten, dass jeweils die Nutzungsvariante „nur Fachmodul" am günstigsten beurteilt wurde.

6.3.3 Wissens- und Kompetenzerwerb

Die mit dem Einsatz der unterschiedlichen Formen des E-Learning verbundenen Erwartungen betreffen neben der Förderung des Erwerbs von Fachwissen auch die Förderung von Medienkompetenz sowie die Förderung selbst gesteuerten Lernens. Die Daten für die Schüler der Erprobungsphasen 1 und 2 zu den Auswirkungen der verschiedenen Nutzungsvarianten auf Fachwissen, Medienkompetenz und selbstgesteuertes Lernen zeigt Tabelle 3 im Anhang.

Mit Blick auf den *Erwerb von Fachwissen* ergab die statistische Analyse, dass die Schüler in Erprobungsphase 2 – unabhängig von der jeweiligen Nutzungsvariante – die Wirkung von DigiO signifikant (p=.000) besser beurteilten als die Schüler in Erprobungsphase 1. Auch für die Nutzungsvariante ergab sich ein signifikanter Effekt (p=.000). Auch hier zeigten Post hoc-Einzelvergleiche, dass die Nutzungsvariante „nur Fachmodul" mit Blick auf den Erwerb von Fachwissen signifikant (p=.05) besser beurteilt wurde als die Variante „Fachmodul und Lernplattform". Mit Blick auf *Medienkompetenz* und *Kompetenz zum selbstgesteuerten Lernen* attestierten die Schüler dem DigiO-System – im Vergleich zum herkömmlichen Unterricht – insgesamt eine fördernde Wirkung (vgl. in Tabelle 3 im Anhang die entsprechenden Mittelwerte in der Spalte „gesamt"). Weder zwischen Erprobungsphase 1 und 2, noch zwischen den drei Nutzungsvarianten ergaben sich signifikante Unterschiede im Urteil der Schüler.

6.4 Akzeptanz der Lernplattform bei Lehrern und Schülern

Unter diesem Stichwort werden im Folgenden Ergebnisse präsentiert, die man als eine Form bilanzierender Urteile verstehen kann, die sich bei Lehrern und Schülern im Verlauf der Arbeit mit der DigiO-Lenplattform herausgebildet haben.

Unter dem Aspekt der Nachhaltigkeit ist dabei von besonderem Interesse, wie sich die Erfahrungen mit der DigiO-Lernplattform auf die *Bereitschaft zur zukünftigen Nutzung* dieser oder einer anderen Lernplattform auswirken. Die Lehrer wurden direkt gefragt, ob sie auch zukünftig mit der DigiO-Lernplattform arbeiten würden, wenn sie ihnen zur Verfügung stünde. 14 (= 70% von 20) Lehrer bejahten diese Frage, 4 verneinten sie und 2 machten hierzu keine Angabe. Da die Schüler nicht direkt zu diesem Punkt befragt wurden, muss ihre Bereitschaft zur zukünftigen Nutzung einer Lernplattform erschlossen werden durch die Kombination der Daten zur Nutzungsvariante mit den Daten zu der allgemeinen Frage, ob ein System wie DigiO zukünftig im Unterricht häufiger (+2) (+1) (0) (–1) (-2) weniger häufig genutzt werden soll (vgl. Anhang, Tabelle 4).

Zunächst zeigen die Ergebnisse (vgl. im Anhang, Tabelle 4, Spalte „gesamt"), dass bei den Schülern der Erprobungsphase 2 die Bereitschaft zur zukünftigen Nutzung eines Systems wie DigiO, wenn auch nicht sehr stark, so doch insgesamt positiv ausgeprägt ist (aM=0,6). Dagegen sind die Schüler in Erprobungsphase 1 in dieser Hinsicht unentschieden (aM=0,0). Die statistische Analyse ergab zum einen, dass die Bereitschaft zur zukünftigen Nutzung bei den Schülern der Erprobungsphase 2 signifikant (p=.001) höher ist als bei denen von Erprobungsphase 1, unabhängig von der jeweiligen Nutzungsvariante. Zum anderen fielen auch die Unterschiede zwischen den verschiedenen Nutzungsvarianten signifikant aus (p=.007). Dabei zeigte ein Einzelvergleich, dass diese Bereitschaft für die Nutzungsvariante „nur Fachmodul" signifikant (p=.002) höher ausfällt als für die Variante „Lernplattform & Fachmodul".

6.5 Warum wird DigiO in Erprobungsphase 2 besser beurteilt als in Erprobungsphase 1?

Das System DigiO wurde – unabhängig von der jeweiligen Nutzungsvariante – in Erprobungsphase 2 hinsichtlich mehrerer Urteilskriterien besser beurteilt als in Erprobungsphase 1. Die Mittelwertunterschiede sind zwar jeweils nicht sehr ausgeprägt (die Variable Nutzungsvariante klärt jeweils nicht mehr als 4% der Kriteriumsvarianz auf), aber doch in den meisten Fällen hoch signifikant. Zusätzliche Analysen legen nahe, dass am Zustandekommen dieses Befundes folgende Faktoren beteiligt sind, wobei nicht feststeht, welches Gewicht ihnen im Einzelnen zukommt:

(1) Zunehmende Erfahrung der Schüler im Umgang mit DigiO: Von den 170 Schülern, die in Erprobungsphase 2 mit DigiO gearbeitet haben, haben 90 bereits in Erprobungsphase 1 damit gearbeitet. Vergleicht man diese Gruppe hinsichtlich der o.a. Kriterien mit der Schülergruppe, die DigiO nur in einer Erprobungsphase genutzt hat, so zeigt sich: Die Schüler, die in beiden Erprobungsphasen mit DigiO gearbeitet haben, beurteilten dieses System bzw. seine Komponenten hinsichtlich nahezu aller untersuchten Urteilskriterien signifikant besser.

(2) Lehrereffekte: Weitere Analysen legen nahe, dass auch die Einstellung der Lehrer zum PC als Werkzeug für Lehren und Lernen einen Anteil an der besseren Bewertung von DigiO durch die Schüler in Erprobungsphase 2 hat. So weisen beispielsweise die 6 Lehrkräfte, die DigiO in beiden Erprobungsphasen einsetzten, in der Eingangsbefragung eine signifikant positivere Einstellung zum PC auf als die Lehrer, welche DigiO gar nicht oder nur in Erprobungsphase 1 nutzten. Auch zeigte sich, dass die Schüler dieser 6 Lehrer bereits in Erprobungsphase 1 DigiO hinsichtlich *aller* der hier untersuchten Urteilskriterien signifikant besser beurteilten als die Schüler der Lehrer, die DigiO nur in Erprobungsphase 1 nutzten. Diese Beobachtung legt folgende Wirkungshypothese nahe: Lehrer mit positiver Einstellung zu Computer basierten Lernformen vermitteln diese an ihre Schüler, die ihrerseits diese Lernform dann auch günstig beurteilen.

(3) Leistungsniveau der Schüler: Schüler, welche den jeweiligen Fragebogen in einer leistungskursartigen Lehrveranstaltung (4 und mehr Wochenstunden) ausgefüllt haben, beurteilten DigiO und seine Komponenten hinsicht-

lich mehrerer der Urteilskriterien signifikant günstiger als Schüler, welche ihn in einer grundkursartigen Lehrveranstaltung (bis zu 3 Wochenstunden) bearbeitet haben. Berücksichtigt man, dass bei der Befragung zu Erprobungsphase 2 74% der Befragten den Fragebogen im Rahmen einer leistungskursartigen Lehrveranstaltung ausgefüllt haben, bei der Befragung zu Erprobungsphase 1 jedoch nur 57 %, so kann die höhere Quote von Leistungskursteilnehmern in 2005/06 eine Erklärung für die insgesamt günstigere Beurteilung der Lernplattform in Erprobungsphase 2 sein. Dies legt nahe, auch das schulische Leistungsniveau der Schüler als eine Variable zu berücksichtigen, welche die Wirkung eines solchen Systems moderiert.

7   Zusammenfassung und Diskussion

Zum Einsatz von Lernplattformen in der Schule liegen bislang kaum empirische Befunde vor. Einzelne Fallstudien legen nahe, dass der Einsatz von Lernplattformen ähnliche Fragen aufwirft wie der Einsatz anderer Lerntechnologien, so z.B. Fragen der technischen Leistungsfähigkeit und der Benutzungsfreundlichkeit des jeweiligen Systems sowie Fragen der Einbettung in die jeweiligen schulischen Rahmenbedingungen. Darüber hinaus ergaben sich aber auch Fragen, die spezifisch für Lernplattformen sind, z.B. die Frage, ob es reicht, Lernplattformen ohne Lernressourcen ('Content') zur Verfügung zu stellen. Die Erfahrungen aus dem „South Yorkshire e-Learning Programme" sprechen eher dagegen.

Die Erfahrungen aus dem Projekt „Neues Lernen Wirtschaft" (s.o. 3.2) zeigen, dass sich auch dann noch Schwierigkeiten ergeben können, wenn viele für den Medieneinsatz typische Probleme, z.B. Leistungsfähigkeit/Benutzungsfreundlichkeit der Technologie, Verfügbarkeit von Hard- und Software für Lehrer und Schüler, organisationale, curriculare und methodisch-didaktische Integration der Technologie, erfolgreich gelöst sind. So berichten z.B. die Schüler in diesem Projekt über große Belastung durch Formen des Lernplattform gestützten kooperativen und projektorientierten Lernens, die – so der Autor der Begleitstudie – zu Lasten anderer Fächer gehen könnte.

Im zweiten Teil dieses Beitrags wurden quantitative und qualitative Aspekte der Nutzung der DigiO-Lernplattform in der Sekundarstufe II an acht Gymnasien, die Auswirkungen dieser Art des Lernens aus Sicht der Schüler sowie die Akzeptanz untersucht, welche diese Lernplattform bei Lehren und Schülern erzielte.

Dabei zeigte sich, dass die Nutzung dieser Lernplattform durch folgende Faktoren beeinträchtigt wurde: Die schulseitige Rechnerausstattung und deren Konzentration auf ITG-Räume. Beides führte zu Problemen bei der Absprache über die Belegung des Computerraumes. Notebook-Klassen scheinen in dieser Hinsicht weniger Probleme zu bereiten (Schaumburg / Issing 2002). Auch Kompatibilitätsprobleme der Lernplattform mit ‚Nicht-Microsoft-Browsern' (Mozilla, Firefox) sowie lange Ladezeiten für Lernplattform (und Fachmodule) haben die Nutzung des Systems beeinträchtigt. Insgesamt unterstreichen diese Befunde die vielfach gemachte Erfahrung (vgl. Baumgartner / Dimai 2001), dass geeignete technische und organisatorische Rahmenbedingungen notwendige Voraussetzungen für einen unkomplizierten und flexiblen Medieneinsatz im schulischen Alltag darstellen, auf denen dann eine sinnvolle pädagogische Mediennutzung aufbauen kann, denn: „No access, no use, no impact." (Norris / Sullivan / Poirot 2003).

Aus *Sicht der Schüler* stellt sich die Arbeit mit der Lernplattform zunächst eher problematisch dar. Zwar wird die Lernplattform hinsichtlich der Förderung von Medienkompetenz und der Kompetenz zum selbstgesteuerten Lernen gleich günstig beurteilt wie die Arbeit mit den Fachmodulen. Doch werden die Nutzungsvarianten, welche die Lernplattform einschließen („nur Lernplattform", „Lernplattform und Fachmodul") hinsichtlich mehrerer Urteilskriterien – kognitive Belastung während des Unterrichts, Verständlichkeit und Interessantheit des Unterrichts, Förderung des Erwerbs von Fachwissen, Bereitschaft zur zukünftigen Nutzung – weniger günstig beurteilt als die Arbeit nur mit fachspezifischer Lernsoftware (Variante „nur Fachmodul"). Die beobachteten Mittelwertsunterschiede sind jedoch nicht sehr groß. Auch fallen die Beurteilungen in Erprobungsphase 2 durchweg günstiger aus als in Erprobungsphase 1. Dies spricht dafür, dass die Lernenden mit zunehmender Erfahrung ein solches System günstiger beurteilen. Zudem sprechen die folgenden Überlegungen dafür, dass die kritische Beurteilung der Lernplattform durch die Schüler nicht durch prinzipielle Vorbehalte gegen diese Art des Lernens bedingt ist. So ergab die Analyse der Freiantworten der Schüler auf die Frage, was ihnen an der Lernplattform *nicht* gefallen hat, zwar viele Hinweise auf Kritik an einzelnen Aspekten der Lernplattform (z.B. Nutzerfreundlichkeit, Geschwindigkeit des Seitenaufbaus, Design), aber nur in einem Fall Hinweise auf prinzipielle Vorbehalte gegen diese Art des Lernens („...ich finde diese Art von Unterricht nicht sinnvoll...").

Mit dem Einsatz neuer Lerntechnologien sind häufig unrealistische Erwartungen an die Veränderung der *Unterrichtsmethoden* verbunden, etwa in dem Sinne, dass nur noch Formen des selbst gesteuerten Lernens, des kooperativen Lernens, des projektorientierten Lernens usw. realisiert werden. Verschiedene Studien zeigen jedoch, dass die dauerhafte und effektive Integration computerbasierter Lernumgebungen in den eigenen Unterricht und damit einhergehende Änderungen in der Unterrichtsmethode längerfristige Umstellungs- und Anpassungsprozesse erfordern (vgl. z.B. Mioduser et al. 2001). Wie sind auf diesem

Hintergrund die Erfahrungen aus dem DigiO-Projekt zu bewerten? Angesichts der geringen Vorerfahrungen der Lehrer mit dieser Art von Technologie und angesichts der technischen sowie organisatorischen Probleme bei der Nutzung des Systems ist die große Bandbreite an realisierten Lehr-/Lernaktivitäten positiv zu bewerten, auch wenn das Potenzial der DigiO-Lernplattform, etwa für Formen projektorientierten Lernens oder für Formen der Binnendifferenzierung weniger häufig genutzt wurde. Die Lehrer stehen der zukünftigen Nutzung einer Lernplattform mehrheitlich denn auch positiv gegenüber.

Die Optimierung organisatorischer und technischer Rahmenbedingungen des Einsatzes von Lernplattformen sowie eine auf schulische Bedürfnisse abgestimmte Weiterentwicklung der jeweiligen Produkte würden sicher die positive Bereitschaft der Lehrenden für die zukünftige Nutzung dieser Technologie stärken und die hier berichteten Bedenken der Lernenden verringern. Beidem förderlich wäre eine verstärkte Diskussion über unterrichtliche Szenarien für den Einsatz dieser Technologie, die dem Sachverhalt Rechnung tragen, dass in allgemein bildenden Schulen die direkte und persönliche Kommunikation zwischen den Beteiligten – im Unterschied etwa zum Fernstudium und vielen Veranstaltungen der netzbasierten beruflichen Weiterbildung – eine große Rolle spielt und auch zukünftig spielen wird.

Literatur

Astleitner, H. (2005): Wie bringt man Lehrer/innen und Schüler/innen zum e-Learning? – Bedingungen erfolgreichen e-Learnings in Schulen? Eingeladenes Grundsatzreferat zur 8. UNM-Tagung (Unterrichten mit Neuen Medien) an der ETH Zürich, 5.11.2005

Baumgartner, P. / Dimai, B. (2001): FuTour@ – Endbericht zur wissenschaftlichen Projektbegleitung. Universität Innsbruck: Institut für Organisation und Lernen

Baumgartner, P. / Häfele, H. / Maier-Häfele, K. (2002): E-Learning Praxishandbuch: Auswahl von Lernplattformen. Marktübersicht - Funktionen - Fachbegriffe. Innsbruck-Wien: StudienVerlag

Becta (2005): An introduction to learning platforms. Becta ICT Advice Series. Coventry: Becta

Becta (2006): LANs in Schools 2005 Survey. Coventry: Becta

Becta (2007): The impact of ICT in schools – a landscape review. Coventry: Becta. Auch unter: http://publications.becta.org.uk/download.cfm?resID=28221 (18.09.2007)

Breiter, A. (2002). Wissensmanagementsysteme in Schulen oder: wie bringe ich Ordnung ins Chaos? Unter: MedienPädagogik online, http://www.medienpaed.com/02-2/breiter.pdf (09.11.2007)

Cortolezis-Schlager, K. / Schrack, C. (2002): Neues Lernen Wirtschaft. Lehren & Lernen Sekundarstufe II. Unterlage für die Plattform. Unveröff. Antragspapier. Wien: ZIT

Gramlinger, F. (2004). Abschlussbericht der wissenschaftlichen Begleitung zum Projekt NLW – neues lernen wirtschaft. Hamburg: Institut für Berufs- und Wirtschaftpädagogik der Universität Hamburg

Cullen, J. / Hadjivassiliou, K. / Hamilton, E. / Kelleher, J. / Sommerlad, E. / Stern, E. (2002): Review of current pedagogic research and practice in the fields of postcompulsory education and lifelong learning. London: Tavistock Institute

Dankwart, M. (Hrsg.) (2005): School Wide Web. Kommunikations- und Kooperationsplattformen in der schulischen Praxis. Gütersloh: Verlag Bertelsmann Stiftung

Davidson, J. / McNamara, E. / Grant, C. M. (2001): Electronic Networks and Systemic School Reform: Examining the Diverse Roles and Functions of Networked Technology in Changing School Environments. In: Journal of Educational Computing Research. 25. 441-454

Döring, N. (2002): Online-Lernen. In: Issing, L.J. / P. Klimsa (2002): 247-264

Gramlinger, F. (2004). Abschlussbericht der wissenschaftlichen Begleitung zum Projekt NLW – neues lernen wirtschaft. Hamburg: Institut für Berufs- und Wirtschaftpädagogik der Universität Hamburg

Issing, L.J. / Klimsa P. (Hrsg.) (2002): Information und Lernen mit Multimedia und Internet). 3. vollst. überarb. Aufl., Weinheim: Beltz

Hron, A., / Neudert, S. (2006): Online-Befragung - Befragung zur Nutzung und Bewertung des Internetportals Lehrer-Online. Tübingen: Institut für Wissensmedien

Kerres, M. (2001): Multimediale und telemediale Lernumgebungen. Konzeption und Entwicklung. 2. Aufl., München, Wien: Oldenbourg

Kirschner, P. A. (2002): Cognitive load theory: implications of cognitive load theory on the design of learning. In: Learning and Instruction 12. 1–10

Mason, R. (1998): Models of Online Courses. In: ALN Magazine. 2. Auch unter: http://www.sloan-c.org/publications/magazine/ v2n2/mason.asp (5.12.07)

Meister, D. / Tergan, S. -O. / Zentel, P. (Hrsg.) (2004): Evaluation von E-Learning: Zielrichtungen, methodologische Aspekte, Zukunftsperspektiven. Münster: Waxmann

Mioduser, D. / Nachmias, R. / Tubin, D. / Forkosh-Baruch, A. (2002): Models of pedagogical implementation of ICT in Israeli schools. In: Journal of Computer Assisted Learning. 18. 405-414

Norris, C. / Sullivan, T. / Poirot, J. / Soloway, E. (2003): No access, no use, no impact: Snapshot surveys of educational technology in K-12. In: Journal of Research on Technology in Education. 36(1). 15-27

Schaumburg, H. (2002). Besseres Lernen durch Computer in der Schule? Nutzungsbeispiele und Einsatzbedingungen. In Issing, L. J. / Klimsa, P. (Hrsg.) (2002): 335-344

Schrack, C. (2005): Lehren & Lernen Sekundarstufe II – neues Lernen Wirtschaft. Wien: Pädagogisches Institut des Bundes

Schulmeister, R. (2003): Lernplattformen für das virtuelle Lernen. Evaluation und Didaktik. München: Oldenbourg

SQW Ltd (2006): Evaluation of the South Yorkshire e-Learning Programme. Final report, Year 3, e-sy.info evaluation project (September 2005-September 2006) Unter: http://content.esy.info/MaintainedContent/pdfs/esy%20report%20year% 203%20v6.pdf (18.09.2007)

Anhang

Schüler		nur LPF	nur FM	LPF & FM	gesamt
Erprobungs-phase 1	aM	7,9	8,2	8,8	8,5
	S	2,5	2,3	2,0	2,2
	n	29	165	259	453
Erprobungs-phase 2	aM	7,6	7,2	7,7	7,5
	S	1,6	2,4	1,8	2,0
	n	25	36	99	160

Tabelle 1:
Schüler – Kognitive Belastung während des Unterrichts in Abhängigkeit von der Nutzungsvariante (LPF = nur Lernplattform, FM = nur Fachmodul, LPF & FM = Lernplattform und Fachmodul) und der Erprobungsphase (1, 2), Erläuterungen im Text

Schüler		nur LPF	nur FM	LPF & FM	gesamt
Erprobungsphase 1					
Verständlichkeit	aM	-0,2	0,1	-0,1	0,0
	S	0,5	0,6	0,7	0,7
	n	30	167	261	458
Interessantheit	aM	0,1	0,3	0,1	0,2
	S	0,7	0,7	0,8	0,8
	n	30	167	261	458
Erprobungsphase 2					
Verständlichkeit	aM	0,1	0,6	0.1	0,2
	S	0,7	0,7	0,7	0,7
	n	25	36	100	161
Interessantheit	aM	0,6	0,8	0,5	0,6
	S	0,6	0,5	0,7	0,6
	n	25	36	99	160

Tabelle 2:
Schüler – Zuwachs an Unterrichtsqualität (Verständlichkeit, Interessantheit)* in Abhängigkeit von der Nutzungsvariante (LPF = nur Lernplattform, FM = nur Fachmodul, LPF & FM = Lernplattform und Fachmodul) und der Erprobungsphase (1, 2), Erläuterungen im Text

* Antwortformat: Im Vergleich zum Unterricht ohne DigiO ist DigiO-Unterricht verständlicher/interessanter (=+1), gleich verständlich/interessant (=0), weniger verständlich/interessant (= –1)

		nur LPF	nur FM	LPF & FM	gesamt
Erprobungsphase 1					
Erwerb v. Fachwissen*	aM	0,1	0,4	0,0	0,1
	S	0,8	0,9	1,0	1,0
	n	29	155	260	444
Medienkompetenz*	aM	0,8	0,6	0,5	0.6
	S	0,9	1,0	1,0	1,0
	n	29	155	260	444
Selbstgest. Lernen*	aM	0,3	0,7	0,4	0,5
	S	1,0	1,2	1,2	1,2
	n	29	155	260	444
Erprobungsphase 2					
Erwerb v. Fachwissen*	aM	0,4	1,0	0,4	0,5
	S	0,7	0,8	0,9	0,8
	n	23	36	97	156
Medienkompetenz*	aM	0,5	1,0	0,6	0,7
	S	0,7	0,7	0,8	0,8
	n	23	36	97	156
Selbstgest. Lernen*	aM	0,5	0,6	0,6	0,6
	S	0,9	0,8	0,9	0,9
	n	23	36	97	156

Tabelle 3:
Schülerurteile – Wirkungen von DigiO auf Wissens- und Kompetenzerwerb in Abhängigkeit von der Nutzungsvariante (LPF = nur Lernplattform, FM = nur Fachmodul, LPF & FM = Lernplattform und Fachmodul) und der Erprobungsphase (1, 2), Erläuterungen im Text

* Antwortformat: "… wird durch DigiO gefördert (+2) (+1) (0) (-1) (-2) beeinträchtigt

Schüler		nur LPF	nur FM	LPF & FM	gesamt
Erprobungsphase 1	aM	0,1	0,3	-0,2	0,0
	S	1,6	1,3	1,3	1,4
	n	30	158	261	449
Erprobungsphase 2	aM	0,3	0,9	0,6	0,6
	S	1,1	1,0	1,1	1,1
	n	23	36	98	157

Tabelle 4:
Schüler – Bereitschaft zur künftigen Nutzung* von DigiO in Abhängigkeit von der Nutzungsvariante (nur Lernplattform = nur LPF, nur Fachmodule = nur FM, Lernplattform & Fachmodul = LPF&FM) und der Erprobungsphase (1, 2), Erläuterungen im Text

* Antwortformat: „Ein System wie DigiO sollte zukünftig im Unterricht häufiger (+2) (+1) (0) (-1) (-2) weniger häufig genutzt werden."

Teil III:
Beispiele aus der Unterrichtspraxis

Verwendung Neuer Medien in der Sekundarstufe I – Beispiele aus dem mathematisch-naturwissenschaftlichen Unterricht

Wulf Weritz

1 Einleitung

In den vergangenen beiden Jahrzehnten haben technische Neuerungen im Bereich der Informations- und Kommunikationstechnologien unsere Gesellschaft sowie die Erfahrungs- und Lebenswelt von Kindern und Jugendlichen grundlegend verändert. Diese Entwicklungen bleiben nicht ohne Einfluss auf die Aufgaben und die Gestaltung von Schule. Digitale Medien verfügen über ein hohes Potenzial für die Unterstützung und Realisierung schülerorientierter, binnendifferenzierender, kommunikativer, handlungs- bzw. projektorientierter sowie situierter Lernarrangements (vgl. z.B. Reinmann-Rothmeier / Mandl 2006). Stellenweise wird Medienkompetenz bzw. *computer literacy* sogar als vierte Kulturtechnik der Informations- und Wissensgesellschaft charakterisiert (vgl. z.B. Prognos AG 1998). Neben Chancen werden die Entwicklungen im Medienbereich jedoch auch von Risiken, Schwierigkeiten, Unsicherheiten und Ängsten begleitet. Beispielsweise geht *Der Spiegel* im Mai 2007 (vgl. 42-54) in seinem Leitartikel der Frage nach: „Wie viel Computer und Fernsehen verträgt ein Kind?" Wie auch immer einzelne Veränderungen im Medienbereich bewertet werden – aktuell sei beispielsweise auf die kontroverse Diskussion um die Chancen und Herausforderungen des nutzergenerierten Web 2.0 verwiesen – sind hiermit für Schulen Erziehungs- und Bildungsaufgaben sowie Anforderungen im Bereich der Schulentwicklung verbunden.

Um solchen vielschichtigen medienpädagogischen Aufgaben gerecht werden zu können, besteht für Schulen eine notwendige, jedoch keineswegs hinreichende, Voraussetzung in einer angemessenen und an pädagogischen Zielen orientierten IT-Ausstattung. Obgleich diese Feststellung inzwischen beinahe als Binsenweisheit angesehen werden kann, liegt Deutschland nach wie vor laut OECD „trotz beträchtlicher Zuwachsraten […] in Bezug auf die Ausstattung mit Computern mit einem Verhältnis von Schülern zu Computern von 11:1 im internationalen Vergleich auf den hinteren Rängen" (Herzig / Grafe 2006: 22).

Nicht trotz, sondern u.a. gerade wegen des mit neuen Medien verbundenen Missbrauchspotenzials[1] erscheint es wünschenswert, dass nicht nur im internationalen Vergleich, sondern auch innerhalb Deutschlands sowie einer Region alle Kinder und Jugendlichen an allen Schulen sowie Schulformen vergleichbare Chancen erhalten Medienkompetenzen zu erwerben[2]. Damit einhergehend besteht eine weitere notwendige Voraussetzung zunächst einmal in der Vermittlung zugehöriger Medienkompetenzen und medienpädagogischer Kompetenzen der Lehrkräfte. Diese sollten zum einen während der Lehrerausbildung grundgelegt und zum anderen in der Lehrerweiterbildung gefördert und vertieft werden (vgl. z.B. Weritz 2007). In diesem Kontext stellt sich die Frage wie an Schulen überhaupt medienpädagogische Ziele verfolgt und im Rahmen eines schulinternen Medienkonzepts verankert sowie verstetigt werden können obgleich an allgemeinbildenden Schulen kein eigenes Fach 'Medien' existiert bzw. in absehbarer Zukunft eingerichtet wird.

Ausgehend von diesem Problemaufriss konkretisiere ich im vorliegenden Beitrag systematische Überlegungen am exemplarischen Beispiel einer nordrhein-westfälischen Gesamtschule zur Beantwortung der folgenden Leitfragen:

- Wie kann eine schulische IT-Ausstattung lernprozessförderlich gestaltet werden?
- Wie können medienpädagogisch orientierte Projekte bzw. mediengestützte Unterrichtseinheiten unterschiedlicher Fächer im Rahmen eines schulinternen Medienkonzepts strukturiert, aufeinander abgestimmt und verstetigt werden?
- Wie können bzw. sollen mediengestützte Unterrichtseinheiten lernprozessförderlich gestaltet werden?
- Wie kann eine schulische IT-Ausstattung lernprozessförderlich gestaltet werden?

---

[1] Unter einem *mit Neuen Medien verbundenen Missbrauchspotenzial* verstehe ich an dieser Stelle sämtliche durch Neue Medien bereit gestellten missbräuchlichen Nutzungsmöglichkeiten die sich entweder gegen Kinder und Jugendliche richten oder von letzteren ausgehen und sich beispielsweise gegen andere Kinder bzw. Lehrerinnen und Lehrer wenden. Hierzu zählen beispielsweise Gewalt und/oder sexuelle Gewalt in den Neuen Medien, finanziell orientierte zweifelhafte Angebote, rechtsextreme Seiten sowie gegen Lehrerinnen und Lehrer oder Mitschülerinnen und Mitschüler gerichtetes Mobbing. (beispielsweise http://www.mekonet.de/php/gbm/uebersicht/uebersicht.php?projekt= fl_jugendmedienschutz, 05.08.2007)

[2] Beispielsweise ermöglicht das Projekt der „Lernstatt Paderborn" die flächendeckende Ausstattung der Klassenräume aller Paderborner Schulen – einschließlich Grundschulen - mit wartungsarmen, serverbasierten Sun thin-Clients in Medienecken. (http://www.padeborn.de/microsite/lernstatt /index.php, 19.06.2007)

Die Frage nach einer lernprozessförderlichen Gestaltung der technisch-räumlichen IT-Infrastruktur sollte nicht einseitig auf finanzielle und/oder technische Aspekte, insbesondere Leistungsdaten reduziert werden, sondern in Orientierung am schulinternen Medienkonzept und/oder Schulprogramm von den als wünschenswert erachteten medienbezogenen Erziehungs- und Bildungsaufgaben, zugehörigen Lehr- und Lernaktivitäten sowie unterrichtlichen Medienfunktionen abhängig gemacht werden. Zudem sollten neben der Alltagstauglichkeit auch atmosphärische bzw. kommunikations- und kooperationsfördernde bzw. –hemmende Wirkungen der Anordnung der Geräte sowie des zugehörigen Mobiliars mitbedacht und abgewogen werden[3]. Als grundsätzliche, lernortbezogene Ausstattungsvarianten lassen sich unterscheiden (vgl. Weritz / Herzig / Tulodziecki 2002: 28 ff.):

Lernort	Ausstattungsvariante
Klassenraum	Präsentationsausstattung
	Medienecke
	Mobile Laptop-Ausstattung
	Notebook-Klassen
Fach- bzw. Technikraum	Vollausstattung
	Mobile Einheit(en)
	Medienecke
	Laptop-Ausstattung
Zusatzraum	Medienwerkstatt
	Poolraum
	Bibliothek bzw. Mediothek
Lehrer- und Verwaltungs-Räume	Lehrerbibliothek
	Verwaltungsräume
	Lehrer- bzw. Teamzimmer

Abbildung 1:   Grundlegende schulische Ausstattungsvarianten (vgl. Abb. 9.2.2. B in Weritz / Herzig / Tulodziecki 2002: 32).

---

[3] Neben Überlegungen, die beispielsweise eine Optimierung des Lichteinfalls, eine Reduzierung von Strahlungs- und Geräuschemissionen, die Sitzhaltung, eine Vermeidung von Unfallgefahren wie beispielsweise Stolperfallen etc. oder eine Begrenzung von Fehlbedienungs-, Missbrauchs-, Manipulations- und Diebstahlspotenzialen betreffen, ist beispielsweise auch eine Reduzierung der atmosphärischen Technik-Dominanz, eine Flexibilisierung der Anordnung u.a. für nicht computergestützte Arbeitsformen sowie das durch die räumlich-technische Gestaltung mitgeprägte sowie als wünschenswert erachtete Verhältnis zwischen Lernenden und Lehrenden zu bedenken (vgl. Weritz / Herzig / Tulodzieck 2002: 35 ff. sowie Weritz 2007).

An der als exemplarisches Beispiel ausgewählten nordrhein-westfälischen Janusz Korczak-Gesamtschule in Gütersloh wurden während des Aufbaus der Schule zwischen 1998 und 2007 die im Folgenden ausgeführten Ausstattungsvarianten genutzt (vgl. Janusz Korczak-Gesamtschule 2003: XIII).

Die Klassenräume wurden mit einzelnen vernetzten Computern in Medienecken mit Hilfe mobiler sowie aus Sicherheitsgründen verschließbarer Schränke ausgestattet, um binnendifferenziertes sowie kooperatives Arbeiten im Unterricht zu ermöglichen[4]. Computer in Medienecken können von einzelnen Lernenden bzw. Kleingruppen im Rahmen unterschiedlicher Funktionen selbsttätig im Rahmen arbeitsteiliger Aufgabenstellungen genutzt werden. Beispielsweise

- zur Information bzw. Recherche,
- als Werkzeug zur Gestaltung oder Instrument zur Problemlösung,
- als Gegenstand von Analysen,
- zur Übung,
- als Kommunikations- bzw. Kooperationsmittel oder
- als Instrument zur Erarbeitung und Speicherung von Ergebnissen.

Stehen Computer im Klassenraum zur Verfügung, so können sie von Schülerinnen und Schülern sowie Lehrerinnen und Lehrern als selbstverständliches Medium neben Tafel, Overheadprojektor oder Buch ohne organisatorischen Aufwand – wie z.B. Raumwechsel – flexibel genutzt werden. Klassenräume der Integrationsklasse bzw. Sonderpädagogischer Fördergruppen verfügen zudem über Computer mit speziellen Programmen sowie Eingabegeräten zur Förderung von Schülerinnen und Schülern mit Lernschwächen. Darüber hinaus wurde eine mobile Einheit mit acht funkvernetzten Laptops sowie einem Beamer angeschafft, um mehreren Gruppen paralleles, computergestütztes Arbeiten sowie Präsentieren von Arbeitsergebnissen im Klassenverband zu ermöglichen.

Die naturwissenschaftlichen Fachräume und Technikräume wurden mit mobilen PC-Einheiten ausgestattet, die, anders als die Geräte in den Medienecken der Klassenräume, auch eine fachspezifische Messwert-Erfassung, -Auswertung, -Präsentation sowie Steuerung ermöglichen. Sie können somit einerseits im Rahmen von Plenumsarbeit Verwendung finden, andererseits aber auch binnendifferenziertes und kooperatives Arbeiten beispielsweise im Rahmen von Stationenlernen stützen.

---

[4] Im Rahmen des o.g. Projekts der „Lernstatt Paderborn", wurden die Klassenräume demgegenüber beispielsweise mit typischerweise drei Sun thin-Clients ausgestattet, die aufgrund ihrer Serverbasierung nicht nur geräuschlos sondern insbesondere auch weitgehend diebstahl- sowie vergleichsweise beschädigungssicher sind. Ergänzend werden auch hier mobile PC-Einheiten verwendet.

Die Schule verfügt über mehrere, mit didaktischen Netzen ausgestattete, multimediafähige, flexibel einsetzbare Poolräume. Diese sind einerseits in Bezug auf die computergestützt realisierbaren Sozialformen flexibler und vielfältiger einsetzbar als mit einzelnen Computern ausgerüstete Klassenräume. Sie ermöglichen nicht nur binnendifferenziertes und/oder selbsttätiges Arbeiten einzelner Schülerinnen und Schüler und/oder Kleingruppen, sondern auch Partner-, Gruppen- sowie Plenumsarbeit im Klassenverband. Andererseits beeinflusst die Vielzahl an technischen Geräten die Atmosphäre sowie Erwartungshaltung der Lehrenden und Lernenden und ist häufig mit einem gewissen organisatorischen Mehraufwand verbunden. Die Poolräume werden darüber hinaus nicht nur im Fachunterricht genutzt, sondern stehen Schülerinnen und Schülern sowie Arbeitsgemeinschaften im Rahmen von Ganztagsangeboten als Medienwerkstätten zur Verfügung.

Weitere Lern- und Arbeitsmöglichkeiten werden den Schülerinnen und Schülern an Computerarbeitsplätzen in der Schulbibliothek bzw. -mediothek bereitgestellt, die diese einzeln oder in Kleingruppen u.a. im Rahmen von Ganztagsangeboten individuell sowie selbsttätig nutzen können. Schließlich verfügt die Schule über ein Intranet, das Lernenden und Lehrenden einen eigenen Datenbereich zur Verfügung stellt und somit ermöglicht, an unterschiedlichen Orten zu arbeiten und hierzu auf Datenbestände bzw. Software zuzugreifen. Neben der Schulverwaltung stehen auch den übrigen Lehrerinnen und Lehrern computergestützte Arbeitsmöglichkeiten beispielsweise zur

- schulinternen Kommunikation,
- Unterrichtsvor- bzw. Unterrichtsnachbereitung sowie
- Recherche

in der Lehrerbibliothek sowie den jahrgangsbezogenen Team(lehrer)zimmern zur Verfügung.

2 Wie können medienpädagogisch orientierte Projekte bzw. mediengestützte Unterrichtseinheiten unterschiedlicher Fächer im Rahmen eines schulinternen Medienkonzepts strukturiert, aufeinander abgestimmt und verstetigt werden?

Bei der Entwicklung eines schulinternen Medienkonzepts können folgende idealtypische Schritte als Orientierungsrahmen dienen (vgl. Weritz / Herzig / Tulodziecki 2002: 15, 48):

1. Initial- und Analysephase
- Bildung einer Kerngruppe zur Entwicklung eines Medienkonzepts der Schule.
- Durchführung und Auswertung einer Bestandsaufnahme.

2. Planungs- und Beschlussphase
- Erarbeitung eines Medienkonzepts in der Kerngruppe.
- Diskussion, Überarbeitung und Verabschiedung des Medienkonzepts in der schulinternen Öffentlichkeit bzw. den verantwortlichen Gremien.
- Veröffentlichung des Medienkonzepts.

3. Umsetzungs-, Überprüfungs- und Weiterentwicklungsphase
- Umsetzung des Medienkonzepts.
- Evaluation und Weiterentwicklung des Medienkonzepts.

Bei der Entwicklung des Medienkonzepts am exemplarischen Beispiel der Janusz Korczak-Gesamtschule in Gütersloh wurde in Orientierung an diesem idealtypischen Vorgehen im Anschluss an die Bildung der Kerngruppe zur Bestandsaufnahme zunächst einmal auf die bisher realisierten, durch Neue Medien gestützten Unterrichtseinheiten zurück geblickt. Diese wurden zusammengetragen und nach Jahrgängen und Fächern geordnet.

Jg.	Fach	Unterrichtsreihe	Verwendung Neuer Medien
5	Deutsch	Information über Wyoming	Informationssuche im Internet
5	Deutsch	Geschichten schreiben	Schreiben mit einer Textverarbeitung
5	Förderkurs	PC-Führerschein	PC-Grundlagen
5	Mathematik	Wir lernen uns kennen	Erstellen von Diagrammen mit einer Tabellenkalkulation
5	Mathematik	Einheitsübergreifend	Fachspezifische Software zum Üben von Kopfrechnen
5	Musik	Meine Lieblingsband	Informationssuche im Internet
5	Projekt	Anbahnung einer Schulpartnerschaft mit Tblisi in Georgien	Realisierung eines E-Mail-Kontakts

6	Arbeitslehre	Wie wohnen die Schülerinnen und Schüler des sechsten Jahrgangs?	Erstellen und Interpretieren von Graphen mit einer Tabellenkalkulation
6	Deutsch	Klassenzeitung	PC-Grundlagen
6	Förderkurs	Lernen lernen	Nachschlagen in digitalen Enzyklopädien
6	Gesellschaftslehre	Informationen über das alte Ägypten	Recherche im Internet und in digitalen Enzyklopädien
6	Mathematik/ Naturwissenschaften/ Sport	Sportlich fit – mein Lauf-Abzeichen	Erstellen und Interpretieren von Graphen mit einer Tabellenkalkulation
6	Naturwissenschaften	Projekt: Reif für die Insel	Informationssuche im Internet; Vorbereitung einer Klassenfahrt
6	Naturwissenschaften	Sexualkunde	Recherche im Internet und in digitalen Enzyklopädien sowie Arbeit mit fachspezifischer Software
6	Naturwissenschaften	Wetter und Jahresrhythmik	Erstellen von Graphen mit einer Tabellenkalkulation; Visualisierung von Demonstrations-Experimenten mit Hilfe digitaler Videotechnik
7	Arbeitsgemeinschaft	Erstellung einer Homepage	Arbeit mit einem HTML-Editor
7	Arbeitsgemeinschaft	Erstellen einer Schülerzeitung	Arbeit mit einer Textverarbeitung und einem Layout-Programm
7	Deutsch	Gestaltung eines Lesetagebuches	Anwendung einer Textverarbeitung
7	Gesellschaftslehre	Gestaltung einer Wandzeitung	Anwendung einer Textverarbeitung
7	Mathematik	Ein Streifzug rund ums Dreieck	Umgang mit dynamischer Geometriesoftware
7	Mathematik/ Naturwissenschaften	Unterwegs	Erstellen und Interpretieren von Bewegungsdiagrammen/ Graphen mit einer Tabellenkalkulation

7	Projekt	Erstellung einer multimedialen CD über Janusz Korczak	Erstellen einer Multimedia-Präsentation mit Hilfe eines Präsentationsprogramms
7	Naturwissenschaften	Schweben, Schwimmen, Tauchen	Erstellen von schriftlichen Referaten mit Hilfe einer Textverarbeitung
7	Wahlpflichtbereich Naturwissenschaften	Müll	Daten Auswerten und Darstellen mit Hilfe einer Tabellenkalkulation
7	Wahlpflichtbereich Naturwissenschaften	Fallen und Fliegen	Daten auswerten und Darstellen mit Hilfe einer Tabellenkalkulation; Bewegungsanalyse mit Videotechnik
7	Wahlpflichtbereich Naturwissenschaften	Wasser ein wichtiger Lebensraum	Internetrecherche zur Vorbereitung von schriftlichen Ausarbeitungen und Referaten mit Hilfe einer Textverarbeitung
8	Arbeitslehre	Angebotseinholung, Waren und Dienstleistungen	Recherche im Internet und in digitalen Lexika
8	Deutsch	Zeitungswesen	Arbeit mit einer Textverarbeitung und einem Layoutprogramm
8	Englisch	USA - Album	Internetrecherche und Arbeit mit einer Präsentationssoftware
8	Gesellschaftslehre	Minderheiten	Recherche im Internet und in digitalen Enzyklopädien
8	Gesellschaftslehre	Manipulation in Medien, Bilder vom Afghanistan-Konflikt	Manipulation von Bildern mit Hilfe einer Bildbearbeitungssoftware
8	Gesellschaftslehre	Polen – ein Reiseführer	Internetrecherche, Arbeit mit einer Textverarbeitung
8	Mathematik	Sparen und Ratenkauf	Arbeit mit einer Tabellenkalkulation zur Berechnung von Zins und Zinseszins
8	Naturwissenschaften	Kommunikation: Verhalten und Verständigung	Aufzeichnung und Analyse von Rollenspielen mit Hilfe digitaler Videotechnik

8	Projekt	Radio-Projekt	Arbeit mit Software zur Text- und Audioberarbeitung
8	Religion	Gandhi/ Propheten	Recherche im Internet und in digitalen Lexika
8	Wahlpflichtbereich Naturwissenschaften	Treibhauseffekt und Ozonloch	Recherche im Internet und in digitalen Lexika zur Vorbereitung von Referaten; Gestaltung von Wandplakaten mit unterschiedlichen Programmen
Seit 5	Projekt	Klassenrat	Erstellen und Präsentieren eines digitalen Fotoalbums auf CD mit digitaler Fotokamera und Bildbetrachtungssoftware
Seit 5	Wochenplanarbeit/ Ganztagsangebote	Fächerübergreifend	Selbstlernen mit diverser fachspezifischer Software

Abbildung 2:   Ergebnis einer Bestandsaufnahme bereits realisierter, mit Neuen Medien gestützter Unterrichtseinheiten bis zur achten Jahrgangsstufe an der Janusz Korczak-Gesamtschule in Gütersloh aus dem Kalenderjahr 2002.

Das im Rahmen dieser Bestandsaufnahme erhaltene Ergebnis überraschte hinsichtlich seines Umfangs und seiner Vielfältigkeit zunächst einmal die Beteiligten selbst. Für die Erstellung eines schulinternen Medienkonzepts erscheint jedoch eine weitergehende Aufbereitung und Systematisierung dieses Zwischenergebnisses wünschenswert. Einerseits stellt sich die Frage, ob Unterrichtseinheiten fächerübergreifend oder fachkooperativ durchgeführt werden können, wie beispielsweise die von den Fächern Mathematik, Naturwissenschaften und Sport im sechsten Jahrgang gemeinsam realisierte Unterrichtseinheit „Sportlich fit – mein Laufabzeichen". In diesem Kontext ist ferner zu bedenken, ob einzelne durch Neue Medien gestützte Unterrichtseinheiten fächerübergreifend in Bezug auf inhaltliche, methodische und zeitliche Aspekte abgestimmt werden sollten. Andererseits erscheint es aus medienpädagogischer Sicht wünschenswert, dass Kinder und Jugendliche Medienkompetenzen, d.h. „Kenntnisse und Einsichten, Fähigkeiten und Fertigkeiten erwerben, die ihnen ein sachgerechtes und selbstbestimmtes, kreatives und sozialverantwortliches Handeln in einer von Medien stark beeinflussten Welt ermöglichen" (Tulodziecki 1993: 63; BLK 1995; Tulodziecki / Herzig 2002: 151). Mit diesem grundlegenden medienpädagogischen Leitziel sind Handlungskompetenzen von Kindern und Jugendlichen im Zusammenhang mit der

- Nutzung vorhandener Medienangebote sowie
- der Gestaltung eigener medialer Erzeugnisse verbunden[5].

Sie erfordern Kenntnisse und Reflektionsfähigkeit in den folgenden drei medienpädagogischen Inhaltsbereichen (vgl. ebd.: 154):

- Dem Bereich der Gestaltungspotenzialen, die in Medien Verwendung finden,
- dem Bereich der Nutzungsvoraussetzungen und Wirkungen von Medien sowie
- dem Bereich der Bedingungen von Medienproduktion und -verbreitung.

Aus diesen Handlungs- und Inhaltsbereichen lassen sich die folgenden fünf Aufgabenbereiche der Medienpädagogik ableiten, die als Orientierungsrahmen für eine weitergehende Systematisierung der vorangestellten Bestandsaufnahme bereits realisierter, durch Neue Medien gestützter Unterrichtseinheiten dienen können (vgl. ebd.: 155 f.):

- Auswählen und Nutzen von Medienangeboten
- Eigenes Gestalten und Verbreiten von Medienbeiträgen
- Verstehen und Bewerten von Mediengestaltungen
- Erkennen und Aufarbeiten von Medieneinflüssen
- Durchschauen und Beurteilen von Bedingungen der Medienproduktion und Medienverbreitung.

Diese übergeordneten Aufgabenbereiche lassen sich nach medienpädagogischen Teilaufgaben weiter ausdifferenzieren und in Orientierung am Entwicklungsstand von Kindern und Jugendlichen den Jahrgangsstufen der Sekundarstufe I mit Hilfe der in Abbildung 3 wiedergegebenen Matrix zuordnen. Diese Matrix kann als medienpädagogischer Orientierungsrahmen zur systematischen Strukturierung der im Rahmen der oben beschriebenen Bestandsaufnahme erhobenen Unterrichtseinheiten bei der Erstellung eines schulinternen Medienkonzepts dienen.

---

[5] Beispielsweise sieht der Kernlehrplan Mathematik für die Gesamtschule – Sekundarstufe I in Nordrhein-Westfalen vor: „Schülerinnen und Schüler setzen klassische mathematische Werkzeuge und elektronische Werkzeuge und Medien situationsangemessen ein (Medienkompetenz). [...] Sie nutzen Bücher und das Internet zur Informationsbeschaffung, [...] Sie [...] nutzen Geometriesoftware, Tabellenkalkulation und Funktionenplotter zum Erkunden inner- und außermathematischer Zusammenhänge." (MSJKL NRW 2004: 15)

Jahrgangsstufen	Auswählen und Nutzen von Medienangeboten	Gestalten und Verbreiten eigener Medienbeiträge	Verstehen und Bewerten von Mediengestaltungen	Erkennen und Aufarbeiten von Medieneinflüssen	Durchschauen und Beurteilen von Bedingungen der Medienproduktion und Medienverbreitung
5 / 6	zur Information	von Fotos	von Darstellungsformen	auf Vorstellungen	von ökonomischen Bedingungen
	zum Lenen	von Druckerzeugnissen	von Gestaltungstechniken		
	zur Unterhaltung	von Hörbeiträgen			
7 / 8	zum Spielen	von Videobeiträgen	von Gestaltungsformen	auf Gefühle	
	zur Simulation	von computerbasierten Beiträgen	von Gestaltungskategorien	auf Verhaltensorientierungen	von rechtlichen Bedingungen
	zur Telekommunikation				
9 / 10	zur Telekooperation			auf Wertorientierungen	von personalen und institutionellen Bedingungen
				auf soziale Zusammenhänge	von politischen und weiteren gesellschaftlichen Bedingungen

Abbildung 3:   Medienpädagogische Teilaufgaben in jeweils zwei Jahrgangsstufen der Sekundarstufe I (vgl. nach Abb. 9.2.3 E in Weritz / Herzig / Tulodziecki 2002: 57).

Dabei können einzelne Unterrichtseinheiten selbstverständlich mehrere Aufgabenbereiche bzw. Teilaufgaben abdecken bzw. diesen zugeordnet werden. Betrachtet man beispielsweise die in Abb. 2 aufgeführte und in der siebten Jahrgangsstufe sowie dem Fach Naturwissenschaften verortete Unterrichtseinheit „Wetter und Jahresrhythmik", so weist diese einerseits fachspezifische inhaltliche Ziele sowie Bezüge zu vorangegangenen insbesondere mathematisch-naturwissenschaftlichen Unterrichtseinheiten hinsichtlich des Umgangs mit einer Tabellenkalkulation auf. Andererseits kann diese Unterrichtseinheit im Rahmen der vorangestellten Matrix den folgenden medienpädagogischen Aufgabenbereichen sowie Teilaufgaben zugeordnet werden:

- Gestalten und Verbreiten eigener Medienbeiträge von
  - Druckerzeugnissen,
  - Videobeiträgen sowie
  - computerbasierten Beiträgen

- Verstehen und Bewerten von Mediengestaltungen von
  - Gestaltungstechniken.

Entsprechend können auch die übrigen in Abb. 2 aufgeführten Unterrichtseinheiten mit Hilfe der in Abb. 3 wiedergegebenen Matrix unter medienpädagogischen Zielvorstellungen systematisiert werden, worauf ich aus redaktionellen Gründen jedoch an dieser Stelle verzichte.[6]

3   Wie können bzw. sollen mediengestützte Unterrichtseinheiten lernprozessförderlich gestaltet werden?

Neben grundlegenden didaktischen und psychologischen lehr-lerntheoretischen – insbesondere kognitivistisch, konstruktivistisch sowie situiert orientierten – Überlegungen (vgl. bspw. Reinmann-Rothmeier / Mandl 2006: 613-658) geben u.a. Ergebnisse empirischer Unterrichtsforschung Hinweise für eine lern- und entwicklungsförderliche u.a. mediengestützte Gestaltung von Unterricht. Eine Aufarbeitung zugehöriger Erkenntnisse verdeutlicht, „dass es trotz aller Komplexität einzelne Merkmale gibt, die für eine hohe Unterrichtsqualität stehen: anspruchsvolle Aufgaben zur Themeneinführung, innere Differenzierung, Motivierung der Schülerinnen und Schüler, durchschaubare Strukturierung des Unter-

---

[6] Eine auf dem in Abb. 3 dargestellten Schema basierende ausgearbeitete Matrix medienpädagogischer Projekte sowie deren Beschreibung findet sich beispielsweise unter: http://www.learn-line.nrw.de/angebote/medienbildung/Konzept/matrix.htm (02.08.2007).

richts, hohe Leistungserwartungen und effiziente Klassenführung." (Tulodziecki/ Herzig / Blömeke 2004: 191).

Von diesen Einsichten ausgehend gibt der handlungs- und entwicklungsorientierte Ansatz von Tulodziecki u.a. konkrete Hinweise zur Gestaltung und Strukturierung von Unterricht, die sich in den folgenden fünf Anforderungen an das Lehren und Lernen zusammenfassen lassen (vgl. Tulodziecki 1996: 108 ff.):

1. Ausgangspunkt von Lernprozessen sollen für die Lernenden bedeutsame und angemessen komplexe Aufgaben bilden. Zugehörige Aufgabentypen können als Probleme, Gestaltungs-, Entscheidungs- oder Beurteilungsaufgaben charakterisiert werden.

2. Partizipation: Schülerinnen und Schüler sollen in Orientierung an ihrem Entwicklungsstand an Entscheidungen über unterrichtliche Vorgehensweisen und Ziele in angemessener Weise beteiligt werden.

3. Aktivierung und Weiterentwicklung bestehender Fähigkeiten und Kenntnisse: Unterrichtsprozesse sollten an vorhandene Kenntnisse anknüpfen, diese aktivieren und – von diesen ausgehend – eine Korrektur, Erweiterung, Ausdifferenzierung oder Integration von neuen Kompetenzen anstreben bzw. ermöglichen.

4. Lernen als selbsttätige und kooperative Auseinandersetzung: Lernenden sollten sowohl eigenaktive, als auch kooperative Lernprozesse ermöglicht werden.

5. Vergleich, Systematisierung, Anwendung und Reflexion des Gelernten: Unterrichtsprozesse sollten so gestaltet werden, dass sie Schülerinnen und Schülern einen Vergleich unterschiedlicher Lösungen und eine Systematisierung und Anwendung ihrer neu erworbenen Fähigkeiten und Kenntnisse ermöglichen.

Eine von diesen Anforderungen ausgehende Phasierung von Unterrichtseinheiten (nicht von Unterrichtsstunden) kann bzw. sollte die folgenden idealtypischen Schritte umfassen:

1. Aufgabenstellung
2. Zielvereinbarung und Bedeutsamkeit
3. Verständigung über das Vorgehen
4. Erarbeitung von Grundlagen
5. Aufgabenlösung
6. Vergleich und Zusammenfassung
7. Anwendung
8. Weiterführung und Bewertung

Ein an diesen acht Schritten orientiertes Vorgehen versteht sich als flexibel an-
zupassendes Grundmuster von Unterricht, nicht jedoch als starrer und/oder ver-
bindlicher Ablauf (vgl. Tulodziecki / Herzig / Blömeke 2004: 120 f.).

Zur Veranschaulichung dieses handlungs- und entwicklungsorientierten Ansatzes skizziere ich im Folgenden exemplarisch ausgewählte, an der Janusz-
Korczak-Gesamtschule realisierte, in Abb. 2 aufgelistete sowie durch Neue Medien gestützte Unterrichtseinheiten aus dem mathematisch naturwissenschaftlichen Bereich.

Im fünften Jahrgang wurde im Fach Mathematik eine Unterrichtseinheit
zum Thema „Wir lernen uns kennen" realisiert (vgl. Emde / Kliemann / Pelzer /
Schäfer / Schmidt 2002: 7 ff.). Als Ausgangspunkt wurde die komplexe Fragestellung „Wie kann eine klasseninterne Befragung zum Thema ‚Wir lernen uns
kennen' durchgeführt und ausgewertet werden?" gewählt. Bedeutsamkeit besitzt
das Thema zu Beginn der fünften Klasse für die Schülerinnen und Schüler, da sie
sich in der für sie neuen Klassenstruktur an einer weiterführenden Schule neu
orientieren müssen und das Interesse besitzen, neue Freundschaften zu knüpfen
sowie Zugehörigkeitsbedürfnisse (vgl. Maslow 1981: 62 ff.) zu befriedigen. In
diesem Kontext diskutieren sie ohnehin Fragen nach einem gemeinsamen
Schulweg, ähnlichen Hobbys bzw. Vorlieben o.ä. Als Zielvereinbarung wurde
festgelegt, die Befragungsergebnisse ansprechend graphisch aufzubereiten und in
der Klasse auszuhängen. In der Phase der Verständigung über das Vorgehen
wurde vereinbart, einen eigenen Fragebogen zu entwerfen, eine Befragung
durchzuführen, diese auszuwerten und schließlich u.a. mit Hilfe des Klassenraumcomputers ansprechend grafisch aufzubereiten. In der sich anschließenden
Phase der Erarbeitung von Grundlagen wurden die mathematischen Fertigkeiten
zur Auswertung sowie zur grafischen Darstellung von Befragungsergebnissen
mit Hilfe unterschiedlicher Diagrammtypen erarbeitet. Zudem haben sich die
Schülerinnen und Schüler über die mit dem Fragebogen zu erhebenden Aspekte

- Geschlecht
- auf dem Weg zur Schule genutztes Verkehrsmittel
- Körpergröße
- Körpergewicht
- Alter
- Lieblingsfarbe
- Lieblingssport sowie
- Lieblingstier

verständigt. Im Klassenverband wurde gemeinsam ein zugehöriger Fragebogen
entworfen. In der sich anschließenden Phase der Aufgabenlösung wurde die Be-

fragung durchgeführt, in Tischgruppen anhand von Strichlisten ausgezählt und grafisch per Hand mit Stiften und Papier durch Balken- und Säulendiagramme dargestellt. Parallel erhielt arbeitsteilig jede Gruppe den Auftrag, ein Befragungsergebnis mit Hilfe einer Tabellenkalkulation am Klassenraumcomputer mit Unterstützung des Lehrers angemessen darzustellen sowie ansprechend grafisch aufzubereiten. Die Phase des Vergleichs und der Zusammenfassung diente der klasseninternen Präsentation und Ausstellung der aufbereiteten Befragungsergebnisse. In der sich anschließenden Phase der Anwendung wurden die im Verlauf der Unterrichtseinheit neu erlernten Fähigkeiten und Kenntnisse auf weitere Kontexte übertragen, vertieft und eingeübt. Die Phase der Weiterführung und Bewertung konnte u.a. zur Reflektion des methodischen Vorgehens, insbesondere im Zusammenhang mit der Verwendung des Klassenraumcomputers in Tischgruppen sowie deren Zusammenarbeit und den damit aufgetretenen Erfahrungen und Schwierigkeiten, genutzt werden.

Im siebten Jahrgang wurde im Rahmen des Wahlpflichtbereichs I Naturwissenschaften die komplexe Aufgabenstellung einer experimentellen Untersuchung beschleunigter und nicht beschleunigter Fallbewegungen[7] bearbeitet. Parallel hierzu wurden im Mathematikunterricht Grundlagen zu linearen und nicht linearen Funktionen bereitgestellt. Als Zielvereinbarung war insbesondere die Schwierigkeit zu bewältigen, hinreichend genaue Messwerte zu vergleichsweise schnellen und kurzzeitigen Bewegungsvorgängen aufzuzeichnen. Digitale Videotechnik bietet in diesem Kontext die Möglichkeit, Bewegungsvorgänge zusammen mit einer geeignet auszuwählenden räumlichen Skalierung aufzuzeichnen und mit einer Schrittweite von 1/25 s auszuwerten. Sie wird an dieser Stelle repräsentativ für die grundsätzliche Möglichkeit Neuer Medien angeführt, für menschliche Wahrnehmung zu schnelle, zu langsame, zu große, zu kleine, zu gefährliche, zu aufwändige etc. Sachverhalte zu veranschaulichen. In der Phase der Aufgabenlösung haben die Schülerinnen und Schüler die mit Hilfe digitaler Videotechnik im Klassenverband gewonnenen Messwerte auf Basis der bereits erworbenen Kenntnisse und Fertigkeiten mit Hilfe einer Tabellenkalkulation im Poolraum in Partnerarbeit nunmehr weitgehend selbstständig ausgewertet und grafisch dargestellt.

---

[7] Als Experimentiermaterialien für Fallbewegungen dienten von den Schülerinnen und Schülern selbst mitgeführte Gegenstände. Insbesondere wurde zur Darstellung einer unbeschleunigten Fallbewegung ein an einem Fallschirm aufgehängtes Männchen und als Beispiel einer beschleunigten Fallbewegung eine ‚Wasserbombe' verwendet.

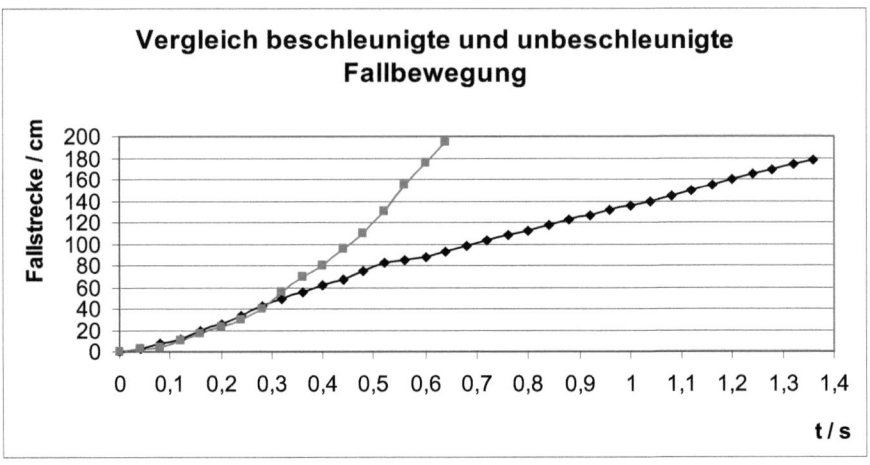

Abbildung 4:   Exemplarisches Beispiel einer von Schülerinnen und Schülern erstellten Auswertung zu beschleunigten und unbeschleunigten Fallbewegungen.

4 Resümee

Der vorliegende Beitrag widmet sich anknüpfend an systematische Überlegungen am Beispiel einer nordrhein-westfälischen Gesamtschule Fragen hinsichtlich

- einer lernprozessförderlichen Gestaltung schulischer IT-Ausstattung,
- einer Strukturierung und Verstetigung medienpädagogisch orientierter Projekte bzw. mediengestützter Unterrichtseinheiten unterschiedlicher Fächer im Rahmen eines schulinternen Medienkonzepts sowie
- einer lernprozessförderlichen Gestaltung durch Neue Medien gestützter Unterrichtseinheiten.

Die Form der Auseinandersetzung mit diesen Fragestellungen erhebt keinerlei Anspruch auf eine Vollständigkeit der Darstellung, beispielsweise die Möglichkeiten fachspezifischer (z.B. Computer Algebra Systeme) oder fachunspezifischer Software (z.B. netzgestützte Kommunikations- und Kooperationsumgebungen) betreffend. Vielmehr soll dieser Beitrag gleichsam theorie- und praxisorientiert exemplarische Gestaltungsmöglichkeiten für mediengestützte Lernarrangements aufzeigen.

Literatur

Bertelsmann Stiftung (Hrsg.) (1993): Medien als Bildungsaufgabe in Ost und West. Nutzungsdaten – Konzepte – Erfahrungsberichte. Gütersloh: Verlag Bertelsmann Stiftung

BLK (Bund-Länder-Kommission für Bildungsplanung und Forschungsförderung) (1995): Medienerziehung in der Schule. Orientierungsrahmen. Bonn: BLK

Der Spiegel (2007): Wie viel Computer und Fernsehen verträgt ein Kind? In: Der Spiegel. 20. 42-54

Emde, C. / Kliemann, S. / Pelzer, H.-J. / Schäfer, U. / Schmidt, W. (2002): mathelive 5. Mathematik für Gesamtschulen. Stuttgart, Düsseldorf, Leipzig: Klett

Heggen, T. / Götze, D. (Hrsg.) (2007): Grundschule neu Denken. Beiträge des Paderborner Grundschultages 2006 zu Heterogenität, Medien und Ganztag. Münster: LIT

Herzig, B. / Grafe, S. (2006): Digitale Medien in der Schule. Standortbestimmungen und Handlungsempfehlungen für die Zukunft. Köln: Fries Printmedien (Hrsg. Deutsche Telekom AG)

Janusz Korczak-Gesamtschule Gütersloh (2003): Medienkonzept. In: http://www.jkg-gt.de/download/index.html (31.07.2007)

Krapp, A. / Weidenmann, B. (Hrsg.) (2006): Pädagogische Psychologie. 5., vollst. überarb. Auflage. Weinheim, Basel: Beltz

Maslow, A. H. (1981): Motivation und Persönlichkeit. Reinbek bei Hamburg: Rowohlt

Ministerium für Schule, Jugend und Kinder des Landes Nordrhein Westfalen (2004): Kernlehrplan für die Gesamtschule – Sekundarstufe in Nordrhein-Westfalen Mathematik. Frechen: Ritterbach

Prognos AG (1996/1998): Delphi-Befragung. Potentiale und Dimensionen der Wissensgesellschaft – Auswirkungen auf Bildungsprozesse und Bildungsstrukturen. München, Basel: Bundesministerium für Bildung, Wissenschaft, Forschung und Technologie

Reinmann-Rothmeier, G. / Mandl, H. (2006): Unterrichten und Lernumgebungen gestalten. In: Krapp / Weidenmann (Hrsg.) (2006): 613-658

Tulodziecki, G. (1996): Unterricht mit Jugendlichen. Eine handlungsorientierte Didaktik mit Unterrichtsbeispielen. Bad Heilbrunn: Klinkhardt

Tulodziecki, G. / Herzig, B. (2002): Computer und Internet im Unterricht: Medienpädagogische Grundlagen. Berlin: Cornelsen Scriptor

Tulodziecki, G. (1993): Medienerziehung in der Schule - Zielsetzungen, Strategien, Methoden. In: Bertelsmann Stiftung (Hrsg.) (1993): 59 - 66

Tulodziecki, G. / Herzig, B. / Blömeke, S. (2004): Gestaltung von Unterricht. Eine Einführung in die Didaktik. Bad Heilbrunn: Klinkhardt

Weritz, W. / Herzig, B. / Tulodziecki, G. (2002): Medienpädagogische Konzepte als Bestandteil von Schulprogrammen. Studienbrief. Hagen: FernUniversität Hagen. Auch unter: http://www.learn-line.nrw.de/angebote/mksu/basiseinheit.jsp?page= 9,2,1,1,1 (09.07.2007)

Weritz, W. (2007): Lehren und Lernen mit digitalen Medien unter besonderer Berücksichtigung der Lernstatt Paderborn. In: Heggen / Götze (Hrsg.) (2007): 111

Historische Kompetenzen und das Internet

Thomas Spahn

1   Vorbemerkung

Ein kompetenter und kritischer Umgang mit den neuen Informations- und Kommunikationstechnologien (IKT), insbesondere dem Internet, stellt heute eine unbestreitbare Voraussetzung für die aktive Teilhabe an der Gesellschaft dar. So dürfte heute, anders als noch in den 1990er Jahren, kaum jemand die Notwendigkeit bestreiten, das Internet im schulischen Unterricht einzusetzen. Dessen Präsenz in der Schule ist inzwischen weder Wunsch- noch kulturpessimistische Horrorvorstellung, sondern weitgehend Realität. Doch obwohl die Mehrzahl der Schulen ans Netz gebracht und Lehrende überwiegend positiv gegenüber den IKT eingestellt sind, setzen Lehrkräfte an deutschen Schulen das Internet noch verhältnismäßig wenig im Unterricht ein. Hingegen nutzen mehr als 90% der Lehrerinnen und Lehrer[1] den Computer und das Internet zur Unterrichtsvorbereitung (MMB-Institut für Medien- und Kompetenzforschung 2008: 4-6). Zurückzuführen ist dieser Umstand auf das bisher weitgehende Fehlen didaktischer und methodischer Konzepte, das Internet sinnvoll in den Unterricht zu integrieren.

Auch im Geschichtsunterricht besteht ein Bedarf an solchen Unterrichtskonzepten. An diese müssen indes hohe Ansprüche gestellt werden: Zum einen sollen sie es ermöglichen, die Potenziale des Lernens mit dem Internet – genannt seien hier exemplarisch der Zugriff auf aktuelle, multimedial präsentierte Informationen aus der ganzen Welt, kooperatives Lernen oder die Möglichkeit, mit wenig Aufwand eigene Inhalte zu veröffentlichen – im Unterricht zu nutzen. Dabei ist es notwendig, medienspezifischen Problemen wie dem Phänomen des *lost in hyperspace* bereits in der Anlage unterrichtlicher Lehr-/Lernumgebungen entgegenzutreten. Zum anderen sollen methodisch-didaktische Konzepte des Interneteinsatzes den fachdidaktischen Prinzipien eines zeitgemäßen Geschichtsunterrichts wie Gegenwartsbezug, Multiperspektivität, interkulturelles Lernen oder Problemorientierung sowie dessen übergeordnetem Ziel der Ausbildung eines reflektierten Geschichtsbewusstseins zuträglich sein. Darüber hinaus gilt es nicht

---

[1] Im weiteren Verlauf des Artikels wird aus Gründen des Leseflusses neben Partizipien der sogenannte generische Plural verwendet und meint stets sowohl männliche als auch weibliche Angehörige einer Gruppe.

zuletzt, schulorganisatorische Realitäten wie die 45-Minuten-Taktung des Unterrichts mitzudenken.

Dieser Beitrag stellt neben einem Überblick über die Einsatzmöglichkeiten des Internets im Geschichtsunterricht WebQuest als ein Konzept für den geschichtsunterrichtlichen Interneteinsatz vor, das den skizzierten hohen Ansprüchen gerecht wird. Das Konzept des WebQuests basiert auf einer problemorientierten Aufgabenstellung, die die Schüler mittels Materialien aus dem Internet sowie ‚traditioneller' Medien bearbeiten. Die Aufgaben sind in eine zumeist fiktive Ausgangssituation eingebettet, aus der sich ein selbständig zu bearbeitendes *Problem* für die Schüler ergibt. Im vorgestellten Anwendungsbeispiel verfassen die Lernenden in der Rolle von Redakteuren einer Geschichtszeitschrift aus der zeitgenössischen Perspektive heraus eine Sonderausgabe zum Frankfurter Auschwitzprozess 1963-1965.

Eine Darstellung der Einsatzmöglichkeiten von WebQuests in zeitgemäßen historischen Lehr-/Lernprozessen macht es dabei notwendig, über die zuvor genannten fachdidaktischen Prinzipien hinaus den Blickwinkel der Kompetenzorientierung hinzuzuziehen. Es wird untersucht, inwieweit WebQuests im Geschichtsunterricht zum Erwerb fachspezifischer Kompetenzen der Schüler beitragen. Die Orientierung an den Kompetenzen der Lernenden, die infolge der „Expertise zur Entwicklung nationaler Bildungsstandards" (Klieme et al. 2007) als vorherrschendes Paradigma eines ‚outputorientierten' Bildungsverständnisses der Nach-PISA-Zeit gilt, hat – mit einiger Verspätung – auch die Geschichtsdidaktik und den Geschichtsunterricht erreicht.

2   Kompetenzorientierung im Geschichtsunterricht

Die Qualität schulischer Lehr-/Lernprozesse wird fortan an den Lernergebnissen der Schülerinnen und Schüler abgelesen, die in verbindlichen Bildungsstandards beschrieben werden. Bildungsstandards sind Kompetenzen, die die Lernenden zu bestimmten Zeitpunkten erreicht haben. Der sogenannten Klieme-Expertise, herausgegeben vom BMBF und der Kultusministerkonferenz und gewissermaßen als das Weißbuch für die weitreichenden curricularen Erneuerungen im Rahmen der gegenwärtigen bildungsreformatorischen Bemühungen zu verstehen, liegt die Kompetenzdefinition des Lernpsychologen Franz E. Weinert (2002: 27f.) zugrunde. Kompetenzen werden verstanden als „die bei Individuen verfügbaren oder durch sie erlernbaren kognitiven Fähigkeiten und Fertigkeiten, um bestimmte Probleme zu lösen, sowie die damit verbundenen motivationalen, volitionalen und sozialen Bereitschaften und Fähigkeiten, um die Problemlösungen in variablen Situationen erfolgreich und verantwortungsvoll nutzen zu können". Die somit aus „Leistungsdispositionen" (Klieme et. al 2007: 22) bestehenden

Kompetenzen – nämlich Problemlösefähigkeit und die Bereitschaft, diese anzuwenden – sind „domänenspezifisch" (ebd.: 75), d. h. spezifisch auf einen Gegenstandsbereich oder ein Unterrichtsfach bezogen.

Die Expertise vertritt also einen fachspezifischen Kompetenzbegriff, der sich klar von der oft gebrauchten Trias der überfachlichen Sozial-, Medien- und Methodenkompetenz – den bisweilen etwas überstrapazierten *Schlüsselqualifikationen* – absetzt. Fachspezifische Kompetenzen bildeten Ergebnissen der pädagogisch-psychologischen Forschung zufolge die notwendige Grundlage für überfachliche Kompetenzen (vgl. ebd.: 22). So stellen sich für die Geschichtsdidaktik zwei Fragen, die zurzeit die Disziplin dominieren: Welche einzelnen historischen Kompetenzen lassen sich benennen? Wie lassen sich diese Kompetenzen systematisch in Kompetenzmodellen fassen?

Die geschichtsdidaktische Forschung steht bei der Beantwortung dieser Fragen noch am Anfang. Es sind mehrere konkurrierende Kompetenzmodelle vorgelegt worden, die sich auf unterschiedlichen Abstraktionsniveaus bewegen und sich zum Teil hinsichtlich ihres Gültigkeitsanspruchs unterscheiden. Dabei fällt auf, dass die verschiedenen ‚Schulen' wenig aufeinander eingehen und bisher eine Vielfalt verwendeter Begriffe vorherrscht, deren Nachzeichnung im vorliegenden Rahmen nicht sinnvoll erscheint.[2] Genannt seien an dieser Stelle zwei Kompetenzmodelle, die sich hinsichtlich des Abstraktions- bzw. Konkretionsniveaus durchaus als die beiden äußeren Pole des gegenwärtigen Kompetenzdiskurses betrachten lassen. Das Kompetenzmodell des Projekts „FUER Geschichtsbewusstsein" (vgl. Körber / Schreiber / Schöner 2007) kann als „am differenziertesten theoretisch begründet" gelten, ist jedoch „für pragmatische Nutzungsmöglichkeiten weniger entfaltet" (Sauer 2006: 18) und erhebt zudem als einziges der Kompetenzmodelle den Anspruch, über das historische Lernen hinaus generaliter auf das historische Denken anwendbar zu sein. Dahingegen stellt das pragmatisch ausgerichtete Kompetenzmodell von Michael Sauer (ebd.) das bisher am weitesten gehende Unterfangen dar, die einzelnen Kompetenzbereiche historischen Lernens in Teil- und Unterkompetenzen zu differenzieren, die dann im Geschichtsunterricht zu operationalisieren sind. Sauer unterscheidet zwischen den drei Bereichen der Sachkompetenz, Deutungs- und Reflexionskompetenz sowie der Medien- und Methodenkompetenz. Dieses Kompetenzmodell wird im Folgenden vorgestellt und bildet die Folie, auf der die didaktischen Potenziale von WebQuests und Wikis im Geschichtsunterricht betrachtet werden.

---

[2] Einen, wenn auch nicht tendenzfreien, Überblick über die bisher vorgelegten Kompetenzmodelle, der auch die bisher im Sinne von Kompetenzorientierung und Bildungsstandards verfassten Rahmenlehrpläne umfasst, liefert erstmals A. Körber (vgl. Körber 2007: 89-154).

2.1 Sachkompetenz

Sachkompetenz setzt sich nach Sauer aus den Teilkompetenzen einer *themenbezogenen Sachkompetenz* und aus der *Orientierung in der Geschichte* zusammen (vgl. Sauer 2006: 10, 12f.). Die themenbezogene Sachkompetenz bezieht sich auf die Kenntnisse ausgewählter historischer Themen, die im Geschichtsunterricht behandelt werden. Neben wichtigen Ereignissen und Entwicklungen sowie deren Ursachen und Auswirkungen sollen die Schülerinnen und Schüler in Gestalt eines „knappe[n], aber auch sehr verbindliche[n] Repertoire[s]" themenbezogene Namen und Daten kennen sowie Fachtermini korrekt verwenden können.

Mit der Bildung thematischer Schwerpunkte geht einher, dass die Lernenden über ein ausreichend großes Orientierungswissen verfügen müssen, in das sie neue Themen zeitlich und räumlich einordnen können. Damit ist das gemeint, was mit dem geläufigen Begriff des Überblickswissens bezeichnet werden kann. Besonders hilfreich für diese ‚Orientierung in der Geschichte' ist der Einsatz von Zeitleisten und Geschichtskarten im Unterricht. Der Erwerb historischer Sachkompetenz vollzieht sich durch die Anwendung der in den beiden anderen Bereichen verorteten Kompetenzen.

2.2 Deutungs- und Reflexionskompetenz

Der Bereich der Deutungs- und Reflexionskompetenz stellt den „schwierigsten und anspruchsvollsten der drei Kompetenzbereiche" dar (vgl. Sauer 2006: 13). An dieser Stelle werden diejenigen Teilkompetenzen herausgehoben, die besonders relevant im Kontext von WebQuests und Wikis sind. Die insgesamt neun Teilkompetenzen, die jeweils in weitere Unterkompetenzen differenziert bzw. operationalisiert werden, lassen sich in drei Bereiche systematisieren:

- „Grundeinsichten in die Struktur historischen Fragens und Erkennens"
- „Umgang mit Begriffen und Untersuchungsverfahren"
- „Produktion eigener Deutungen" und „kritische Analyse vorliegender Deutungen von Geschichte" (ebd.)

Die einzelnen Teilkompetenzen, die in der Gesamtschau ein konstruktivistisches Verständnis von Geschichte bzw. historischem Lernen entfalten, sind dabei nicht immer leicht voneinander abzugrenzen. So hängen der *Umgang mit Perspektivität* und *Fremdverstehen* unmittelbar zusammen, bilden aber eigene Teilkompetenzen. Als weitere ‚Grundeinsichten' sollen die Schülerinnen und Schüler, beispielsweise durch die Beschäftigung mit der Rezeptionsgeschichte von Ereignissen, *erkennen, dass Geschichte stets konstruiert ist*, und zudem in der Lage sein,

Bezüge zwischen historischen Situationen und der Gegenwart herzustellen. Die Lernenden sollen auch das Urgeschäft des Historikers beherrschen, indem sie u.a. *„selbstständig [aus der] Gegenwart Fragen an die Vergangenheit formulieren"* können. Das lernpsychologische Prinzip der Metakognition, d. h. die explizite Bewusstmachung der Kompetenzen bei den Schülerinnen und Schülern, fördert deren Erwerb und Anwendung (vgl. ebd.: 13-15).

Die voraussetzungsvollsten Teilkompetenzen einer Deutungs- und Reflexionskompetenz bestehen in *„eigene[n] Deutungen von Geschichte"* und deren *sprachlich angemessenen Umsetzung* sowie dem *kritischen Umgang mit* – dem Prinzip der Kontroversität unterliegenden – *Deutungen von Geschichte*, insbesondere solchen im Bereich der öffentlichen Geschichtskultur. Diese Teilkompetenzen setzen viele der zuvor genannten Teilkompetenzen sowie die entsprechenden Medien-Methoden-Kompetenzen voraus (vgl. ebd.: 15f.).

2.3 Medien-Methoden-Kompetenz

Der Bereich der Medien-Methoden-Kompetenz umfasst die beiden für historisches Lernen grundlegenden Erkenntnisse, dass zum einen *Quellen und Darstellungen zu unterscheiden* sind und diese zum anderen das Merkmal der *Perspektivität* aufweisen. Diese Kompetenzen hängen mit den entsprechenden Teilkompetenzen im Bereich der Deutungs- und Reflexionskompetenz zusammen.

Der kombinierte Begriff der Medien-Methoden-Kompetenz soll kennzeichnen, dass jede Art bzw. Gattung von Quelle oder Darstellung spezifische Methoden voraussetzt, um diese erschließen und deuten zu können. So stellt sich Medien-Methoden-Kompetenz im Geschichtsunterricht also auch dar, indem die Schülerinnen und Schüler *„verschiedene Quellengattungen nach ihrem Aussagewert unterscheiden"* und *„mit einzelnen Gattungen von Quellen und Darstellungen adäquat umgehen können".* (ebd.: 16). Neben traditionell im Unterricht vorkommenden Gattungen wie dem Autorentext im Schulgeschichtsbuch, Karten und Bildern sollten auch neuere geschichtskulturelle Erscheinungsformen von Geschichte, wie z.B. historische Artikel in der Online-Enzyklopädie Wikipedia, ihren Platz im Geschichtsunterricht haben, um deren gattungsspezifischen Merkmale thematisieren zu können. An dieser Stelle erscheint es sinnvoll, den inhaltsgleichen Begriff der *Gattungskompetenz* (vgl. Pandel 2007: 27) zu verwenden, den Sauer vermeidet.

Komplettiert wird die Medien-Methoden-Kompetenz bei Sauer schließlich um die Teilkompetenzen, *fachbezogene Lernprozesse organisieren, reflektieren und deren Ergebnisse präsentieren* zu können. Bei diesen Kompetenzen tritt zutage, dass sich fachspezifische und überfachliche Kompetenzen im Bereich der

Medien-Methoden-Kompetenz nicht so eindeutig voneinander abgrenzen lassen, wie es in den beiden anderen Kompetenzbereichen der Fall ist.

2.4 Recherchekompetenz

Ähnlich wie mit dem Präsentieren von Ergebnissen verhält es sich mit dem Recherchieren von historischem Wissen, das in Erweiterung Sauers Kompetenzmodells im vorliegenden Beitrag als eine weitere Medien-Methoden-Kompetenz betrachtet wird. *Recherchekompetenz* lässt sich zwar einerseits als fächerübergreifende, für eine Vielzahl von Fachdisziplinen wichtige Kompetenz betrachten. Andererseits jedoch stellt das Recherchieren als grundlegender Bestandteil der historischen Methode eine fachspezifische Kompetenz dar. Dass in der geschichtsdidaktischen Literatur keine einheitliche Sichtweise zur kategorialen Fassung von Recherchekompetenz auszumachen ist (vgl. Schreiber 2005: 22f.; Schreiber 2007: 200f.; Günther-Arndt 2007: 18), verwundert angesichts des generellen Forschungsstands zu historischen Kompetenzen nicht – denn die theoretische und empirische Überprüfung, „inwieweit es sich überhaupt klar definierbar um historische Kompetenzen und nicht lediglich um fachspezifische Akzentuierungen allgemeiner kognitiver Kompetenzen handelt" (Sauer 2006: 10), steht noch aus.

In Übereinstimmung mit dem Kompetenzverständnis der „Klieme-Expertise" spricht Vieles dafür, durchaus von einer fachspezifischen Recherchekompetenz im Kontext des historischen Lernens auszugehen, welche die Schülerinnen und Schüler im Geschichtsunterricht am fachlichen Gegenstand erwerben können und somit auch ihre überfachliche Recherchekompetenz ausbauen. Diese können sie wiederum in anderen Fächern anwenden. So sind fachdidaktische Prinzipien wie Perspektivität und Kontroversität von Quellen und Darstellungen sowie deren Unterscheidung in verschiedene Gattungen wichtige fachspezifische Faktoren, die bereits bei der Recherche von historischen Informationen zu beachten sind; eine spezifisch historische Recherchekompetenz setzt also andere historische Kompetenzen voraus. Die entlang dieser Linien erworbenen Kompetenzen können wesentlich dazu beitragen, die Schülerinnen und Schüler für einen kritischen Umgang mit Informationen im Allgemeinen zu sensibilisieren und so deren überfachliche Recherchekompetenz zu stärken.

3 Internet und Geschichtsunterricht

Das Internet ist Teil der öffentlichen Geschichtskultur und hat somit Einfluss auf das Geschichtsbewusstsein von Schülern. Daraus ergibt sich für einen Geschichtsunterricht, der die Entwicklung eines reflektierten Geschichtsbewusstseins der Schüler zur zentralen Aufgabe erhebt und ihnen die Kompetenz vermitteln soll, kritisch mit Darstellungen von Geschichte in der Geschichtskultur umzugehen, die Notwendigkeit, das Internet als Unterrichtsmedium einzusetzen und zu reflektieren. Konträr zu dieser These steht das Versäumnis der geschichtsdidaktischen Disziplin, sich substanziell mit der Frage auseinanderzusetzen, wie sich das Internet didaktisch sinnvoll im Geschichtsunterricht einsetzen lässt. Danker / Schwabe (2007) ist vollauf zuzustimmen, dass der Geschichtsdidaktik in diesem Zusammenhang nicht nur eine analytische, sondern auch eine normative Aufgabe zukommt. Stattdessen haben viele der inzwischen durchaus zahlreichen Publikationen zum Thema oftmals eher den Charakter von (veralteten) technischen Einführungen zum Internet, die durch teils mehr als 100 Seiten lange kommentierte Linklisten zu historisch relevanten Webangeboten ergänzt werden.[3] Mit Ausnahme eines zweiseitigen Artikels zu WebQuests von Alexander König (2007a) ist die Verbindung zwischen dem Einsatz des Internets und der Kompetenzorientierung im Geschichtsunterricht bisher Desiderat.

Dabei kann das Internet in vielfältigen Funktionen im Geschichtsunterricht eingesetzt werden. Es kann als Informationsquelle, als Kommunikations- und Kooperationsmedium und zur Publikation und Dokumentation von Arbeitsergebnissen und -prozessen genutzt werden (vgl. Günther-Arndt 2003a: 221). So können die Schüler im Geschichtsunterricht etwa *unter anderem*

- Fakten, Jahreszahlen und weitere Inhalte im Internet recherchieren
- eigene Websites, z.B. zur Projektpräsentation, erstellen und im WWW veröffentlichen
- Internetangebote zum historischen Lernen (siehe Bsp. unten) nutzen
- sich via Chat, E-Mail, Blogs oder den Kurznachrichtendienst Twitter mit den Mitgliedern einer Projektpartnergruppe im In- oder Ausland verständigen und sich so u.a. über Arbeitsergebnisse austauschen
- Blogs als Lernportfolios zur Dokumentation und Reflexion des eigenen Lernfortschritts einsetzen
- Geschichtswikis (vgl. König 2007b) und geschichtsbezogene Wikipedia-Einträge erstellen oder quellenkritisch analysieren
- mit historischen WebQuests lernen.

Empirische Daten über die tatsächliche Nutzung des Internets im Geschichtsunterricht liegen ebenso wenig vor wie Studien über die Wirksamkeit des Interneteinsatzes in Lehr-/Lernprozessen im Allgemeinen (vgl. Blömeke 2003). Da im

---

[3] Für einen m.E. sehr guten Überblick zur Literatur zum Thema Internet und Geschichtsunterricht (vgl. Danker / Schwabe 2007: 5-7).

Geschichtsunterricht auch traditionelle Medien überwiegend als Informationsquelle genutzt werden, kann jedoch angenommen werden, dass das Internet bisher vorwiegend in dieser Funktion im Unterricht eingesetzt wird. Daher steht
diese Funktion im Vordergrund der folgenden Überlegungen.

Die didaktischen Potenziale, die im Einsatz des Internets als Informations-
und Recherchemedium im Geschichtsunterricht liegen, sind offenkundig:
„Gegenwartsbezug, Multiperspektivität, Bilingualität oder Quellenkritik erhalten
durch diese Öffnung in die ‚Welt' eine neue Qualität" (Günther-Arndt 2003:
221; vgl. auch ebd.: 227f.). Der entscheidende Unterschied zu den üblicher Weise verwendeten Unterrichtsmedien besteht darin, dass das Wissen, mit dem die
Schüler bei der Informationsrecherche im Internet konfrontiert sind – mit Ausnahme professioneller, spezifisch zum historischen Lernen produzierter Webangebote – kein didaktisiertes Wissen ist, von keinem Lehrer oder keinem Schul-
buchautor (vor-)ausgewählt worden ist. So ist es an den Schülern selbst, Informationen in den Weiten des World Wide Web zu suchen und die aufgefundenen
Informationen auf ihre Zuverlässigkeit sowie Relevanz für die eigene historische
Fragestellung hin kritisch zu beurteilen und weiterzuverarbeiten. Diese anspruchsvollen und freien Recherchetätigkeiten bergen ein großes didaktisches
Potenzial in sich, können aber auch leicht zu einer Überforderung der Lernenden
und – man denke etwa an demokratiefeindliche und jugendgefährdende Webin-
halte – problematischen Situationen im Unterricht führen.

Weitere Merkmale, die das Internet von anderen Unterrichtsmedien unterscheiden, werden häufig als Einwände gegen dessen Verwendung im (Ge-
schichts-)Unterricht angeführt. Neben der Flüchtigkeit von Inhalten können die
riesige Zahl von Webseiten und deren hypertextuelle Verknüpfung schnell dazu
führen, sich im virtuellen Raum zu verlieren. Zudem wirkt sich die einfache Verfügbarkeit von Informationen oft derart aus, dass Lernende ihre Suche und Verarbeitung von Informationen beschleunigen und diese so eher oberflächlich denn
kritisch weiterverarbeiten (vgl. Orthmann / Issing 2000: 87). Diese Tendenz, so
wird befürchtet, werde durch die Gefahr einer sich aufgrund der Kombination
von Audio-, Video-, Bild- und Textinformationen entfaltenden „Eigendynamik
[des Mediums], bei der kritische Zielsetzungen leicht auf der Strecke bleiben",
noch verstärkt (vgl. Oswalt 2003: 25).

Ob Schülerinnen und Schüler „mit einem so komplexen Medium" umgehen
können, wenn viele von ihnen „nicht einmal ihre Schulbücher richtig verstehen"
(ebd.: 28), ist sicher eine berechtigte Frage. Dem ist aber entgegenzuhalten, dass
das Problem zumindest in Teilen auch in der Qualität und Attraktivität des Medium Schulgeschichtsbuch zu suchen sein könnte. Hier kann das Internet als das
im Alltag am stärksten rezipierte Medium der Jugendlichen und jungen Erwach-
senen (vgl. Eimeren / Frees 2008: 343) im Unterricht potenziell motivationsstei-

gernd wirken. Nicht vernachlässigt werden sollte auch ein Aspekt, den Heinz Moser anführt. Er fordert, dass die Schule sich den neuen Informations- und Kommunikationstechnologien nicht verschließen darf und betont die Chance, „dass sie mit den neuen informationstechnischen Medien erste Schritte in die Richtung einer veränderten Lernkultur wagt, nicht zuletzt, um daran zu überprüfen, wie tragfähig solche neuen Konzepte sind" (Moser 2000: 8). Bezogen auf den Geschichtsunterricht lässt sich dem hinzufügen, dass Erfahrungen mit anderen Medien beim historischen Lernen als „Referenzmedien" genutzt werden können (Danker / Schwabe 2007: 11).

Im Internet existiert ferner ein wachsendes Angebot an Websites, die speziell zum Zweck des historischen Lernens konzipiert worden sind. Exemplarisch seien das „Lebendige virtuelle Museum Online", die Online-Lernumgebungen „Anne Frank Webguide", „Die Familie Chotzen. Jüdisches Leben in Deutschland 1914 – 2006" und „Das Ende des Schweigens" angeführt, welche als Bestandteile des WebQuests zum ersten Frankfurter Auschwitz-Prozess noch näher vorgestellt werden. Mit *zeitzeugengeschichte.de* und *deinegeschichte.de* sind seit 2006 bzw. 2008 auch zwei ‚Web 2.0 Angebote' online, in denen Internetnutzer eigene Inhalte generieren können, indem sie Videoaufnahmen von Zeitzeugenbegegnungen oder Medien verschiedener Art zur deutsch-deutschen Geschichte im WWW veröffentlichen.[4] Entgegen vielen multimedialen Angeboten zum historischen Lernen, die zumeist für den sogenannten Nachmittagsmarkt produziert werden, lassen sich die genannten Webangebote durchaus sinnvoll im Unterricht einsetzen, verfügen zum Teil über Aufgaben oder weitergehende Arbeitsanregungen.

4 WebQuests im kompetenzorientierten Geschichtsunterricht

4.1 *Didaktisches Konzept – Aufbau – lerntheoretische Prinzipien*

WebQuests stellen ein vergleichsweise etabliertes Konzept des unterrichtlichen Interneteinsatzes dar. Das WebQuest-Konzept geht auf Bernie Dodge (vgl. Dodge, Bernie 1995) zurück und wurde mehrfach modifiziert und weiterentwickelt (vgl. Moser 2000; ebd. 2005), auch für den Einsatz im Geschichtsunterricht (vgl. Hilmer 2006). In Anlehnung an die originäre Definition bei Dodge lassen sich WebQuests wie folgt beschreiben: Ein WebQuest ist eine webbasierte Lernumgebung, die selbständige, entdeckende und handlungsorientierte Lernprozesse

---

[4] Vgl. für die genannten Webangebote: http://www.dhm.de/lemo/; http://www.annefrankguide.com/; http://www.chotzen.de/; http://www.hronline.de/website/static/ spezial/auschwitzprozess/index.html; http://www.zeitzeugengeschichte.de; http://www.deinegeschichte.de (15.09.2008).

ermöglicht. Es basiert auf einer problemorientierten Aufgabenstellung, die die Lernenden anhand von Materialien aus dem WWW, aber auch herkömmlichen Medien wie z.B. dem Schulgeschichtsbuch oder dem Erdkundeatlas in individuellen und kooperativen Phasen bearbeiten. Einer potenziellen Überforderung der Lernenden wirken in der Lernumgebung angelegte Hilfestellungen entgegen.

Die Kernannahme des Konzepts besteht darin, dass die Lernenden im Internet effektiver lernen, wenn ihre Lernprozesse in einen orientierenden Rahmen eingebettet sind. Den Herausforderungen des WWW wie der Informationsflut und dem Problem der Verlässlichkeit von Informationen begegnen WebQuests, indem die Online-Recherche der Lernenden durch die Nennung ausgewählter Links vorstrukturiert wird. Der Grad der Vorstrukturierung kann abhängig von den bereits vorhandenen Kompetenzen der Schülerinnen und Schüler bestimmt werden, um so eine stärker gelenkte bis hin zu einer freien Recherche der Schüler zu ermöglichen. Zudem werden den Lernenden weitere Hilfestellungen für ihre Arbeits- und Lernprozesse an die Hand gegeben (vgl. Wagner 2007a: 9). Die zugrunde liegende Lerntheorie des gemäßigten Konstruktivismus wird noch einmal aufgegriffen, doch zunächst soll der idealtypische Aufbau eines WebQuest dargestellt werden (vgl. Dodge 1995; Hilmer 2006 u. insbes. Wagner 2007).

WebQuests folgen einer relativ festgelegten Struktur, die typischerweise aus sechs Arbeitsschritten besteht. Jeder Arbeitsschritt ist in der Regel auf einer eigenen HTML-Seite im WWW abgelegt und mit den anderen per Hyperlinks verbunden.

Einführung:
Die Lernenden werden in die Ausgangssituation des WebQuest eingeführt, aus der sich die zu bearbeitende Problemstellung für sie ergibt. So ist beispielsweise denkbar, dass die Schüler die Rollen der Berater des deutschen und polnischen Staatspräsidenten annehmen und die Gestaltung einer polnisch-deutschen Gedenkveranstaltung zum Ende des Zweiten Weltkriegs aushandeln, eine Ausstellung zur Geschichte der Zwangsarbeit in der eigenen Stadt konzipieren oder einen Vorschlag für die Umbenennung der örtlichen Bahnhofstraße nach einer deportierten jüdischen Familie verfassen sollen.

Die Einführung soll – wie alle thematischen Einstiege – motivierend auf die Schülerinnen und Schüler wirken und ihre Neugier wecken. Dabei ist die authentische Ausgangssituation keineswegs ‚pädagogisches Beiwerk' (vgl. Wagner 2007a), sondern ermöglicht erst das problemorientierte Lernen der Schüler, das ohne diese Situierung der konkreten Aufgabenstellung nicht möglich wäre.

Aufgabenstellung:
Aus der Ausgangssituation leitet sich die konkrete Aufgabenstellung ab. Idealerweise folgt schon aus der Einführung eine Aufteilung der Lernenden in verschiedene Kleingruppen, denen verschiedene, für die Bearbeitung der Aufgabe(n) notwendige Rollen zukommen, z.b. die Beraterstäbe des deutschen und polnischen Präsidenten. So fördern WebQuests das kooperative Lernen der Schülerinnen und Schüler. Ist die Aufgabenstellung allerdings nicht hinreichend komplex für kooperative Lernformen, sollte auf diese eher verzichtet werden, statt eine allzu konstruierte Rollenaufteilung vorzunehmen.

Materialien:
Auf der Materialienseite finden die Schüler ausgewählte Materialien, die zur Bearbeitung der Aufgabe(n) benutzt werden sollen bzw. als Angebot zur Auswahl stehen. Dies können u.a. sein (vgl. Spahn 2008):

- Hyperlinks auf Webseiten, die unmittelbar die Aufgabe betreffende Inhalte abbilden
- Hyperlinks auf thematisch relevante Webseiten und Webportale, die als ‚Anker' für weitere, eigenständige Recherchen der Lernenden dienen
- in das WebQuest integrierte Texte, Fotos, Schaubilder oder multimediale Inhalte wie Video- und Audiodateien sowie Animationen
- Literaturangaben zu traditionellen, offline verfügbaren Unterrichtsmedien wie z.B. Primärquellen, Darstellungen, Enzyklopädien, literarischen Werken, Filmen oder relevanten Abschnitten in Schulbüchern. In der Unterrichtspraxis bietet sich oft auch ein von der Lehrkraft zusammengestellter Reader mit kopierten Materialien an.

Arbeitsprozess:
In der Beschreibung des Arbeitsprozesses erhalten die Lernenden nähere Hinweise zur Arbeits- und Sozialform sowie der für die Bearbeitung der Aufgabe(n) zur Verfügung stehenden Zeit. Ferner können sie im Sinne konstruktivistischen Lernens auf Hilfestellungen zurückgreifen, die sie bei der selbständigen Bearbeitung der Aufgaben unterstützen. So können WebQuests z.B. Hinweise zur Strukturierung und Visualisierung des eigenen Vorgehens durch Mindmaps und Arbeitspläne geben, Tipps zur Benutzung von Suchmaschinen und sinnvollen Recherchestrategien liefern oder auf Hilfsmaterialien wie online, aber auch offline verfügbare Wörterbücher und Nachschlagewerke verweisen. Häufig finden sich auf dieser Seite auch wichtige methodische Hinweise, die sich auf die geforderte Textsorte des Arbeitsprodukts beziehen, wie z.B. Anleitungen zum Verfassen von Reportagen oder Kommentaren.

Evaluation:
Am Ende des WebQuest erhalten die Lernenden die Möglichkeit, über ihren eigenen Lernprozess, den gemeinsamen Gruppenprozess sowie dessen Arbeitsergebnisse zu reflektieren. Hierzu können den Schülern Bewertungsraster mit relevanten Kriterien oder Auswertungsfragen an die Hand gegeben werden. Ferner
kann die Lehrkraft auf der Evaluationsseite ihre Bewertungskriterien für die individuelle und gemeinsame Arbeit offen legen. Dabei ist es möglich, nicht nur
die Arbeitsergebnisse, sondern auch den Arbeitsprozess mit in die Bewertung
einzubeziehen. So wird der Forderung nachgekommen, dass beim „stärker
selbstbestimmte[n] Lernen mit Hilfe von Netzen und neuen Medien" u.a. auch
die Leistungsbewertung angepasst werden sollen, „insbesondere dann, wenn die
Möglichkeiten zu kooperativem Lernen stärker genutzt werden sollen" (Körber
2002: 172).

Präsentation:
Die Schülerinnen und Schüler präsentieren ihre Arbeitsergebnisse. Die Form der
Präsentation hängt von der Aufgabenstellung ab und sollte den Lernenden aus-
reichend Freiraum für eigene Gestaltungsideen lassen. Eine Veröffentlichung der
entstandenen Produkte im WWW bietet sich im Sinne des viel beschworenen
‚Heraustretens aus dem Klassenzimmer' in vielen WebQuest-Szenarios an.

Der typische Aufbau von WebQuests lässt deutlich werden, dass die Schülerinnen und Schüler in dieser Lernumgebung ihre Lernprozesse selbst steuern, jedoch bei der Bewältigung der anspruchsvollen Lerntätigkeiten nicht sich selbst
überlassen sind. Stattdessen können sie auf unterstützende Angebote im Rahmen
des WebQuest zurückgreifen. Diese sind elementar wichtig, da „sich die Chancen der neuen Medien erst mit [...] instruktionalen Hilfen ausschöpfen und ihre
Probleme vermeiden lassen" (Blömeke 2003: 71). Zusätzlich können die Lernenden im Unterricht auf die Unterstützung der Lehrenden zurückgreifen, denen
beim Einsatz von WebQuests die Rolle eines Coachs oder Lernberaters zukommt.
    Eine solche Integration von konstruktivistischen und instruktiven Prinzipien
leistet das lerntheoretische Paradigma des gemäßigten bzw. wissensbasierten
Konstruktivismus. Es beruht auf der pragmatischen Einsicht, dass weder die
Vermittlung feststehenden und nicht veränderbaren Wissens, noch das alleinige
Vertrauen auf die Konstruktionsleistungen der Lernenden dauerhaft erfolgreich
sein können (vgl. Reinmann-Rothmeier / Mandl 2001: 626f.).
    Das Lernen mit WebQuests entspricht dem Modell problemorientierten Un-
terrichts, wie es Gabi Reinmann und Heinz Mandl gemäß der gemäßigt
konstruktivistischen Auffassung von Lernprozessen entwickelt haben. Sie be-

nennen fünf Leitlinien für problemorientierten Unterricht (vgl. ebd.: 627f.): Situiert und anhand authentischer Probleme lernen – in multiplen Kontexten lernen – unter multiplen Perspektiven lernen – in einem sozialen Kontext lernen – mit instruktionaler Unterstützung lernen. Zudem ist zu konstatieren, dass die „Übereinstimmungen [dieses Modells] mit geschichtsdidaktischen Überlegungen zur Multiperspektivität und Multidimensionalität bemerkenswert [sind]" (Günther-Arndt 2003: 155). Doch inwieweit fördert das Lernen mit WebQuests den Kompetenzerwerb der Schüler im Geschichtsunterricht? Welche fachspezifischen Kompetenzen nach Sauer fördern historische WebQuests besonders?

5 WebQuests und historische Kompetenzen

5.1 „Mit Perspektivität in der Geschichte umgehen"

Dem didaktischen Konzept von WebQuests entsprechen insbesondere Themen, die die Übernahme verschiedener Rollen und somit Perspektiven ermöglichen. Folglich eignen sich historische WebQuests besonders gut, um den Umgang mit Perspektivität in der Geschichte einzuüben. So können die jeweiligen Kleingruppen etwa die verschiedenen Perspektiven von Mehrheit und Minderheiten, Frauen und Männern oder Tätern und Opfern einnehmen.

5.2 „Konstruktcharakter von Geschichte erkennen"

WebQuests wie die „Brennende Bibliothek von Alexandria" (Hilmer 2007), in denen Lernenden mit anhaltenden Forschungskontroversen in der Geschichtswissenschaft konfrontiert werden, sensibilisieren die Schüler für die Kontroversität von Geschichtsdarstellungen. Michael Sauers Anregung, dass Schüler diese Kompetenz insbesondere durch die Auseinandersetzung mit der Rezeption von Ereignissen ausbilden können, lässt sich z.B. anhand des bereits genannten WebQuest-Szenarios einer deutsch-polnischen Gedenkveranstaltung zum Ende des Zweiten Weltkrieges umsetzen. Indem die Schüler die Rollen der Beraterstäbe des deutschen und polnischen Präsidenten annehmen und gemeinsam eine binationale Gedenkveranstaltung am 8. Mai konzipieren, setzen sie sich mit der Rezeption dieses wichtigen Datums in der Geschichte des 20. Jahrhunderts auseinander. Dabei können sie u.a. Zeitungsberichte, Pressemitteilungen und Reden der Präsidenten sowie weitere Materialien aus dem Internet recherchieren und sich so über vergangene Jahrestage informieren, etwa in den „Erinnerungsjahren" 1985, 1995 oder 2005.

5.3 „Verfahren historischer Untersuchung beherrschen"

Die didaktische Struktur von WebQuests unterstützt die Lernenden darin, die Verfahren historischer Untersuchung einzuüben. Die problemorientierte Aufgabenstellung verlangt dabei von ihnen, dass sie im Verlauf des Arbeitsprozesses auf der Grundlage des erworbenen Wissens und ihres Vorwissens selbst Hypothesen aufstellen, deren Gehalt die sie in den weiteren Arbeitsschritten auf dem Weg zur Problemlösung überprüfen. Zugleich können die Schüler in der Lernumgebung Unterstützung bei diesen anspruchsvollen Konstruktionsprozessen erhalten, indem z.B. im WebQuest die Struktur von historischen Untersuchungen dargestellt wird und die Lernenden so einen orientierenden Rahmen für ihr eigenes Vorgehen erhalten. Dabei können die Schülerinnen und Schüler arbeitsteilig vorgehen, indem sich etwa eine Kleingruppe mit den Anlässen und Ursachen eines historischen Ereignisses auseinandersetzt, während eine andere sich mit den Folgen des Ereignisses beschäftigt.

5.4 „Eigene Deutungen von Geschichte vornehmen und mit Geschichtsdarstellungen kritisch umgehen"

Erhalten die Kleingruppen im Rahmen eines WebQuest jedoch die gleiche Aufgabenstellung, kann auch dies zum Kompetenzerwerb der Schüler beitragen: Indem sie in den verschiedenen Gruppen jeweils eigene, mitunter voneinander abweichende Deutungen von Geschichte erarbeiten und diese in der Präsentationsphase den anderen Schülern vorstellen, produzieren sie nicht nur eigene Deutungen, sondern setzen sich auch mit abweichenden Deutungen von Geschichte auseinander. Dies stärkt das Bewusstsein der Lernenden, dass Geschichte immer nur ein Konstrukt aus Zeugnissen der Vergangenheit darstellt (vgl. König 2007: 16). Der kritische Umgang mit (geschichtskulturellen) Darstellungen von Geschichte schult des Weiteren die *Gattungskompetenz* der Schüler.

5.5 „Mit verschiedenen Gattungen von Quellen und Darstellungen angemessen umgehen"

Ein kriteriengeleiteter Vergleich von traditionellen, offline verfügbaren Quellen und Darstellungen und solchen im WWW wie etwa im WebQuest-Konzept von Thomas Hilmer (2006) schult die Lernenden darin, „Deutungen, Präsentationen und Verwendungen von Geschichte in der Geschichtskultur" (Sauer 2006: 12) am Beispiel von Online-Repräsentationen von Geschichte kritisch zu analysieren. *Medienspezifische Gattungskompetenz* wird darüber hinaus weiter ausgebaut, wenn verschiedene Formen oder Gattungen von Online-Ressourcen in einem historischen WebQuest – z.B. ein Zeitzeugeninterview oder eine Sendung der „Aktuellen Kamera" vom Oktober 1989 als Videoclips, ein Wikipedia-Artikel, eine fachwissenschaftliche Rezension von Forschungsliteratur oder ein Blogeintrag eines Laienhistorikers – zutage treten und reflektiert werden. Die kritische Reflexion der verschiedenen Formen von Online-Quellen und Online-Darstellungen kann explizit in den Arbeitsprozess integriert werden und etwa durch ‚Steckbriefe' zu den einzelnen Gattungen oder Bewertungsraster unterstützt werden.

So kann im Rahmen eines solchen WebQuests beispielsweise ein Wikipedia-Artikel zum Thema des WebQuest herangezogen werden und als eine der wichtigen Erscheinungsformen von Geschichte im Internet reflektiert werden. Durch die Vorauswahl des zu thematisierenden Artikels hat es die Lehrperson in der Hand, den Schwerpunkt der Betrachtung dieser Darstellungsgattung im Unterricht zu beeinflussen. Soll anhand eines fehlerhaften Artikels die Zuverlässigkeit der Online-Enzyklopädie diskutiert werden? Oder sollen die Schüler dazu angehalten werden, bewusst Fehler in bestehende oder neue Artikel einzubauen, um zu erfahren, dass oft nur wenige Minuten oder Stunden vergehen, bis ein anderer Nutzer den Fehler behebt, nicht selten mit Angabe seiner (Online-)Quelle? Sollen die Schüler anhand einer ausführlichen Auseinandersetzung zweier Nutzer auf der Diskussionsseite zu einem qualitativ hochwertigen historischen Artikel für die Tatsache sensibilisiert werden, dass es sich bei den Einträgen in der Enzyklopädie stets nur um von Nutzern generierte Inhalte handelt, um deren eigene Deutungen? Viele weitere Szenarien sind denkbar – beispielsweise ließen sich auch Artikel mit rassistischen und rechtsradikalen Inhalten recherchieren, um die Schülerinnen und Schüler für das Problem solcher Inhalte im World Wide Web zu sensibilisieren (vgl. Schuch 2002).

Auf der Grundlage der bewussten Auseinandersetzung mit der spezifischen Darstellungsgattung ‚historischer Wikipedia-Artikel' können die Lernenden schließlich selbst einen Wikipedia-Artikel erstellen – z.B. zu den Namensänderungen der örtlichen Bahnhofsstraße im Laufe des 19. und 20. Jahrhunderts oder zum Werdegang einer Überlebenden eines Konzentrationslagers, die die Schüler in einem Zeitzeugengespräch kennen gelernt haben. Der in kooperativer Arbeitsform erstellte Artikel kann innerhalb des WebQuest die Funktion der Ergebnispräsentation übernehmen. So erwerben die Schüler nicht nur die Kompetenz, angemessen mit dieser Gattung umzugehen, sondern üben sich darin, ihre eigenen Geschichtsdeutungen vorzunehmen. Dabei sollten sie „Quellen und Darstellungen in angemessener Weise in die eigene Argumentation einbeziehen" (Sauer 2006: 12).

5.6 „Mit medien- und gattungsspezifischen Besonderheiten der historischen Recherche umgehen[5]"

Konstitutiv für historisches Recherchieren ist die Unterscheidung zwischen Quellen und Darstellungen. Darüber hinaus gilt es, medienspezifische Besonderheiten zu beachten. So erfordert die Informationsflut des World Wide Web gut ausgebildete Kompetenzen der Nutzer, Informationen zu suchen und hinsichtlich ihrer sachlichen Korrektheit sowie des Informationswerts für die eigene Fragestellung zu bewerten und auszuwählen. Diese *Recherchekompetenz* umfasst im Kontext des WWW etwa einen kritischen Umgang mit Suchmaschinen und die Kenntnis der Spezifika verschiedener Arten von Online-Ressourcen.

WebQuests fördern den Erwerb von Recherchekompetenz. Zum einen können sie unter ‚Arbeitsprozess' diverse Hinweise bereithalten wie etwa Erläuterungen zu Suchstrategien oder Kriterienraster für die Bewertung von Internetressourcen – als Bestandteil des WebQuest selbst oder in Gestalt von Links auf entsprechende Websites. Zum anderen kann die Lernumgebung an die Lernvoraussetzungen der Schülerinnen und Schüler sowie das jeweilige Lernziel einer Unterrichtseinheit angepasst werden. So lässt sich der Grad der Selbständigkeit der Lernenden bei der Recherche beliebig bestimmen, indem diese entweder nur vorausgewählte Ressourcen bearbeiten sollen, in einer gelenkten Recherche einige vorgegebene Ressourcen wie z.B. Fachportale als ‚Anker' für ihre eigene Recherche nutzen können oder sogar ganz frei recherchieren sollen (vgl. Schuch 2002: 34-37). So kann einer Überforderung der Schüler durch die Informationsflut des Internets entgegengewirkt werden.

5.7 „Lernprozesse (kooperativ) organisieren, reflektieren und deren Ergebnisse präsentieren"

Die Darstellung der WebQuest-Arbeitsschritte ‚Aufgabenstellung', ‚Evaluation' und ‚Präsentation' haben bereits deutlich werden lassen, dass diese Teilkompetenz ganz zentralen Lernpotenzialen der Lernumgebung entspricht. Das WebQuest zum Frankfurter Auschwitz-Prozess veranschaulicht dies am konkreten Beispiel.

---

[5] Diese Medien-Methoden-Kompetenz findet sich nicht im Kompetenzmodell von Michael Sauer, siehe oben.

6   Beispiel: WebQuest „Der Auschwitz-Prozess 1963-1965"[6]

In dem von Anne Wilsch im Rahmen einer 1. Staatsexamensarbeit erstellten WebQuest zum Frankfurter Auschwitz-Prozess finden sich die Schüler in das Jahr 1965 zurückversetzt. Sie nehmen die Rollen von Journalisten der historischen Fachzeitschrift *ZeitGeschehen* an und sollen anlässlich der Urteilsverkündung am 19. und 20. August 1965 – aus der zeitgenössischen Perspektive heraus – eine Extraausgabe der Zeitschrift erstellen. So erarbeiten die Schüler sich Kenntnisse über die Hintergründe des zum damaligen Zeitpunkt größten Schwurgerichtsprozesses in Deutschland und setzen sich mit der Rezeptionsgeschichte der NS-Verbrechen in der Bundesrepublik auseinander. Das WebQuest ist auf etwa 10 Unterrichtsstunden ausgelegt und ist für Schülerinnen und Schüler der 10. Jahrgangsstufe an Realschulen und Gymnasien konzipiert worden.

Das WebQuest ist mit kleinen Abweichungen gemäß dem oben vorgestellten Aufbau strukturiert. Neben der geringfügig abweichenden Benennung der einzelnen Arbeitsschritte und deren in einem Fall abweichenden Reihenfolge wird im vorliegenden WebQuest auf den abschließenden Arbeitsschritt der Präsentation zugunsten eines Fazits (der Autorin des WebQuest respektive dann: der Lehrperson) verzichtet. Die Hinweise zur Präsentation der Arbeitsergebnisse – der Herstellung der Extraausgabe der Zeitschrift – sind stattdessen in den Hinweisen zur Aufgabe sowie dem Vorgehen innerhalb des WebQuest enthalten.

Auf der Startseite liegt ‚hinter' einem Foto des Gerichtssaals ein Tonbandmitschnitt der Aussage des tschechischen Zeugen Ota Fabián, der bis zur Befreiung des Stammlagers Auschwitz im Leichenträgerkommando tätig gewesen war. Seine Schilderung des Anblicks der Leichen in der Gaskammer, synchron übersetzt ins Deutsche, vermittelt einen ersten Eindruck von den Geschehnissen im Konzentrationslager Auschwitz und vom Ablauf des Strafgerichtsprozesses. Auf der Einleitungsseite des WebQuest werden die Schüler in die Ausgangssituation des WebQuest eingeführt, die auf einer weiteren Seite – durchaus gewitzt – in einem im Urlaub verfassten Brief der Chefredakteurin weiter konkretisiert wird. Im Nachsatz des Briefes werden die Schülerinnen und Schüler auf einen kurzen, wenige Tage nach Prozessbeginn veröffentlichten Zeitschriftenartikel hingewiesen, der mit dem Brief verlinkt ist und als Vorabinformation gut geeignet ist; daran schließt sich die Aufgabenstellung auf einer weiteren Seite an (siehe Abb. 1).

Die Lerngruppe teilt sich in vier Journalistengruppen auf, die sich mit unterschiedlichen Aspekten der Urteilsverkündung im Auschwitz-Prozess auseinandersetzen:

---

[6] Wilsch 2007

- Gruppe 1: Die Urteilsverkündung – Aktuelles
- Gruppe 2: Der Angeklagte Breitwieser – Freispruch
- Gruppe 3: Meinungen, Umfragen, Kommentare
- Gruppe 4: Der Angeklagte Mulka – Das Strafmaß

Die journalistische Betrachtung des Urteils in diesen vier Kleingruppen mit verschiedenen Themenschwerpunkten und Arbeitsmaterialien stellt sicher, dass die historischen Vorgänge aus mehreren Perspektiven beleuchtet werden. Eine fünfte Gruppe – ‚für die ganz Schnellen' – erhält den Zusatzauftrag einer Bildreportage zum Prozess und gibt der Lehrkraft ein Instrument zur Binnendifferenzierung an die Hand. Die Lernenden erhalten bereits an dieser Stelle wie auch auf der nächsten Seite zum ‚Vorgehen' viele Hinweise zur Organisation der kooperativen Arbeit innerhalb der Kleingruppen und zur prozessorientierten Evaluation und Selbstreflexion ihres Lernprozesses (s. Abb. 2).

Abbildung 1:   Das Ende des Schweigens (Hessischer Rundfunk Online)
            URL: http://www.hr-online.de/website/static/spezial/auschwitzprozess)

Jede Journalistengruppe wählt einen Redakteur, der die Arbeit innerhalb der Gruppe koordiniert und mit den Redakteuren der anderen Gruppen Absprachen trifft, z.B. bezüglich des Layouts der Extraausgabe. Außerdem ist es etwa die Aufgabe des Redakteurs, die innerhalb seiner Arbeitsgruppe anfallenden Arbeiten entsprechend der individuellen Stärken und Schwächen seiner Reporter zu verteilen. Die Redakteure können diese Hinweise zu ihrem Rollenprofil auf einer gesonderten Seite einsehen. Somit verfügen die Schüler über ein hohes Maß an Eigenverantwortung für die Organisation ihrer Arbeitsprozesse wie auch das zu erstellende Produkt der Extraausgabe von *ZeitGeschehen*, werden aber durch zahlreiche im WebQuest angelegte Hilfestellungen unterstützt. Bezüglich der zu leistenden Recherchen, die durch die Nennung exzellent ausgewählter Online-Materialien und Literaturhinweise weitgehend vorstrukturiert sind – auf die Option darüber hinausgehender eigener Recherchen wird jedoch explizit verwiesen – wird den Lernenden mitgeteilt:

„Ihr seid Mitarbeiterinnen und Mitarbeiter eines geschichtlichen Fachmagazins, deshalb wird von Euch erwartet, dass ihr ordentlich recherchiert und eure   Informationen aus verlässlichen Quellen stammen."

Einleitung	Aufgabe	Vorgehen	Materialien	Bewertung	Fazit

Zur Startseite

Liebe Mitarbeiter und Mitarbeiterinnen der "*ZeitGeschehen*" Redaktion,

hier erfahrt ihr nun, was von euch in den kommenden Tagen erwartet wird und welche spezifischen Aufgaben eure Journalistengruppe hat.

Eure Aufgabe für die nächsten 8 Tage (Unterrichtsstunden) ist es, eine Extraausgabe zu den Urteilen des Auschwitz-Prozesses herauszugeben.

Von euch wird erwartet, dass ihr eure Arbeit und eure Arbeitsaufträge innerhalb eurer Journalistengruppe organisiert und gemeinsam bearbeitet.

Für eure Recherchearbeit stehen euch das Internet, diverse Bücher, Film- und Audiomaterial zur Verfügung. Das alles findet ihr unter Materialien. Ihr seid Mitarbeiterinnen und Mitarbeiter eines geschichtlichen Fachmagazins, deshalb wird von euch erwartet, dass ihr ordentlich recherchiert und eure Informationen aus verlässlichen Quellen stammen.

Nach Redaktionsschluss sollte sich jeder von euch über die Bewertung Gedanken machen.
Unter **Bewertung** findet ihr dazu ausführliche Fragen, die jeder für sich schriftlich beantworten sollte.
Eure Antworten schreibt ihr bitte auf und gebt sie mir (der Lehrkraft) als Worddokument ab.
Ich werde eure Einschätzungen mit meinen vergleichen und diese anschließend mit euch besprechen.

Eure spezifischen Aufgaben zu den entsprechenden Journalistengruppen erhaltet ihr nun hier:

Journalistengruppe 1:	*Journalistengruppe 2:*	*Journalistengruppe 3:*	*Journalistengruppe 4:*
Die Urteilsverkündung - Aktuelles	*Der Angeklagte - Freispruch*	*Meinungen, Umfragen, Kommentare*	*Der Angeklagte - das Strafmaß*

Abbildung 2:   Seite „Aufgabe" im WebQuest „Der Auschwitz-Prozess 1963-1965"

Dies ist ein wichtiger Hinweis zur notwendigen Recherchekompetenz der Schüler, der zudem implizit eine kritische Recherche anhand verlässlicher Quellen als unersetzliches Handwerkzeug des Historikers ausweist. Die Chance, dieses Thema im Rahmen des WebQuests weiter zu vertiefen und so einen reflektierten Erwerb dieser wichtigen Medien-Methoden-Kompetenz zu ermöglichen, wird bedauerlicher Weise nicht genutzt – etwa durch weitere Informationen im Text des WebQuests selbst oder via weiterer Hyperlinks, die die Schüler wissen lässt, wie sie dem Postulat einer ‚ordentlichen Recherche' gerecht werden können. Auch hinsichtlich der gemeinsamen Präsentation der Arbeitsergebnisse in einer Geschichtszeitung erhalten die Schüler kaum Hinweise – diese Offenheit des Lernarrangements ist Chance und angesichts der anspruchsvollen Aufgabe Gefahr zugleich.

Sehr gelungen sind indes die Arbeitsaufträge der einzelnen Journalistengruppen, wie sich am Beispiel der Gruppe zeigen lässt, die sich mit dem Freispruch des Angeklagten Arthur Breitwieser auseinandersetzt. Anhand der Auseinandersetzung mit einem der drei im Auschwitz-Prozess freigesprochenen Angeklagten werden die Schüler mit dem Missverhältnis zwischen den Massenverbrechen im Konzentrations- und Vernichtungslager Auschwitz und der strafrechtlichen Ahndungspraxis in der Bundesrepublik konfrontiert. Mittels der vorausgewählten *Materialien* sind sie in der Lage, den Werdegang Breitwiesers, seine Funktionen im KZ Auschwitz, seine Verurteilung zum Tode im Krakauer Auschwitz-Prozess 1947 und seine Begnadigung 1959 sowie die Grundlagen seines Freispruchs im Frankfurter Prozess zu recherchieren.

Der konkrete Arbeitsauftrag an die Gruppe, „einen Bericht und eine kritische Stellungnahme zu verfassen", ist von hohem didaktischem Wert: Die Schüler produzieren auf der Grundlage der eigenen Recherche, in der sie historische Quellen und Darstellungen auf die Verwendbarkeit für ihre Artikel der Extraausgabe überprüfen und auswählen müssen, eigene Deutungen des historischen Sachverhalts. Somit ist diese Aufgabenstellung ideal geeignet, um die Ausbildung dieser anspruchsvollen Deutungs- und Reflexionskompetenz bei den Schülern zu fördern.

Positiv zu sehen ist im Sinne des Zusammenwirkens von instruktionalen Elementen und Konstruktionsleistungen der Lernenden, aber auch hinsichtlich der Differenzierungsmöglichkeiten innerhalb der Lerngruppe, der Grad der Offenheit in der Aufgabenstellung. Sie besteht aus einer ‚Pflichtaufgabe', die sehr offen formuliert ist. Sinnvoll eingeschränkt wird die Offenheit durch *mögliche* Anregungen und Fragen, die in der konkreten Formulierung jedoch durchaus suggestiv wirken können. Darüber hinaus steht es den Schülern frei, anderen Interessen, eigenen Fragestellungen an den Gegenstand nachzugehen und diese in die Extraausgabe zu integrieren.

Hervorgehoben seien an dieser Stelle neben den diversen Audiodateien und der multimedialen Lernumgebung „Das Ende des Schweigens" (siehe Abb. 2) insbesondere zwei Artikel der ZEIT aus den Jahren 1964 und 1965. Diese können die Schüler als Quelle für die innergesellschaftliche Debatte um die angemessene justizielle Aufarbeitung der NS-Verbrechen respektive die internationalen Reaktionen auf das Urteil im Auschwitz-Prozess verwenden. Dadurch, dass die Artikel als eingescannte Zeitungsseiten im PDF-Format vorliegen, können die Schüler zudem den historischen Kontext des Auschwitz-Prozesses wahrnehmen. So werden in dem Auszug aus der ZEIT-Ausgabe vom 27. August 1965 über die kurzen Ausschnitte aus der internationalen Presse hinaus die internationale Dimension des Prozesses und der Kontext des Ost-West-Konflikts deutlich.

Zusammenfassend lässt sich festhalten, dass das WebQuest zum Frankfurter Auschwitz-Prozess die didaktischen Möglichkeiten der webbasierten Lernumgebung im Sinne eines ‚Best Practice'-Beispiels illustriert. Die Schüler setzen sich mit den Perspektiven der Täter und Opfer – insbesondere der Täter – im Konzentrations- und Vernichtungslager Auschwitz auseinander. Darüber hinaus gewinnen sie Kenntnisse über die kontroversen gesellschaftlichen Debatten zum Umgang mit der NS-Zeit, die einen großen Gegenwartsbezug zur Lebenswelt der Jugendlichen aufweisen. Trotz einiger kleinerer Mängel, die hier nicht verschwiegen werden sollten, fördert die Anlage dieses WebQuest den Erwerb voraussetzungsvoller Kompetenzen im Bereich der Deutungs- und Reflexionskompetenz sowie der Medien-Methoden-Kompetenz. Dabei organisieren die Schüler ihre kooperativen Arbeitsprozesse weitgehend eigenverantwortlich, erhalten jedoch Hilfestellungen, die sie als Angebote zur Unterstützung ihrer Lernorganisation wahrnehmen können.

7   WebQuests in der Unterrichtspraxis

Auf der Ebene unterrichtspraktischer Überlegungen und Bedingungen dominieren zwei zentrale Fragen beim Einsatz von WebQuests zur Kompetenzförderung im Geschichtsunterricht: Zum einen stellt sich die Frage, ob die Lehrkraft für ihr Unterrichtsvorhaben auf im Internet veröffentlichte WebQuests zurückgreifen kann oder ob es notwendig bzw. zweckdienlicher ist, ein eigenes WebQuest zu erstellen. Zum anderen stellt sich – dies trifft auf einen am Kompetenzerwerb der Lernenden orientierten Unterricht generell zu – die Frage, über welche Kompetenzen die Schülerinnen und Schüler bereits verfügen müssen bzw. zu welchem Grad sie diese schon beherrschen müssen, um sie in der Bearbeitung des WebQuests nicht zu überfordern.
Es gibt mittlerweile eine ganze Reihe von deutschsprachigen Websites, auf denen WebQuests veröffentlicht sind. Eine Google-Suche im ‚deutschsprachigen'

World Wide Web am 12. August 2008 zum Suchbegriff ‚WebQuest' hat zu rund
53.400 Suchergebnissen geführt. Dem gegenüber stehen beinahe zwei Millionen
zumeist englischsprachige Suchergebnisse bei uneingeschränkter Suche, die sich
potenziell im bilingualen Geschichtsunterricht oder für historische Fragestellungen im Englischunterricht einsetzen lassen. Historische WebQuests nehmen neben WebQuests zum Einsatz im Fremdsprachen- und naturwissenschaftlichen
Unterricht sowohl in den deutsch- als auch den anderssprachigen Websites
durchaus einen prominenten Platz ein. Statt der freien Recherche von WebQuests
mittels Suchmaschinen bietet sich dabei eine gezielte Recherche in den einschlä-
gigen, in ihrer Zahl überschaubaren WebQuest-Websites[7] und solchen Webangeboten an, die Unterrichtsmaterialien für den Geschichtsunterricht bereithalten
wie z.B. „Lehrer Online"[8]. Eine umfassende, per se pauschale Bewertung der
Qualität dieser im Internet frei verfügbaren WebQuests ist nicht möglich. Es
lässt sich jedoch sagen, dass sich einige der WebQuests mit Gewinn im Geschichtsunterricht einsetzen lassen (vgl. die Beispiele bei Wagner 2007b). Dies
schließt aufgrund des konstruktivistischen Charakters des Lernens mit
WebQuests und der impliziten strukturierten Selbsttätigkeit der Lernenden den
Erwerb von fachspezifischen Kompetenzen mit ein. Zudem verfügen viele
WebQuests über – mehr oder weniger brauchbare – ‚Lehrerseiten', die Anregungen für den Einsatz im Unterricht enthalten. Auf der anderen Seite finden sich
unter dem Label ‚WebQuest' auch viele Aufgabensammlungen, in denen zu einer Auflistung von Hyperlinks geschlossene Wissens- und Verständnisfragen
beantwortet werden sollen.

WebQuests lassen sich auch ohne Programmierkenntnisse mit sogenannten
WebQuest-Generatoren[9] selbst erstellen. Dies hat für die Lehrenden den Vorteil,
dass sie die WebQuests an die Lernvoraussetzungen der Schüler, unterrichtsor-
ganisatorische Rahmenbedingungen und die von ihnen intendierten inhaltlichen
und methodischen Schwerpunkte anpassen können. So liegt es dann etwa an der
Lehrkraft zu entscheiden, ob die Aufgabenstellung eher frei oder eng gefasst
sein, wie stark die Recherche der Lernenden vorstrukturiert sein soll etc. Diese
offenen Gestaltungsmöglichkeiten der Lehrenden stellen eine Stärke des
WebQuest-Konzepts und einen Vorteil für den unterrichtlichen Einsatz dar – die
Zeit und Kompetenzen der *Lehrenden* vorausgesetzt.

---

[7] Vgl. etwa http://webquest.org/; http://www.webquest-forum.de; http://www.webquests.de.
[8] http://www.lehrer-online.de/591032.php.
[9] Vgl. z.B. http://www.easywebquest.ch.

8   Fazit und Ausblick

Der Kern des didaktischen Konzepts der Lernumgebung WebQuest liegt in der instruktionalen Unterstützung von vorwiegend nach konstruktivistischen Lernprinzipien organisierten Lernprozessen. Somit sind WebQuests ideal geeignet, um das selbständige Lernen der Schüler im Internet zu ermöglichen. Der Aufbau von WebQuests liefert den Lernenden dabei einen strukturierenden Rahmen, einen roten Faden für ihre eigenen entdeckenden Lerntätigkeiten im World Wide Web. Dadurch erliegen sie weniger der für Internetlernen typischen Gefahr, sich in der Hyperlinkstruktur des Internet zu verlieren. Zudem können WebQuests Raum bieten für sinnvolle Hilfestellungen wie etwa Hinweise zur Bewertung von Internetressourcen.

WebQuests fördern den Erwerb historischer Kompetenzen. Wie auf theoretischer Ebene und anhand eines ‚Best Practice'-Beispiels gezeigt werden konnte, unterstützt das Lernen mit historischen WebQuests den Erwerb wichtiger Medien-Methoden-Kompetenzen wie etwa das Organisieren, Reflektieren und Präsentieren von Lernprozessen und -ergebnissen oder einer historischen Recherchekompetenz. Darüber hinaus schulen WebQuests historische Kompetenzen im Bereich einer Deutungs- und Reflexionskompetenz sowie der damit stets verbundenen historischen Sachkompetenz. Diese Befunde einschränkend ist festzuhalten, dass ein großer Forschungsbedarf in der Geschichtsdidaktik darin besteht, Kompetenzmodelle historischen Lernens weiterzuentwickeln und anhand empirischer Studien zu überprüfen.

Auch wenn WebQuests zehn Jahre älter sind als Tim O'Reillys Begriffskonzept des ‚Web 2.0', hat das WebQuest-Konzept seine Relevanz für zeitgemäßes webbasiertes Lernen nicht eingebüßt. WebQuests stehen nicht im Gegensatz zum Web 2.0. Stattdessen ist es problemlos möglich, Dienste und Software des Web 2.0 Zeitalters wie Blogs, Podcasts oder Wikis in die Lernumgebung zu integrieren. So ist z.B. denkbar, dass die Lernenden Blogs und Wikis zum kollaborativen Arbeiten – etwa zur kooperativen Quelleninterpretation oder dem gemeinsamen Schreiben von Geschichtsdarstellungen – einsetzen. Ebenso können die Arbeitsergebnisse eines WebQuest in Form eines Podcasts oder, dies wurde in der Untersuchung expliziert, eines Wikipedia-Eintrags präsentiert werden. Sinnvoll erscheint in diesem Zusammenhang die praxisnahe Lösung einer einzigen Oberfläche, die eine unaufwändige Einbindung möglichst vieler Medien, Dienste und Software in ein WebQuest ermöglicht. Auf Blogs oder Wikis beruhende Oberflächen scheinen am besten für diese (technische) Weiterentwicklung von WebQuests geeignet. Auf diesem Wege würde zudem die eigene Erstellung von WebQuests noch weiter erleichtert.

Literatur

Blömeke, Sigrid (2003): Lehren und Lernen mit neuen Medien: Forschungsstand und Forschungsperspektiven. In: Unterrichtswissenschaft 31. 1. 57-82

Bundeszentrale für politische Bildung (Hrsg.) (2008): Dossier Lernen aus der Geschichte. Unter: http://www.bpb.de/methodik/O4834N

Danker, Uwe / Schwabe, Astrid (2007): Historisches Lernen im Internet. Zur normativen Aufgabe der Geschichtsdidaktik. In: GWU 58. 4-19

Dodge, Bernie (1995): Some Thoughts About WebQuests. Unter: http://webquest.sdsu.edu/about_webquests.html (12.08.2008)

Eimeren, Birgit van / Frees, Beate (2008): Internetverbreitung: Größter Zuwachs bei Silver-Surfern. Ergebnisse der ARD/ZDF-Onlinestudie 2008. In: Media-Perspektiven 12. 8. 330-344. Unter: http://www.media-perspektiven.de/uploads/tx_mppubli-cations/Eimeren_I.pdf (12.08.2008)

Günther-Arndt, Hilke (Hrsg.) (2003): Geschichtsdidaktik. Praxishandbuch für die Sekundarstufe I und II. Berlin: Cornelsen

Günther-Arndt, Hilke (Hrsg.) (2003a): Computer und Geschichtsunterricht. In: Günther-Arndt, Hilke (Hrsg.) (2003): 219-232

Günther-Arndt, Hilke (2003b): Methodik des Geschichtsunterrichts. In: Günther-Arndt, Hilke (Hrsg.) (2003). 151-196

Günther-Arndt, Hilke (Hrsg.) (2007): Geschichtsmethodik. Handbuch für die Sekundarstufe I und II. Berlin: Cornelsen

Günther-Arndt, Hilke (2007): Umrisse einer Geschichtsmethodik. In: Günther-Arndt, Hilke (Hrsg.) (2007): 9-24

Hilmer, Thomas (2006): Projektorientiertes und entdeckend-forschendes Lernen im und mit dem Internet mithilfe der WebQuest-Methode Unter: http://user.uni-frankfurt.de/~thilmer/publikationen/webquest_artikel_izrg_mit_sreens.pdf (12.08.2008)

Ders. (2007): WebQuest zur Bibliothek von Alexandria. In: Geschichte lernen. 20. 115. 29-33

Klieme, Eckhard et al. (Hrsg.) (2007): Zur Entwicklung nationaler Bildungsstandards. Eine Expertise. Bonn/Berlin: BMBF

König, Alexander (2007a): Abenteuer Bildungsstandards. WebQuests und Geschichtsunterricht. In: Computer + Unterricht. 17. 67. 16-17

König, Alexander (2007b): Wikis im Geschichtsunterricht. Unter: http://www.lehrer-online.de/wiki-geschichte.php (12.08.2008)

König, Alexander (2008): Die Schlacht von Verdun – Unterrichtspraktische Erfahrungen zu selbstorganisiertem Lernen mit Wikis im Geschichtsunterricht. In: Computer + Unterricht. 18. 69. 25-27

Körber, Andreas (2002): Neue Medien und Informationsgesellschaft als Problembereich geschichtsdidaktischer Forschung. In: Zeitschrift für Geschichtsdidaktik. 1. 165-181

Körber, Andreas (2007): Die Dimensionen des Kompetenzmodells „Historisches Denken". In: Ders. / Schreiber, Waltraud / Schöner, Alexander (Hrsg.) (2007): 89-154

Körber, Andreas / Schreiber, Waltraud / Schöner, Alexander (Hrsg.) (2007): Kompetenzen historischen Denkens. Ein Strukturmodell als Beitrag zur Kompetenzorientierung in der Geschichtsdidaktik. Kompetenzen: Grundlagen – Entwicklung – Förderung, Bd. 2. Neuried: Ars Una

Krapp, Andreas / Weidenmann, Bernd (Hrsg.) (2001): Pädagogische Psychologie. Ein Lehrbuch, 4. vollständig überarbeitete Aufl. Weinheim.: Beltz

Lehmann, Burkhard / Bloh, Egon (Hrsg.) (2005): Online-Pädagogik, Bd. 2. Methodik und Content-Management. Hohengehren: Schneider Verlag

Marotzki, Winfried / Meister, Dorothee M. / Sander, Uwe (Hrsg.) (2000): Zum Bildungswert des Internet. Bildungsräume digitaler Welten, Bd. 1. Opladen: Leske + Budrich

Mebus, Sylvia / Schreiber, Waltraud (Hrsg.) (2005): Geschichte denken statt pauken. Didaktisch-methodische Hinweise zur Förderung historischer Kompetenzen. Meißen: Sächsische Akademie für Lehrerfortbildung

MMB-Institut für Medien- und Kompetenzforschung (Hrsg.) (2008): Digital Schule – wie Lehrer Angebote im Internet nutzen. Essen. Unter: http://www.dlr.de/ pt/PortalData/45/Resources/dokumente/nmb/MMB_Veroeffentlichung_Lehrer_Online_20080505_final.pdf (12.08.2008)

Moser, Heinz (2000): Abenteuer Internet. Lernen mit WebQuests. 2. Aufl. Zürich: Pestalozzianum

Ders. (2005): WebQuests als didaktisches Modell für den Unterricht. In: Lehmann, Burkhard / Bloh, Egon (2005) (Hrsg.): 146-154

Orthmann, Claudia / Issing, Ludwig (2000): Lernen im Internet – ein integrativer Ansatz. In: Marotzki, Winfried et al. (Hrsg.) (2000): 83-96

Oswalt, Vadim (2003): Neue Medien als Herausforderung an den Geschichtsunterricht. In: Informationen für den Geschichts- und Gemeinschaftskundelehrer. 37. 66. 23-32

Pandel, Hans-Jürgen (2007): Geschichtsunterricht nach PISA. Kompetenzen, Bildungsstandards und Kerncurricula. 2. Aufl. Schwalbach/Ts.: Wochenschau Verlag (Forum Historisches Lernen)

Reinmann-Rothmeier, Gabi / Mandl, Heinz (2001): Unterrichten und Lernumgebungen gestalten. In: Krapp, Andreas / Weidenmann, Bernd (2001) (Hrsg.): 601-645

Sauer, Michael (2006): Kompetenzen für den Geschichtsunterricht – ein pragmatisches Modell als Basis für die Bildungsstandards des Verbandes der Geschichtslehrer. In: Informationen für den Geschichts- und Gemeinschaftskundelehrer. 2. Halbjahr. 72. 7-20

Schreiber, Waltraud (2005): Geschichte denken statt pauken. Theoretische Grundlagen für ein praktisches Konzept. In: Mebus, Sylvia / Schreiber, Waltraud (Hrsg.) (2005): 17-23

Dies. (2007): Kompetenzbereich historische Methodenkompetenzen. In: Körber et. al. (Hrsg.) (2007): 194-235

Schuch, Stefan (2002): Internetrecherche im Geschichtsunterricht. In: Geschichte lernen 15. 89. 34-37

Spahn, Thomas (2008): WebQuests – Internetprojekte im Geschichtsunterricht. In: Bundeszentrale für politische Bildung (Hrsg.) (2008): Unter: http://www.bpb.de /methodik/O4834N

Wagner, Wolf-Rüdiger (2007a): WebQuest. Ein didaktisches Konzept für konstruktives Lernen. In: Computer + Unterricht 17. 67. 6-9

Wagner, Wolf-Rüdiger (2007b): WebQuest-Baukasten Geschichte. In: Computer + Unterricht. 17. 67. 26-29

Weinert, Franz E. (2002): Vergleichende Leistungsmessung in Schulen – eine umstrittene Selbstverständlichkeit. 2. unveränd. Aufl. In: Ders. (Hrsg.) (2002): 17-31

Ders. (Hrsg.) (2002): Leistungsmessungen in Schulen. Weinheim: Beltz

Wilsch, Anne (2007): Ein WebQuest zum Auschwitz-Prozess 1963-1965. Unter: http://user.uni-frankfurt.de/~thilmer/webquest/wq_auschwitzprozess/index.htm (12.08.2008)

Wilsch, Anne / Hilmer, Thomas (2007): Ein WebQuest zum Auschwitz-Prozess 1963-65. Unter: http://www.lehrer-online.de/webquest-auschwitz-prozess.php (12.08.2008)

Erwägungsdidaktik und erwägungsorientiertes Lernen und Lehren im Netz

Bettina Blanck

1 Vorbemerkungen und Einstimmung

Im Folgenden wird ein didaktischer Ansatz vorgestellt, der ein *Denken in Möglichkeiten* fördert und fordert. Dieser Ansatz zielt auf einen *spezifischen erwägenden Umgang mit Vielfalt* (Heterogenität) und insbesondere *qualitativen* Alternativen. Er wird deshalb ,*erwägungsdidaktischer Ansatz*‘[1] genannt. Dieser erwägungsdidaktische Ansatz ist ein allgemeindidaktischer Ansatz, d. h. man kann ihn angefangen vom Vorschul- und Grundschulunterricht bis hin zur Gestaltung von Universitätsseminaren und Weiterbildungen nutzen.

Erwägend mit Vielfalt und Alternativen umzugehen, bedarf geeigneter Methoden. Solche Erwägungsmethoden sind relevant, um Vielfalt zu erschließen, Alternativen als solche zu identifizieren und zu bestimmen, Vielfalt zu reduzieren und eine Auswahl treffen zu können. Darüber hinausgehend braucht man vom erwägungsdidaktischen Ansatz her gedacht und wie im Folgenden noch näher erläutert wird, auch Methoden zur Integration und Bewahrung von jeweils erwogenen Alternativen. Es ist vor allem diese (reflexive) methodische Orientierung und die Entwicklung von Erwägungsmethoden, die dann schließlich auch ,ins Netz‘ geführt haben. In Zusammenarbeit mit der Arbeitsgruppe um Reinhard Keil und Thorsten Hampel sind bisher an der Universität Paderborn zwei Erwägungskomponenten auf [open]sTeam entwickelt worden. Es handelt sich um die Methoden der erwägungsorientierten Pyramidendiskussion und des Thesen-Kritik-Replik-Verfahrens. Beide Methoden sind Methoden zur Gestaltung und Strukturierung von Diskussions- und Auseinandersetzungsprozessen und können erwägungsorientiert oder auch nicht-erwägungsorientiert eingesetzt werden.

Die bisherigen Erfahrungen mit den Online-Erwägungsmethoden haben deutlich gemacht, wie wichtig eine enge Kooperation zwischen Informatik, den

---

[1] Die Verwendung unterschiedlicher Arten von An- und Abführungszeichen folgt den Vorgaben von Verlag und Herausgebern und entspricht nicht der Verwendung, die die Autorin in ihren anderen Arbeiten praktiziert.

technischen Entwicklern bzw. Entwicklerinnen, und den Anwenderinnen bzw. Anwendern ist. Wenn jeweilige Komponenten möglichst frühzeitig genutzt werden, können ihre didaktischen wie technischen Möglichkeiten und Grenzen auch eher erkannt werden. Zwar mag dies, wie beim ersten Einsatz der Pyramidendiskussion zu vermehrten technischen Problemen führen, welcher ohne eine seminarbegleitende technische Unterstützung hätte abgebrochen werden müssen. Durch die enge Zusammenarbeit führte genau diese Problemsituation dann aber letztlich zur Entdeckung neuer didaktischer Möglichkeiten. Der Beitrag soll ein wenig neugierig auf das erwägungsdidaktische Konzept und die Möglichkeiten erwägungsorientierten Lernens und Lehrens im Netz machen und zur Erprobung und Auseinandersetzung mit den Methoden und ihrer Verbesserung anregen.

2   Erwägungsorientierung als philosophisches Konzept

Um den Hintergrund des Ansatzes zu verdeutlichen, muss zunächst etwas weiter ausgeholt werden. Hinter dem erwägungsdidaktischen Ansatz steht ein philosophisches Konzept, nämlich das Konzept einer Erwägungsorientierung. Dieses Konzept einer Erwägungsorientierung ist unabhängig von pädagogischen und didaktischen Fragestellungen entwickelt worden. Es hat Konsequenzen für wissenschaftliches Arbeiten und hat in diesem Zusammenhang zur Gründung der interdisziplinären Diskussionszeitschrift *Erwägen Wissen Ethik* geführt. Diese *Zeitschrift ist als ein Forschungsinstrument konzipiert,* deren Diskussionseinheiten sich u. a. auch in besonderer Weise für netzgestützte Seminare eignen – ein weiteres Beispiel für erwägungsorientiertes Lernen und Lehren im Netz. Die didaktische Relevanz des Konzeptes einer Erwägungsorientierung reicht bis hin zur Konzipierung neuer Lernmaterialien für den Grundschulunterricht, wie das Beispiel der Weiterentwicklung der sogenannten 2-Fach- zu einer 3-Fach-Schüttelbox zeigt. Die 3-Fach-Schüttelbox wird im Folgenden herangezogen, um das Konzept einer Erwägungsorientierung an einem einfachen Beispiel zu veranschaulichen.

Das Konzept einer Erwägungsorientierung bezieht sich auf Entscheidungen, wie wir sie selbst und andere alltäglich treffen können oder müssen. In solchen Entscheidungen mag es um triviale Dinge gehen, wie die Frage, was ich zu Mittag essen will, oder um folgenreiche Entscheidungen, wie die Frage nach der am besten geeigneten Therapie bei einer Erkrankung. Entscheidungen mögen allein oder auch mit anderen gemeinsam getroffen werden. Das, worüber entschieden wird, kann nur die Person betreffen, die die Entscheidung trifft, oder auch mehr oder weniger viele andere Personen – man denke hier an Entscheidungen in der Wirtschaft oder der Politik oder an die Entscheidungen einer Lehrerin oder eines

Lehrers. Bei allen Entscheidungen – so unterschiedlich bedeutsam sie sein mögen – wird mehr oder weniger erwogen. Unterschiedliche Alternativen werden als *potenzielle* Lösungen bzw. Antworten auf ein Problem bzw. eine Frage erwogen, dann bewertet und schließlich wird eine Lösung gewählt und zu realisieren versucht.

Gegenstand des Erwägungskonzeptes ist die *Güte der Erwägungen in Entscheidungen*. Kerngedanke ist, dass die jeweils erwogenen Alternativen einzuschätzen helfen, wie gut die Begründung für eine Lösung ist. Je umfassender die problemrelevanten Alternativen erwogen werden konnten, um so eher kann man von der schließlich gewählten Lösung behaupten, dass sie die vorerst ‚beste‘ oder ‚richtige‘ ist. Und umgekehrt: Je weniger problemrelevante Alternativen erwogen werden konnten, umso weniger kann man die gewählte Lösung mit Ansprüchen vertreten, dass sie gut begründbar und verantwortbar sei. Der Zusammenhang zwischen den jeweils erwogenen Alternativen und der Güte jeweiliger Lösungen wird als ‚Erwägungs-Geltungsbedingung‘ bezeichnet. Wer die Erwägungs-Geltungsbedingung nutzen will, um eigene Lösungen und Positionen zu begründen, muss die erwogenen Alternativen *bewahren*, so dass sie angebbar sind. Diese Transparenz des Erwogenen macht die Lösung oder Position für andere leichter nachvollziehbar und auch leichter kritisierbar und damit verbesserbar. Erwägungsorientierung sensibilisiert für die Einschätzung von eigenen oder fremden Lösungen und Positionen. Dies hat Konsequenzen für den Umgang mit Lösungen und Positionen. Wenn diese sich nur wenig gegenüber Alternativen begründen lassen, so wird man sie vielleicht vorsichtiger vertreten und realisieren, als wenn man weiß, dass zu ihr alle problemadäquat möglichen Alternativen bedacht werden konnten.

Auf den ersten Blick mag man sich jetzt fragen, was an dieser Erwägungsorientierung nun so besonderes sein soll, dass sie sogar zu einem philosophischen Konzept deklariert wird. Ist ein erwägender Umgang mit qualitativer Vielfalt und qualitativen Alternativen[2] nicht gängige und selbstverständliche Praxis, insbesondere in den Wissenschaften? Unterscheidet man zwischen der *Genese, dem Entdeckungszusammenhang* von Lösungen, und der *Geltung, dem Begründungszusammenhang* von Lösungen, dann kann man diese Frage nur für den Bereich der Genese bejahen. Alternativen werden zwar in der Genese von Lösun-

---

[2] Die Kritik am Fehlen von Erwägungsforschungsständen und einer wenig entwickelten methodisch orientierten Kultur des Nutzens von erwogenen Alternativen als eine Geltungsbedingung zur Einschätzung der Güte jeweiliger Lösungen richtet sich auf qualitative Alternativen und entsprechend qualitativ arbeitende Wissenschaften. Im Unterschied zu diesen besteht bei den quantifizierenden Wissenschaften insofern die Möglichkeit regelgeleiteter vollständiger Zusammenstellungen und Bewahrung von jeweiligen Erwägungsalternativen (also einer optimalen Erwägungs-Geltungsbedingung), als Quantifizierung innerhalb jeweils angegebener Intervalle es ermöglicht zu erwägen (vgl. Loh 2008).

gen genutzt, um zu ‚guten' Lösungen zu gelangen. Hat man diese gefunden, so spielen die alternativen Lösungsmöglichkeiten dann aber kaum eine systematisch-methodische Rolle in Bezug auf die Geltung der gewählten Lösung.

Nun ist es in pluralistischen demokratischen Gesellschaften in vielen Fragen so, dass Menschen zu unterschiedlichen Lösungen und Positionen gelangen und diese auch realisieren. Auf diese Weise findet eine gelebte Lösungsvielfalt statt, die viele Alternativen, die eine einzelne Person für sich selbst ausgeschlossen hat, zu bewahren scheint. Wenn ich mich für die Wahl einer bestimmten Partei entschlossen habe oder in religiösen Fragen einen bestimmten Standpunkt vertrete, dann bleibe ich dadurch, dass andere Menschen gänzlich andere Auffassungen haben, auch nach meiner Entscheidung mit möglichen Alternativen konfrontiert.[3]

Bei diesen, von anderen gelebten und vertretenen alternativen Positionen, handelt es sich aus der Sicht des Konzeptes einer Erwägungsorientierung allerdings nicht mehr um *Erwägungs*alternativen, sondern um *Lösungs*alternativen. Diese mögen für mich Anlass zum erneuten Erwägen und damit für mich zu Erwägungsalternativen werden. Systematisch sind aber Erwägungs- von Lösungsalternativen zu unterscheiden. Hierzu ein Beispiel: Ich setze mich mit unterschiedlichen Verständnissen über die Rolle von Fehlern in Lern- und Lehrprozessen auseinander, erwäge unterschiedliche Umgangsweisen mit Fehlern in meinem Unterricht (Erwägungsalternativen) und wähle schließlich eine Möglichkeit als Lösung, die ich dann zu realisieren versuche. Einige meiner Kolleginnen und Kollegen teilen meine Auffassung (Position, Lösung) nicht. Sie vertreten und praktizieren andere Positionen (Lösungsalternativen). Für das Konzept einer Erwägungsorientierung ist diese Unterscheidung bedeutsam: Nicht alles, was eine mögliche, zu erwägende Alternative ist, sollte oder kann realisiert werden. Ein radikaler Pluralismus auf der Ebene dessen, was zu erwägen ist, muss unterschieden werden von dem eingeschränkten Pluralismus an alternativen Lösungen, die in einer Gesellschaft von unterschiedlichen Menschen gelebt und vertreten werden dürfen. So mag in dem Fehlerbeispiel die Prügelstrafe beim Begehen eines Fehlers zwar eine zu erwägende Lösungsmöglichkeit sein, die früher auch als sinnvoll bewertet worden ist, von der man sich in unserer Gesellschaft aber als zu wählende Lösung distanziert hat und statt dessen zunehmend davon ausgeht, dass Fehler für Lernprozesse konstitutiv sind.[4] *Wenn aber die Güte der Begründung einer Lösung mit von den zu ihr problemadäquat denkbaren zu erwägenden Lösungsmöglichkeiten abhängt, sind auch die erwogenen und*

---

[3] Die gelebte Konkurrenz auf dieser Ebene der Realisierung von Lösungen mag vielleicht kaschieren, dass es darüber hinausgehend wichtig sein kann, jeweils erwogene Alternativen zu bewahren.

[4] Vgl. zur Thematik des Umgangs mit Fehlern, der Bedeutsamkeit von Fehlerfreundlichkeit und einer Fehlerkultur in Schule und Gesellschaft insgesamt: Erwägen Wissen Ethik. 18. 2008. 3.

nicht realisierten, verworfenen Lösungsmöglichkeiten als Erwägungsalternativen zu bewahren.

Nun ist es weder sinnvoll noch von den Ressourcen her leistbar, alles zu erwägen. Deshalb ist das Konzept einer Erwägungsorientierung ein *reflexives Konzept.* Es ist reflexiv zu erwägen, ob man erwägen will oder nicht: Bei welchen Problemlagen will, soll und kann man aufwändig erwägen? Wo ist es sinnvoller sich auf Vorgaben zu verlassen, wie z. B. Gewohnheiten, Traditionen, Entscheidungen anderer? Wie gut man auf solche reflexiven Fragen antworten kann, hängt entscheidend von Methoden und methodischen Kompetenzen ab. Das Erwägungskonzept ist ein *reflexiv methodisch orientierter Ansatz.* Wie eingangs angesprochen, lebt die Güte eines erwägenden Umgangs mit Vielfalt und Alternativen von geeigneten Methoden, die helfen, Vielfalt zu erschließen, Alternativen als solche zu identifizieren und zu bestimmen, Vielfalt zu reduzieren und eine Auswahl treffen zu können, die gewählte Lösung in einem Feld erwogener Lösungsmöglichkeiten integrieren und verorten zu können und die erwogenen Alternativen als Geltungsbedingung zu bewahren. Wie wenige Methoden es hier bisher in den qualitativen Wissenschaften gibt, zeigen die Diskussionen in der Zeitschrift *Erwägen Wissen Ethik.* Zu jedem Thema der seit 21 Jahren erscheinenden Zeitschrift gibt es ein derartiges Spektrum an unterschiedlichen Lösungspositionen, dass es erforderlich wäre, die jeweilige Vielfalt erwägend aufzubereiten, denn es ist zu fragen, wie man derart Lösungen vertreten kann, ohne Erwägungsforschungsstände anzustreben.

3 Erwägungsdidaktik: Erwägungsorientiertes Lernen und Lehren

Welche Relevanz könnte Erwägungsorientierung für die Gestaltung von Lern- und Lehrprozessen haben? Am Beispiel der Entwicklung der 3-Fach-Schüttelbox wird erläutert, inwiefern Erwägungsorientierung z. B. zur Veränderung vorhandener Materialien führen und ein *Denken in Möglichkeiten* fördern kann.

Die 2-Fach-Schüttelbox soll die Zerlegung von kleinen Zahlen üben helfen. Die verschließbare Box ist in zwei Fächer unterteilt. Wird die Box geschüttelt, verteilt sich eine bestimmte (bekannte) Anzahl von Perlen, auf diese zwei Fächer. Ist die Sicht auf ein Fach verdeckt, so stellen sich den Kindern damit Ergänzungsaufgaben, für die es jeweils genau eine richtige Lösung gibt. Sind 4 Perlen in einer Box mit insgesamt 9 Perlen in einem der beiden Fächer zu sehen, so müssen in dem zweiten Fach 5 Perlen liegen. Vom Konzept einer Erwägungsorientierung aus gesehen entstand die Überlegung, die 2-Fach- in eine 3-Fach-Schüttelbox zu verwandeln, bei der die Perlen in drei Fächer fallen können und zwei Fächer abgedeckt sind.

Abbildung 1:   Von der bekannten 2-Fach-Schüttelbox ...

Vorderansicht (Aufgabenseite)   *Hinteransicht (Lösungsseite)*

Abbildung 2:   ... zur 3-Fach-Schüttelbox

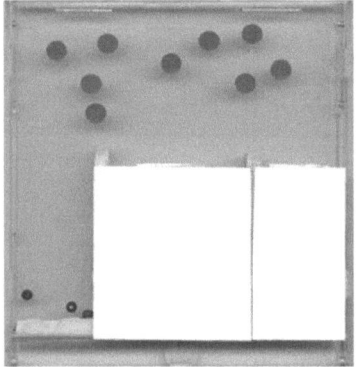
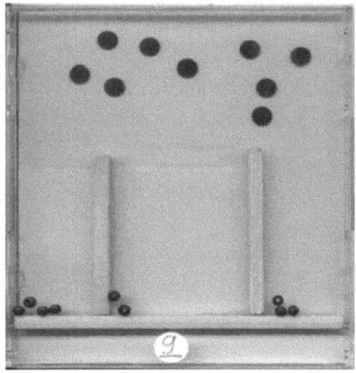

Vorderansicht (Aufgabenseite)   *Hinteransicht (Lösungsseite)*

Mit dieser kleinen Änderung werden die Kinder herausgefordert, alternative Lösungsmöglichkeiten zu erwägen. Denn beim Blick auf eines der Fächer gibt es nun keine sichere Lösung mehr. Man weiß nicht, wie die weitere Verteilung der Perlen ist, wenn man 3 Perlen in einem Fach einer 3-Fach-Schüttelbox mit insgesamt 9 Perlen sieht.[5] Das Erwägen von Lösungsmöglichkeiten kann auf verschiedene Weise – mehr oder weniger methodisch orientiert – erfolgen. Entdeckt und arbeitet man, wie es sich im Fall der Schüttelbox anbietet, eine kombinatorische Regel, mit der man alle jeweils denkbaren Möglichkeiten angeben kann, dann hat man damit auch einen *Weg* gefunden, *kompetenter mit Nicht-Wissen umzugehen.* Denn obwohl ich nicht wissen kann, was die richtige Lösung – die aktuell geschüttelte Perlenverteilung – ist, kann ich methodisch so gut erwägen, dass ich auf jeden Fall die faktisch vorliegende Lösung im Spektrum meiner Erwägungen miterfasst habe.[6] Das Beispiel der Schüttelbox zeigt auch, dass sich adäquate von nicht-adäquaten zu erwägenden Lösungsmöglichkeiten unterscheiden lassen. Eine Erwägung, dass bei 3 sichtbaren von insgesamt 9 Perlen in den beiden anderen Fächern 4 und 3 Perlen liegen könnten, wäre inadäquat und falsch.[7]

Als Online-Komponente wird das Konzept der 2-Fach-Schüttelbox z. B. so umgesetzt:

Abbildung 3:   Screenshots der 2-Fach-Schüttelbox der Lernsoftware „Fit in Mathe" von Dieter Ballin u. a. 2004

Der Nachteil dieser Online-Version von „Fit in Mathe" besteht darin, dass die Perlen nacheinander hineinfallen, was zum Mitzählen verleitet. Außerdem liegen die Perlen in einem Haufen übereinander. Es wird nicht die ‚Kraft der 5' genutzt,

---

[5] Ausgenommen von dieser Unsicherheit ist nur der Fall, dass alle Perlen in dem einen sichtbaren Fach liegen.
[6] Natürlich kann man auch mit einer 2-Fach-Schüttelbox erwägen, wenn man bei ihr beide Fächer abdeckt, und dann die mögliche Verteilung der Perlen erwägt. Im Unterschied zur 3-Fach-Schüttelbox mit zwei abgedeckten Fächern hat man dann aber nicht so deutlich die Verbindung von Wissen und Nicht-Wissen.
[7] Ausführlicher zur Arbeit mit der 3-Fach-Schüttelbox vgl. Blanck 2007.

bei der in jeder Reihe maximal 5 Perlen liegen könnten und die Struktur der Anordnung den Kindern ein simultanes Erfassen jeweiliger kleiner Anzahlen von
Perlen ermöglichen würde. Würde eine Computer-Schüttelbox mit zwei oder
drei Fächern in dieser Weise funktionieren, dann könnte man mit ihr auch die
Zerlegung größerer Anzahlen üben, so wie dies bei verbesserten Offline-
Versionen der Fall ist, die so gebaut sind, dass immer genau 5 Perlen nebeneinander liegen und damit die ‚Kraft der 5' sichtbar wird.

Erwägungsdidaktik zielt sowohl auf das *Was* des Lernens und Lehrens als
auch auf das *Wie* des Lernens und Lehrens. Jeweilige Inhalte sollen unter Berücksichtigung jeweiliger Vielfalt an Positionen und Argumentationen und unter
Klärung dessen, was jeweils als Alternativen bestimmbar ist, erarbeitet werden.
Beim *Wie* des Lernens und Lehrens geht es aus erwägungsdidaktischer Perspektive um die Förderung und Entwicklung von Erwägungskompetenzen und dabei
insbesondere um die Entwicklung von reflexiven methodischen Fähigkeiten im
individuellen und gemeinsamen Umgang mit jeweiliger Vielfalt und jeweiligen
Alternativen. Dabei sollen die unterschiedlichen Positionen der Teilnehmenden
(der Lernenden und Lehrenden) möglichst so berücksichtigt und einbezogen
werden, dass Erwägungsbetroffenheit und Erwägungsengagement für die sachliche Auseinandersetzung entsteht. Hierfür ist es erforderlich, individuelle wie
gemeinsame Lernwege zu ermöglichen und miteinander zu vermitteln. Erwägungsorientierte Lern- und Lehrprozesse intendieren eine Entfaltung der
Subjektivitäten der Teilnehmenden hin zu mehr Intersubjektivität und Objektivi-
tät. Erwägendes Lernen und Lehren gelingen am besten, je strukturierter und re-
flektierter diskutiert und je methodisch orientierter Probleme erschlossen werden
können.

Bevor jetzt zwei Erwägungsmethoden, die sich offline wie online nutzen
lassen, und Möglichkeiten der Computerunterstützung beim Einsatz von Diskussionseinheiten der Zeitschrift *Erwägen Wissen Ethik* in Seminaren vorgestellt
werden, sollen noch einige Andeutungen zur Verortung des erwägungsdidaktischen Ansatzes gemacht werden. Dieser findet überall dort Anknüpfungspunkte,
wo subjekt- bzw. lernenden- und teilnehmendenorientierte didaktische Konzepte
vertreten werden, wo handlungs- und problemorientiertes aktives Lernen auf eigenen Wegen als relevant und Wissen nicht als Fertigprodukt betrachtet wird.[8]
Erwägungsdidaktik knüpft schließlich an Konzepte an, die sogenannte (reflexive) Schlüsselkompetenzen fördern wollen, wie z. B. Urteils- und Entscheidungs-
fähigkeiten, Methodenkompetenzen, Team- und Kooperationsfähigkeiten, Dis-
kussions- und Konfliktfähigkeiten usw. In diesem Zusammenhang kommt dem
erwägungsdidaktischen Vorgehen insbesondere auch mit Blick auf Ziele und

---

[8] Ausführlich s. hierzu Blanck 2011.

Leitlinien politischer Bildung eine grundlegende und weiterführende Rolle zu.[9] Hieraus resultierende Folgen, wie etwa eine veränderte Rolle der Lehrenden zunehmend hin zu Lernberatenden bzw. Lerncoaches und Moderierenden, eine Orientierung an Methodenvielfalt wie auch ein veränderter Umgang mit Fehlern und Leistungsbeurteilungen, sind auch für den erwägungsdidaktischen Ansatz von grundlegender Bedeutung. Die Hinweise auf Anknüpfungspunkte implizieren auch einige Abgrenzungen. Erwägungsdidaktisches Vorgehen grenzt sich insbesondere von ausschließlich vorgabeorientierter Belehrungsdidaktik ab, ohne diese aber gänzlich aus dem Gesamtrepertoire erwägungsdidaktischer Vorgehensweisen auszuschließen. Im Gegenteil ist ja reflexiv oft zu entscheiden, wo man vorgabeorientiert vorgehen will und wo man Freiräume für Erwägungen und Entscheidungen eröffnet.

4 Erwägungsorientiertes Lernen und Lehren im Netz

4.1 Erwägungsorientierte Pyramidendiskussionen

Die Methode der schriftlichen erwägungsorientierten Pyramidendiskussion ist eine Weiterentwicklung der von Volker Frederking[10] (1996: 49) entwickelten Pyramidendiskussion, deren Einsatz er im Philosophieunterricht beschrieben hat. Dabei erarbeiten sich die Teilnehmenden zunächst in Einzelarbeit eine Position zu einem bestimmten Problem bzw. einer Fragestellung und schreiben diese auf. Die eigene Position wird dann mit der Position einer Partnerin bzw. eines Partners verglichen und eine gemeinsame Position formuliert und schriftlich festgehalten. Nun treten jeweils zwei Paare in einen Austausch und formulieren eine gemeinsame Position, danach tun sich zwei Vierergruppen zusammen usw. usf., bis alle Teilnehmenden wieder in einer Gruppe vereint sind.[11]

Aus erwägungsorientierter Perspektive ist diese Methode in besonderer Weise geeignet, die jeweilige Vielfalt an Positionen zu erschließen als auch zu

---

[9] Ausführlich hierzu vgl. Blanck 2006a.

[10] Als ‚Pyramidendiskussion' mit einer etwas anderen Bedeutung bezeichnet Frank Müller einen Wechsel zwischen Einzel- und Kleingruppenarbeit, bei der es um die Bewertung von Aussagen zu einem bestimmten Themenbereich geht. Nach der Bewertung in Einzelarbeit „stellen sich die Schülerinnen und Schüler" in Kleingruppen „zunächst ihre Bewertungen vor und versuchen eine Reihenfolge der Aussagen von ‚voll zutreffend' zu ‚nicht zutreffend' zu finden, indem sie die Aussagen hinsichtlich dieser Wertigkeit durchnummerieren. Dabei können einige Thesen auch als gleich wichtig gekennzeichnet werden" (Müller 2004: 117).

[11] Je nach Teilnehmendenanzahl können die Subgruppen natürlich auch unterschiedlich schnell wachsen und ggf. ist z. B. bei ungerader Teilnehmendenzahl im Anschluss an die Einzelarbeit neben lauter Paaren eine Dreiergruppe zu bilden.

klären. Denn sie fordert von den Einzelnen sowohl die Fähigkeit, sich zu positionieren und ‚konkurrenzfähig' zu sein, als auch sich zu integrieren, distanzfähig und korrekturinteressiert im Umgang mit eigenen bisherigen Positionen zu sein. Im Verlauf einer erwägungsorientierten Pyramidendiskussion geht es im Unterschied zu der von Frederking beschriebenen Pyramidendiskussion aber nicht primär darum, sich auf eine Lösung zu einigen. Vielmehr sollten möglichst genau in jedem Pyramidendiskussionsschritt die Unterschiede und Gemeinsamkeiten der verschiedenen Lösungsvorschläge herausgearbeitet und untersucht werden, so dass sich schließlich jede und jeder *mit der eigenen Lösungsvorliebe in einem Feld erwogener Möglichkeiten verorten* kann.

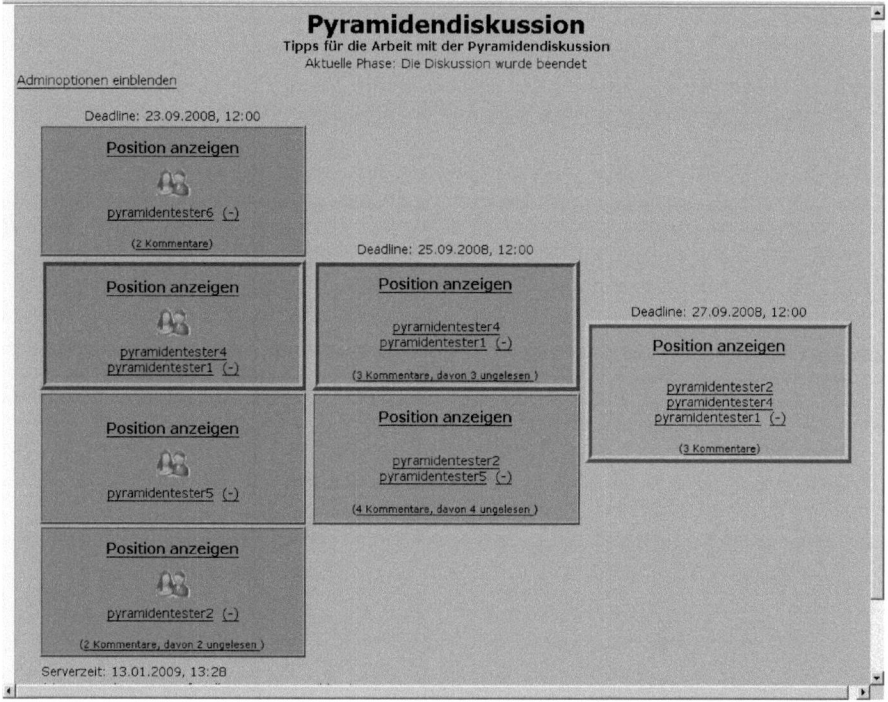

Abbildung 4:   Screenshot des Eingangsbildes einer Pyramidendiskussion mit 4 Teilnehmenden aus Sicht der Administration. Aus darstellerischen Gründen ist hier nur eine kleine Pyramide abgebildet. Wie im Text erläutert, käme bei 8 Teilnehmenden ein weiterer Diskussionsschritt – eine weitere Spalte – hinzu.

Bei dem von Patricia Heckmann (2004) technisch realisierten Prototyp baut sich die Pyramide von links nach rechts auf. Sie wurde auf die Seite gekippt, um unterschiedliche Figurationen zu ermöglichen, so dass man Pyramidendiskussionen mit 4, 8, 16 usw. Teilnehmenden führen kann. Nach den bisherigen Erfahrungen hat sich in Seminaren eine Gruppengröße von 8 Teilnehmenden pro Pyramide bewährt. Dies bedeutet, dass die Einzelnen viermal ihre jeweiligen Positionen durchdenken und mit anderen vermitteln müssen.

Die Online-Komponente hat folgende Funktionen: Die Einzelnen haben einen festen Ort, an dem sie ihre schriftlich ausformulierten Positionen ablegen können. In einer Gruppe mit 8 Teilnehmenden werden die Ausgangspositionen in der ersten Spalte in den Feldern 1.1 bis 1.8. abgelegt (d. h. als Textdokument hochgeladen) bzw. können dort auch direkt mit einem einfachen Editor geschrieben werden. Die Felder zeigen an, ob ein Text abgelegt wurde und wer ihn verfasst hat. Will man ihn lesen, klickt man auf das entsprechende Feld. Alle Texte können kommentiert werden. Beim zweiten Durchgang – der Arbeit mit einer Partnerin bzw. einem Partner – wird das Ergebnis der Auseinandersetzung in der zweiten Spalte in den Feldern 2.1. bis 2.4 abgelegt. Beim dritten Durchgang gibt es bei 8 Teilnehmenden nur noch zwei Felder für zwei Viergruppen und schließlich sind alle vereint und müssen in einem gemeinsamen Feld ihren erarbeiteten Erwägungsstand festhalten. In der ersten Online-Version gab es keine Möglichkeiten der Einschränkungen der Rechte, d. h. alle konnten jederzeit alles lesen und alle Texte konnten immer wieder erneut überarbeitet werden. Der Wunsch, dass die Teilnehmenden die Texte der anderen immer erst dann lesen und ggf. kommentieren können, wenn sie ihre eigenen eingestellt haben, und dass mit dem jeweiligen Ende einer Diskussionsphase keine weiteren Korrekturen möglich sind, wird von der überarbeiteten aktuellen Komponente erfüllt. Der Verlauf einer Pyramidendiskussion mit ihren Entwicklungs- und Erwägungsprozessen der Einzelnen wie der Gruppe insgesamt wird so dokumentiert. Dies schafft die Grundlage dafür, aus Diskussionsverläufen zu lernen, etwa mit welchen Methoden man einen besonders umfassenden Erwägungsstand erarbeiten kann oder welche Strategien hierbei eher hinderlich sind. Die aktuelle Version der Pyramidendiskussion ermöglicht die gewünschten Einschränkungen, indem die Lehrenden Abgabefristen (deadlines) für die jeweiligen Beiträge festlegen können, nach denen diese eingestellt sein müssen und dann nicht mehr korrigierbar sind, aber nun von allen gelesen und kommentiert werden können.[12]

---

[12] Zur Arbeit mit der Online-Komponente findet man technische und didaktische Hinweise unter: http://steamware.open-steam.org/Packages/pyramiddiscussion/. Zur Ursprungsversion vgl. Patricia Heckmann 2004; dazu, wie man mit der Methode arbeiten kann, vgl. weiterhin Blanck 2006b; näheres zur Einbettung der Komponente in [open]sTeam s. auch z. B. Thorsten Hampel und Patricia Heck-

Bedenkt man, dass in größeren Lerngruppen nicht nur in einer Pyramide, sondern in vielen Pyramiden gearbeitet wird, so ist der erste Vorteil der Online-Komponente schon allein die übersichtliche und strukturierte Zugänglichkeit aller Texte. Ohne diese Möglichkeit besteht ein erheblicher Aufwand – gerade bei größeren Gruppen – dafür zu sorgen, dass alle Teilnehmenden alle Texte vorliegen haben und diese auch so abgeheftet werden, dass man jeder Zeit wieder auf sie zurückkommen kann. Die Online-Komponente bietet aber noch viel mehr. Sie erleichtert den Wechsel zwischen asynchroner oder synchroner Arbeit. Pyramidendiskussionen können standortgebunden oder standortübergreifend geführt werden. Zwischen Lerngruppen an unterschiedlichen Standorten lassen sich unterschiedliche Arten von Pyramidendiskussionen führen, je nachdem, ob die Lernvoraussetzungen sich ähneln oder sehr unterschiedlich sind. Es sind virtuell gemischte Gruppen, die gemeinsam in einer Pyramide arbeiten, genauso gut möglich wie standortbezogene Pyramiden, die aber durch die Vernetzung in einen Austausch treten können. So ein Austausch mag etwa ein Vergleich der Diskussionsverläufe innerhalb der jeweiligen Pyramiden sein, verbunden mit dem Ziel, den jeweils eigenen erarbeiteten Erwägungsstand weiter zu verbessern.

Eine besondere Möglichkeit, Diskussionsverläufe in Pyramidendiskussionen zu reflektieren und diese Reflexionen ihrerseits zu dokumentieren, besteht durch die Funktion der Kommentierung. Entdeckt wurde ihr didaktisches Potenzial während der ersten Erprobung des Prototypen bei einer phasenweise standortübergreifenden Kooperation zwischen zwei Seminaren der Universitäten Hildesheim und Paderborn.[13] In einem gemeinsamen virtuellen Raum auf [open]sTeam war ursprünglich anvisiert, dass die Studierenden der zwei Standorte in gemischten virtuellen Gruppen zusammen in Pyramidendiskussionen arbeiten sollten. Da dies aus verschiedenen Gründen nicht klappte, wurde nach einer Alternative gesucht, was schließlich zum Konzept der ‚KommentierungspartnerInnenschaft‘ führte. In dem gemeinsamen Raum wurden eine Paderborner und eine Hildesheimer Pyramidendiskussion geführt. Beide hatten unterschiedliche Fragestellungen, die aber jeweils auch für die anderen von Interesse waren. Zum einen ging es um die Frage, was einen guten heterogenitätsbewussten Unterricht auszeichnet, zum anderen um das Problem, inwiefern Lehrerinnen und Lehrer, die ‚schwache‘ Schülerinnen und Schüler fördern, die ‚leistungsstärkeren‘ vernachlässigen. Zwischen diesen beiden Pyramiden wurden nun PartnerInnenschaften dergestalt gebildet, dass jeweils einer Teilnehmerin bzw. einem Teilnehmer der Hildesheimer Pyramide eine Teilnehmerin bzw. ein Teilnehmer der Paderborner

---

mann 2005 sowie Thorsten Hampel, Reinhard Keil-Slawik und Harald Selke 2005 sowie Keil 2010, insbesondere S. 140f.

[13] Ausführlicher zu diesem Lehr-Lernexperiment mit der erwägungsorientierten Pyramidendiskussion vgl. Bettina Blanck und Christiane Schmidt 2005 sowie Christiane Schmidt 2007a.

Pyramide fest für eine gegenseitige reflektierende Begleitung zugeordnet wurde. Damit führten alle Studierenden neben ihrer jeweiligen ‚internen' Pyramidendiskussion noch eine ‚externe' Diskussion, bei der sie jeweils ‚von außen' eine Rückmeldung auf ihren Inhalt oder / und auch Stil der Auseinandersetzung erhielten bzw. eine solche Rückmeldung ihrer Partnerin bzw. ihrem Partner gaben.

Das Konzept der ‚KommentierungspartnerInnenschaft' lässt sich auf vielfältige Weise zur begleitenden und retrospektiven Analyse von individuellen und gemeinsamen Lernwegen und den erarbeiteten Ergebnissen variieren. Es kann etwa von den Lehrenden für Hinweise, Hilfen, Ergänzungen und Unterstützungen genutzt oder aber z. B. zwischen Gruppen eingesetzt werden, die jeweils hinsichtlich einer Frage Expertinnen und Experten sind und in einer anderen Frage Novizinnen und Novizen. Hier könnten sich etwa für den Fremdsprachenunterricht neue virtuelle Szenarien entwickeln lassen. Während z. B. deutschsprachige Schülerinnen und Schüler als Laien der englischen Sprache eine Pyramidendiskussion auf englisch führen und dabei von englischsprachigen Lernenden als Expertinnen und Experten kommentierend unterstützt werden, helfen sie ihrerseits diesen kommentierend, indem sie ihrerseits nun als Expertinnen und Experten die englischsprachigen Lernenden in ihrer deutschsprachigen Pyramidendiskussion unterstützen. Aus erwägungsorientierter Perspektive wären solche Kommentierungen insbesondere hinsichtlich ihrer Unterstützung bei der Erarbeitung von möglichst umfassenden Erwägungsständen zu entwickeln. So mag in Kommentierungen ggf. nach erwogenen Alternativen gefragt, konkret auf weitere zu erwägende Alternativen hingewiesen oder ein alternativenabwehrendes Verhalten in der Pyramidendiskussion, bei dem z. B. Mitdiskutierende übergangen oder diffamiert werden, thematisiert werden.[14] Natürlich kann man ‚KommentierungspartnerInnenschaften' nicht nur zwischen verschiedenen Pyramiden initiieren, sondern auch zwischen den Teilnehmenden innerhalb einer Pyramide. Denkbar wäre auch, die Kommentierungsfunktion als selbstreflexive Kommentierung zu nutzen.

Nun mag man einwenden, dass das Konzept der ‚KommentierungspartnerInnenschaft' zwar im Zusammenhang mit einem virtuellen Lehr-Lernszenarium entstanden, doch hieran nicht gebunden ist. ‚KommentierungspartnerInnenschaften' sind theoretisch auch offline denkbar. Allerdings muss man dann klären, wie man dies gerade bei größeren Gruppen noch halbwegs übersichtlich organisieren will.

Abschließend soll noch auf weitere Variationsmöglichkeiten für die Arbeit mit der Pyramidendiskussion hingewiesen werden, die deren Potenzial online wie offline verdeutlichen. Man kann z. B. in einer Lerngruppe mehrere Pyrami-

---

[14] Vgl. hierzu die von Blanck formulierten Leitenden Ideen und Fragen für z. B. erwägungsorientiertes Studieren (2005b) oder erwägungsorientiertes Lernen in der Grundschule (2005c).

dendiskussionen zu gleichen oder verschiedenen Themen führen oder auch arbeitsteilig vorgehen und etwa Pro- und Contra-Pyramiden führen. Auf Literatur mag verzichtet werden oder sie kann in unterschiedlicher Weise in unterschiedlichen Phasen der Pyramidendiskussion einbezogen werden. So mag man etwa die Bedingung stellen, dass ab dem 2. Diskussionsdurchgang die unterschiedlichen Argumente und Positionen mit Literatur belegt werden. Oder man verteilt – wie bei einem Rollenspiel – Texte mit unterschiedlichen Positionen zu einem Thema, die die Teilnehmenden im 1. Schritt der Pyramide stellvertretend einbringen, und ab dem 2. Diskussionsdurchgang dann untereinander in Beziehung setzen müssen. Ein Fundus für solche unterschiedlichen Positionen sind die Diskussionseinheiten der Zeitschrift *Erwägen Wissen Ethik*, deren explizites Ziel es ist, die Vielfalt an kontroversen Auffassungen zu jeweiligen Themen zusammenzuführen. Die Einbeziehung von Literatur kann zur Folge haben, dass sich der Verlauf der Pyramidendiskussion über einen längeren Zeitraum erstreckt, bei dem die jeweiligen Diskussionsschritte von Lese- und Erarbeitungsphasen unterbrochen sind. Solche Pyramidendiskussionen sind von denen zu unterscheiden, die ohne Unterbrechung z. B. an einem Vormittag durchgeführt werden. Statt die Pyramide mit einer Einzelarbeit beginnen zu lassen, kann man gleich mit einem Team starten, welches eine Ausgangsposition zu formulieren hat. Aus erwägungsorientierter Perspektive ist es dabei wichtig, dass sich trotzdem alle auch einzeln im Erwägungsstand der Gruppe verorten können. Dies ist nicht nur dann relevant, wenn in der Gruppe unterschiedliche Positionen vertreten werden, sondern genauso relevant, wenn ein Konsens besteht. Denn unabhängig davon, ob Konsens oder Dissens bezüglich einer Problemstellung besteht, hängt die Güte der jeweiligen Begründung der vertretenen Positionen entscheidend auch mit davon ab, wie diese gegenüber zu erwägenden Alternativen verteidigt werden können.

Eine weitere interessante Variante, erwägungsorientierte Pyramidendiskussionen einzusetzen, hat Christiane Schmidt (2007b) entwickelt. Sie bietet diese ihren Studierenden als Hilfsmittel und Instrument bei der Konstruktion von Interviewleitfäden im Rahmen der Einführung in qualitative soziale Forschung an, was zu einer Verbesserung der Güte der Interviewleitfäden geführt hat, die durch die erwägungsorientierte Pyramidendiskussion in Auseinandersetzung mit zu erwägenden alternativen Fragen besser durchdacht und reflektiert werden.

4.2 Das Thesen-Kritik-Replik-Verfahren

Das Thesen-Kritik-Replik-Verfahren ist ebenfalls eine Methode zur schriftlichen Gestaltung und Strukturierung erwägungsorientierter Diskussions- und Klärungsprozesse. Die Methode wurde in Anlehnung an den Aufbau der Diskussionseinheiten in der Zeitschrift *Erwägen Wissen Ethik* (EWE)[15] entwickelt und zunächst als Offline-Methode konzipiert und eingesetzt. Wie bei der Pyramidendiskussion legte auch hier die Fülle an Papieren und der Aufwand, diese allen zugänglich zu machen es nahe, die Methode als Online-Methode[16] zu realisieren. Wie verläuft eine Diskussion mit Thesen-Kritik-Replik-Verfahren? Zunächst verfassen entweder Einzelne, Zweier-Teams oder Kleingruppen zu einem bestimmten Thema oder einer Frage ein Thesenpapier. Dieses tauschen sie in einem zweiten Schritt entweder mit anderen einzelnen Personen, Zweier-Teams oder Kleingruppen und verfassen zu dem nun erhaltenen Papier eine Kritik. Die Kritiken werden dann den jeweiligen Verfassenden der Thesenpapiere gegeben. Nun müssen alle in einem dritten Schritt auf die erhaltenen Kritiken eine Replik verfassen. Dieses 3-Schritt-Verfahren sollte möglichst nicht nur als ein einmaliger Durchgang stattfinden. Denn erst, wenn man mehrere Durchläufe mit gleichen oder verschiedenen einzelnen Personen, Zweier-Teams oder Gruppen zu einem oder verschiedenen (Sub-)Themen gemacht hat und hierbei auch unterschiedliche Arten des Kritisierens und Replizierens reflektiert, werden Aufbauprozesse und Entwicklungen möglich.

Das Thesen-Kritik-Replik-Verfahren ist ursprünglich hinsichtlich des Verfassens der einzelnen Papiere als Einzelarbeit konzipiert worden. Wenn Thesen, Kritiken und Repliken von mehreren erarbeitet und mit anderen Zweier-Teams oder Gruppen getauscht und erörtert werden, verläuft ein größerer Teil der Diskussion mündlich und die Papiere selbst sind eher ‚Ergebnispapiere'. Arbeiten mehrere Personen an den jeweiligen Papieren, so ist deshalb darauf zu achten, dass nicht eine Grundidee der Methode verloren geht, dass sich nämlich möglichst alle mit ihren Positionen einbringen und diese in einem Auseinandersetzungsprozess mit Alternativen entwickeln und gegenüber diesen begründen können. Aus erwägungsdidaktischer Sicht ist zu fragen und mit den Teilnehmenden zu klären: Bleibt im Auseinandersetzungsprozess erkennbar, wer mit welchen Ausgangsthesen ‚gestartet' ist und wie sich diese verändert haben? Wie kommt ein Zweier-Team oder eine Gruppe zu einer gemeinsamen Position? Müssen sie mit ‚einer' Stimme sprechen? Wenn ja, wie wird die Genese zu dieser Einstimmigkeit und dessen, was sie womöglich an Differenzen verdeckt, transparent

---

[15] Nähere Informationen zu dieser interdisziplinären Diskussionszeitschrift, die zunächst unter dem Titel *Ethik und Sozialwissenschaften* erschien, findet man unter: http://iug.uni-paderborn.de/ewe.

[16] Ulrike Schulte hat diese Aufgabe in ihrer Diplom-Arbeit (2005) übernommen. Ihre Anleitung zur Nutzung der Methode („Technische Hinweise zum Thesen-Kritik-Replik Verfahren") findet man unter dem Stichwort ‚Handbücher' unter folgender URL: http://www.open-steam.org/Dokumente/ bzw. direkt: http://www.open-steam.org/ Dokumente/docs/steamhandbuecher/Thesen-Kritik-Replik-Verfahren_Technische_Hinweise.pdf. Auch didaktische Anregungen zur Arbeit mit dieser Methode sind hier abgelegt: http://www.open-steam.org/Dokumente/docs/steamhandbuecher/Thesen-Kritik-Replik-Verfahren_Didaktische_Hinweise.htm.

gemacht? Eine erwägungsorientierte Aufbereitung und Darstellung der Thesen, Kritiken und Repliken kann hierbei hilfreich sein. Denn selbst wenn alle Mitglieder einer Gruppe die gleiche Position vertreten und Einstimmigkeit besteht, erfordert die erwägungsorientierte Aufbereitung, dass die Gruppe eben nicht nur ihre bevorzugte Position darlegt, sondern ebenso die zu ihr erwogenen alternativen Positionen, weil die Begründungsgüte einer Position wesentlich mit davon abhängt, inwiefern man in der Lage ist, sie gegenüber zu erwägenden alternativen Positionen zu verteidigen.

Um beim Thesen-Kritik-Replik-Verfahren den Überblick zu behalten, wer, was, wem und wann gegeben hat, ist eine übersichtliche Dokumentation und Verwaltung der Papiere unabdingbar. Offline wie online bieten sich hierfür tabellarische Zusammenstellungen an, die sich online allerdings weitaus differenzierter einsetzen lassen, wenn man unterschiedliche Sichten auf die Dokumente wählen kann, so wie das mit der von Ulrike Schulte auf ^{open}sTeam realisierten Komponente möglich ist.

Schon das Eingangsbild, welches in Form einer Tabelle einen differenzierten Überblick über alle abgelegten Beiträge gibt, lässt ahnen, welchen didaktischen Mehrwert die Entwicklung einer Online-Variante für das Thesen-Kritik-Replik-Verfahren hat. Der tabellarische Überblick gibt zunächst Auskunft, wer, wem, wann Thesen, Kritiken oder Repliken gegeben bzw. wer, von wem und wann Thesen, Kritiken und Repliken erhalten hat. Das ‚Wann' wird durch die Angabe ‚R1' – für Runde/Durchgang 1 –, ‚R2' usw. angezeigt. Die Diagonale von oben links nach unten rechts bleibt leer, denn man tauscht die Thesenpapiere ja in der Regel nicht mit sich selbst. Die vier Teilnehmenden und ihre Beiträge werden – was hier leider nicht sichtbar ist – in verschiedenen Farben dargestellt, alle Beiträge von „mbehrens" erscheinen hier in blau, alle Beiträge von „smarlene" in rot usw., wodurch eine noch höhere Übersichtlichkeit entsteht und man die jeweiligen Aktivitäten der Einzelnen schon von den Farbverteilungen her auf einen Blick einschätzen kann. Die Anzahl der Teilnehmenden pro Diskussionsgruppe im Verfahren wird zu Beginn von der Administratorin bzw. dem Administrator bei der Konfigurierung des Raumes festgelegt. In der Abbildung 5 wurde von der Administratorin Serena Messer zur schnelleren Orientierung in der Überschrift für die Gruppenarbeit neben dem Gegenstand (der Film „The Virgin Suicides"), die Fragestellung („Mädchensein") auch die Nummer der Gruppe („Gruppe 7") angegeben. Die Angabe der Fragestellung ist besonders dann hilfreich, wenn – wie in diesem Seminar – die Gruppen zu unterschiedlichen Fragen einen Gegenstand analysieren.

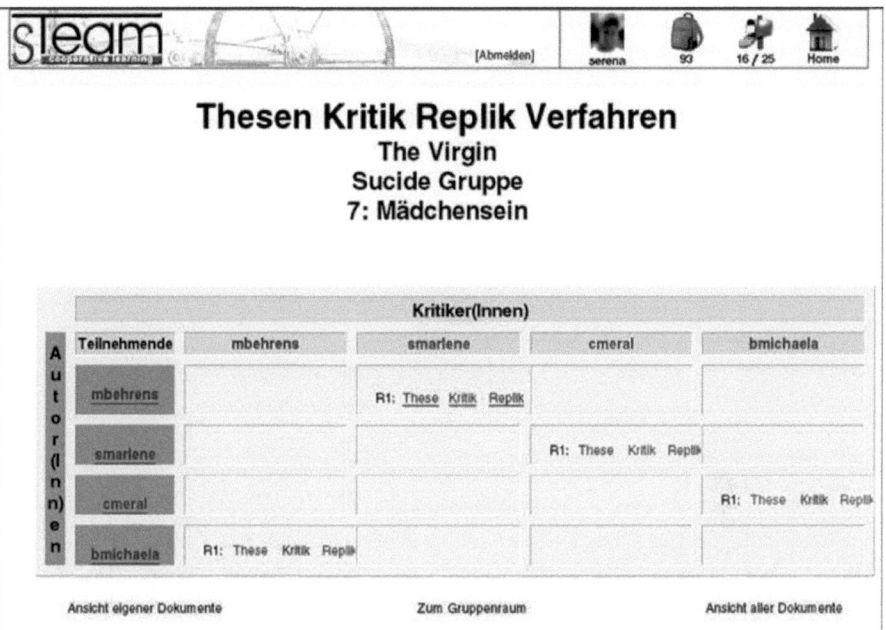

Abbildung 5: Screenshot des Eingangsbildes zu einem Thesen-Kritik-Replik-Verfahren mit tabellarischer Gesamtübersicht der Arbeit *einer* Kleingruppe mit 4 Teilnehmenden aus einem Seminars an der Universität Frankfurt am Main (Quelle: Gostmann / Messer 2007: 317)

Das Interessante an dem Frankfurter Seminar „Einführung in die Kultursoziologie" bei Peter Gostmann und Serena Messer im WS 2006/07 war, dass die Gruppen zwar zwischen verschiedenen Fragestellungen wählen konnten, dennoch aber jede Fragestellung von mehreren Gruppen bearbeitet wurde. Da alle Gruppen in einer gemeinsamen Workarea für alle Teilnehmenden zugänglich waren (s. Abb. 6), konnte man also sowohl von dem arbeitsteiligen Vorgehen profitieren, wenn man die Thesen-Kritik-Replik-Runden anderer Gruppen zu anderen Themen las, als auch Vergleiche zwischen eigenen Gruppenarbeiten und solchen mit gleichem Thema ziehen.

Wie bei der Online-Komponente der Pyramidendiskussion kann bei der Thesen-Kritik-Replik-Komponente alles von allen gelesen und kommentiert werden. Mit einem Klick lässt sich jeder in der Gesamtübersicht angezeigte Beitrag lesen. Das Einstellen und Bearbeiten der eigenen Dokumente erfolgt über den Button „Ansicht eigener Dokumente" (s. Abb. 5 unten links), mit dem man zu einer tabellarischen Sicht auf alle eingestellten eigenen Dokumente gelangt, wobei wieder zwischen der Art der Papiere – also Thesen, Kritik, Replik – unterschieden wird, die vom Verfassenden hier auch an die jeweiligen Diskussionspartner bzw. -partnerinnen ‚übergeben', d. h. zugeordnet werden müssen (s. Abb. 7).[17]

Abbildung 6:   Screenshot der gemeinsamen Workarea des Frankfurter Seminars „Einführung in die Kultursoziologie" (Quelle: Gostmann / Messer 2007: 317)

---

[17] Zu weiteren technischen Einzelheiten der Arbeit mit der Thesen-Kritik-Replik-Komponente vgl. die schon in Anmerkung 16 erwähnte Anleitung von Ulrike Schulte. Hilfreich für die Leitung einer Lerngruppe ist etwa auch die „Ansicht aller Dokumente", die ihrerseits verschieden eingestellt werden kann, so dass man sich z. B. nur die Thesen der 2. Runde anzeigen lässt usw.

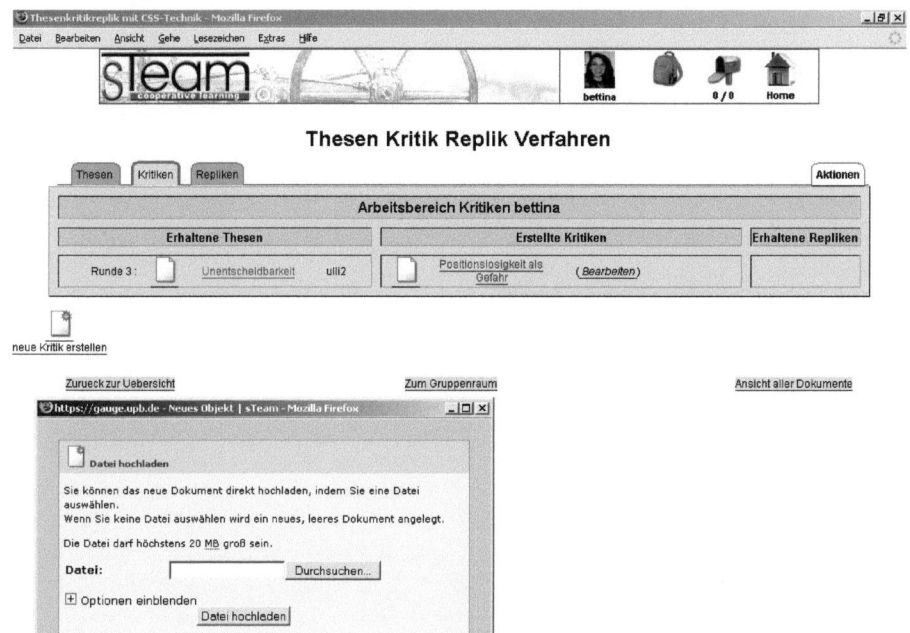

Abbildung 7: Screenshot des Arbeitsbereichs „Kritiken" im Bereich „Eigene Dokumente" mit dem geöffneten Fenster für das Erstellen / Hochladen einer weiteren Kritik

Das Thesen-Kritik-Replik-Verfahren kann vielfältig variierend eingesetzt werden, wobei die Variationsmöglichkeiten ihrerseits wiederum unterschiedlich miteinander kombiniert werden mögen. Das Thesen-Kritik-Replik-Verfahren mag in den gesamten Verlauf eines Seminars bzw. einer Unterrichtseinheit integriert sein und kontinuierlich oder nur in bestimmten Phasen zur Unterstützung von Diskussionen genutzt werden. Als kontinuierlicher Bestandteil während eines Seminars bzw. einer Unterrichtseinheit ist die Methode z. B. hilfreich, wenn man sich nur einmal in der Woche mit der Lerngruppe trifft und man über die Sitzungen / Stunden hinweg Aufbauprozesse und Gedankenentwicklungen unterstützen will. Mit Hilfe der Online-Komponente können die Teilnehmenden dann relativ unaufwändig während der Woche ihre Thesen, Kritiken und Repliken verfassen und austauschen. Im Frankfurter Seminar wurde solch ein Vorgehen als Möglichkeit des Erwerbs eines Leistungsscheins angeboten, für den die Teilnahme an drei Analyseverfahren mit dem Thesen-Kritik-Replik-Verfahren verpflichtend war, so dass sich von Woche zu Woche jeweils folgende Struktur ergab:

(1)	(2)	(3)	(4)	(5)	
Mo	Di/Mi	Do/Fr	Sa/So	Mo	
Seminarstunde A *face to face*	*interface*	*interface*	*interface*	Seminarstunde B *face to face*	
Präsentation des Analysegegenstands	These online	Kritik online	Replik online	Vorstellung der Thesen, Kritiken und Repliken	offene Diskussion

Abbildung 8:   Struktur des Frankfurter Soziologie-Seminars (Quelle: Gostmann / Messer 2007: 318)

Setzt man das Thesen-Kritik-Replik-Verfahren über mehrere Runden in denselben Gruppen ein, so können diese mit wechselnden Partnerinnen und Partnern stattfinden, was den Vorteil hat, dass jede und jeder sehr unterschiedliche Stile des Kritisierens kennenlernt. Oder aber es bilden sich feste TauschpartnerInnenschaften, was zu intensiverem Austausch führen mag, insbesondere wenn ein Thema über einen längeren Zeitraum vertiefend erörtert wird. In einem Seminar verglich einmal eine Studentin dieses Vorgehen mit einer Brieffreundschaft. Denkbar ist auch ein Ringtausch der Thesenpapiere, d. h. Person 1 gibt ihr Thesenpapier an Person 2, diese reicht ihre Thesen an Person 3 usw. Die letzte Person gibt ihr Thesenpapier an Person 1, womit der Ring geschlossen ist. Bei einem solchen Ringtausch erhält man nicht von derselben Person, der man eine Kritik schreibt, selbst eine Kritik. In Frankfurt wurde solch ein Ringtausch gewählt, wie man in der Abb. 5 erkennen kann. Die Thesen wurden ,reihum' (in der Tabelle nach rechts) weitergegeben, also erhielt „smarlene" die Thesen von „mbehrens", und erhielt ihrerseits die zu kritisierenden Thesen von „bmichaela", d. h. die letzte Person der Tabellenzeile mit den Teilnehmendennamen gibt ihre Kritik an die erste Person der Tabellenspalte mit den Teilnehmendennamen. Verschiedene Einsatzweisen des Thesen-Kritik-Replik-Verfahrens wären daraufhin zu vergleichen, ob sie zu unterschiedlichem Kritikverhalten bzw. Beziehen und Vertreten von Positionen führen. Wird z. B. vorsichtiger kritisiert, wenn es mehrere Durchgänge mit denselben Personen gibt und man von denen kritisiert wird, die man selbst kritisiert?

Wie bei der Pyramidendiskussion kann man beim Thesen-Kritik-Replik-Verfahren in unterschiedlichem Ausmaß Literatur einbeziehen. Man kann gänzlich auf sie verzichten oder sie zur Unterstützung der Gedankenentwicklungen heranziehen, was insbesondere relevant ist, wenn es schwerfällt, das jeweilige Spektrum an alternativen Positionen zu erschließen. Entsprechende Literatur mag hier Anstöße geben, welche Alternativen zu bedenken sind.[18] Literatur kann weiterhin als Ausgang für Thesenpapiere genommen werden, wenn man z. B. alternative Interpretationen zu einem Text erarbeiten möchte. Bei der Online-Komponente des Thesen-Kritik-Replik-Verfahrens können Lehrende und Lernende ebenso wie bei der Pyramidendiskussion die Funktion der Kommentierung von Beiträgen für Reflexionen und vertiefende sowie vergleichende Analysen nutzen. LernpartnerInnenschaften lassen sich hier auch einsetzen. Leitende Orientierung aus erwägungsdidaktischer Perspektive ist es, bei allen Papieren zu beachten, inwiefern die Thesen, Kritiken und Repliken unter Berücksichtigung, Darlegung und Vergleich von jeweils problemadäquat zu erwägenden Alternativen dargelegt werden und welche Auswirkungen dies auf den Auseinandersetzungsprozess hat. Je erwägungsorientierter die jeweiligen Papiere verfasst sind, desto mehr sind sie um eine klärende Vermittlung der eigenen Gedanken mit denen der anderen und die Erarbeitung eines Erwägungsstandes bemüht, für den man problemadäquat zu erwägende Lösungsmöglichkeiten anstrebt, und um so weniger findet ein hinderlicher Schlagabtausch statt.

Obwohl das Verfahren offline wie online arbeitsintensiv ist, hat es viele Vorteile, vor allem weil es zu einer Aktivierung aller Teilnehmenden auch zwischen Seminarsitzungen führen kann. Es kommt insbesondere zu vermehrten Selbstregulationen unter den Studierenden. In einem Offline-Durchgang erhielt z. B. eine Studentin, die sich viel Mühe mit ihrem Thesenpapier gegeben hatte, von ihrem ersten Tauschpartner ein kaum lesbares handschriftliches Thesenpapier. Nachdem sie in ihrer Kritik als erstes hierüber ihre Frustration geäußert hatte, entschuldigte sich ihr Partner in seiner Replik und tippte ebenfalls fortan seine Beiträge. Das, was offline an Selbstregulation der Teilnehmenden untereinander beobachtbar ist, scheint sich auch online zu entwickeln, nämlich, dass sich Studierende gegenseitig regulieren, wenn etwa – wie in dem Frankfurter Seminar – in einer Replik eingestanden wird, dass man im eigenen Thesenpapier viele Tippfehler oder problematische Satzkonstellationen hatte, wofür man sich in der Replik entschuldigen möchte. Es wäre zu untersuchen, inwiefern sich diese Art der Selbstregulation online sogar noch verstärkt, da es dann viel schneller publik wird und es alle gleich mitbekommen, wenn eine oder einer auf ein Papier warten muss. Offline erfährt dies unter Umständen nur diejenige Person, die gerade z. B. auf ein Thesenpapier oder eine Kritik wartet. Indikatoren für aktives und reflexives Lernen findet man auch überall dort, wo in den Repliken bisherige Po-

---

[18] Ein Fundort für kontroverse Positionen ist – wie oben erläutert – die Zeitschrift *Erwägen Wissen Ethik* (EWE).

sitionen korrigiert, erweitert oder sogar aufgegeben werden, wobei letzteres aus erwägungsorientierter Sicht keineswegs eine ‚Niederlage' ist. Es ist immer wieder zu betonen, dass gerade auch die ‚unterlegenen' Positionen und Argumentationen als problemadäquat zu erwägende Alternativen mit zur Güte der schließlich (vorerst) besten Lösung beitragen.

Peter Gostmann und Serena Messer haben den Lernerfolg ihres Seminars und der Arbeit mit dem Thesen-Kritik-Replik-Verfahren mit einer Fragebogenerhebung evaluiert und dabei eine große Zustimmung zur Art des Vorgehens – insbesondere auch zur Verbindung von Online- mit Präsenzphasen – feststellen können: „Es ist signifikant, dass die Studierenden zu einem weit überwiegenden Teil der Meinung sind, dass ihr persönlicher Lernerfolg durch das Verfahren gesteigert wurde" (Gostmann / Messer 2007: 318, Nr.14). Und obwohl der Prototyp des Thesen-Kritik-Replik-Verfahrens technisch noch nicht ausgereift ist und derzeit eine hohe technische Unterstützung der Studierenden erfordert, würden es 29 von 32 Studierenden, die den Fragebogen ausgefüllt hatten, explizit „begrüßen, wenn weiterhin Seminare mit dem Thesen-Kritik-Replik-Verfahren angeboten werden" (ebd. 319, Nr. 17); den anderen 3 Teilnehmenden war es „egal, ob weiterhin Seminare mit dem Thesen-Kritik-Replik-Verfahren angeboten werden" (ebd.). Gostmann und Messer gelangen zur abschließenden Vermutung: „Bei entsprechender optimierter Anwenderfreundlichkeit bietet es [das Thesen-Kritik-Replik-Verfahren] den Teilnehmern *von sogar hoch frequentierten Seminaren* nicht nur die Möglichkeit, eigenständig die Praxis soziologischer Analyse einzuüben, sondern konstituiert zudem ein narratives Umfeld für diese Analysen und somit die Chance, deren Ergebnisse systematisch durch die Berücksichtigung weiterer Deutungsmöglichkeiten in Frage zu stellen und so zu präzisieren" (2007: 319f., Nr. 18; kursiv B. B.).

Die bisherigen Erfahrungen regen zu weiterführenden Forschungsfragen an, die zu verfolgen wären, wenn man klären möchte, was und wie mit den beiden vorgestellten Erwägungsmethoden online wie offline gelernt werden kann und ob sich die bisherigen Eindrücke weiterhin stützen lassen. Teilt man den Anspruch von Dorothee M. Meister und Bianca Meise für die Bewertung von Bildungs-, Lern- und Lehrangeboten im Web 2.0, so wäre vor allem das Potenzial zur „Steigerung von Reflexivität und Flexibilität" (2010: 186) der jeweiligen Erwägungsmethoden im Vergleich mit anderen Diskussionsmethoden zu untersuchen. Aus erwägungsorientierter Perspektive wären hierfür Indikatoren zur Unterscheidung verschiedener Niveaus reflexiven Argumentierens und reflektierten Verhaltens im Netz zu finden, die approximationsfähige vergleichende Untersuchungen von unterschiedlichen Bildungs-, Lern- und Lehrangeboten ermöglichen würden.

4.3 Möglichkeiten der Netzunterstützung bei Erwägungsseminaren zu Diskussionseinheiten der Zeitschrift Erwägen Wissen Ethik

Schon mehrfach wurden die Diskussionseinheiten der Zeitschrift *Erwägen Wissen Ethik* (EWE) als Grundlage für Seminare angesprochen, in denen forschend gelehrt und studiert werden soll. Diese Diskussionseinheiten bestehen in der Regel aus jeweils einem Hauptartikel, ihm folgen zwischen ca. 15 bis 35 Kritiken, auf die die Verfasserin bzw. der Verfasser des Hauptartikels in einer Replik antworten muss. In den Kritikrunden geht es – wie oben schon erwähnt – äußerst kontrovers zu: Derselbe Artikel findet ‚volle Zustimmung‘ oder wird ‚schärfstens kritisiert‘. Das geht so weit, dass die Forschungsredaktion zu demselben Beitrag ‚Glückwünsche‘ erhält, dass sie diesen hat einwerben können, und sich zugleich von anderer Seite her sagen lassen muss, dass der Beitrag so schlecht sei, dass man ihn „auf keinen Fall kritisieren dürfe, um ihn nicht hoffähig zu machen" und „von einer Veröffentlichung nur abgeraten werden kann, wenn die Zeitschrift ihren guten Ruf nicht verlieren wolle". Insofern an den Diskussionsrunden ausgewiesene Expertinnen und Experten für das jeweilige Thema teilnehmen, stellen die veröffentlichten Diskussionseinheiten eine große Forschungsherausforderung dar. Wie lässt sich klärungsförderlich mit der hier jeweils repräsentierten umfassenden Vielfalt an Positionen, Argumentationen, Einwänden usw. umgehen? Inwiefern liegen alternative Positionen vor oder handelt es sich um Pseudoalternativen, die z. B. auf verschiedenem Gebrauch gleicher Termini beruhen? Welche Fragen sind zu klären, um den Diskussionsstand auf ein Niveau zu bringen, von dem aus klärungsförderlich weiter geforscht werden kann? Mit welchen Methoden lassen sich jeweilige problemadäquat zu erwägende Alternativen regelgeleitet bestimmen? Wie ist mit alternativen Bestimmungen von Alternativen umzugehen? Wie kann man verantwortbare Entscheidungen treffen, wenn sich diese Fragen (vorerst) nicht klären lassen? Angesichts solcher Fragen ist es immer wieder erstaunlich, mit welcher Gewissheitsorientierung kritisiert wird. Fragen wie diese machen angesichts fehlender Forschungstraditionen einer systematischen erwägungsorientierten Aufbereitung von Wissen hilflos. Trotz vielfach erklärter Zustimmung zur Relevanz dieser Fragen scheinen sie überraschenderweise für viele eine unlösbare und, wie ein Wissenschaftler einmal meinte, zu „entsagungsvolle" Aufgabe zu sein, so dass sich selten Wissenschaftlerinnen und Wissenschaftler finden, die das Verfassen einer ‚Erwägungssynopse‘ übernehmen, wie diese Aufgabe in EWE genannt wird. Nun werden EWE-Diskussionseinheiten gern als Textbezug in Seminaren genutzt, weil sie umfassend den jeweiligen Forschungsstand repräsentieren. Insofern die Studierenden mit ihren Lehrenden, wenn sie sich begründend in dieser Vielfalt verorten können wollen, vor den gleichen Fragen stehen wie jemand, die oder der eine Erwägungssynopse verfassen will, eignen sich die EWE-Diskussionseinheiten für forschendes Studieren und forschende Lehre (s. Blanck 2005a), wobei die Zeitschrift nach Absprache die Möglichkeit einer Veröffentlichung von erwägungsorientierten Seminarberichten bietet, um den Prozess der erforderlichen Klärungen voranzubringen und hierfür auch digitalisierte Fassungen des Textcorpus zur persönlichen Verfügung für Forschungszwecke stellt. Hintergrundüberlegung ist, dass gemeinsames erwägungsorientiertes Forschen an einem Textcorpus, der in einen entsprechenden Arbeitsraum ins Netz gestellt wird, auf diese Weise unterstützt werden könnte. Dafür, wie dies genauer erfolgen kann, sind Methoden und Wege zu entwickeln und zu erkunden.

Friedrun Quaas und Georg Quaas bieten seit einigen Semestern Erwägungsseminare an der Wirtschaftswissenschaftlichen Fakultät der Universität Leipzig an, in denen sie EWE-Diskussionseinheiten analysieren und hierfür eigene Seminarforen im Netz entwickeln, um die Erwägungsprozesse zu dokumentieren und leichter aufeinander beziehbar zu machen.

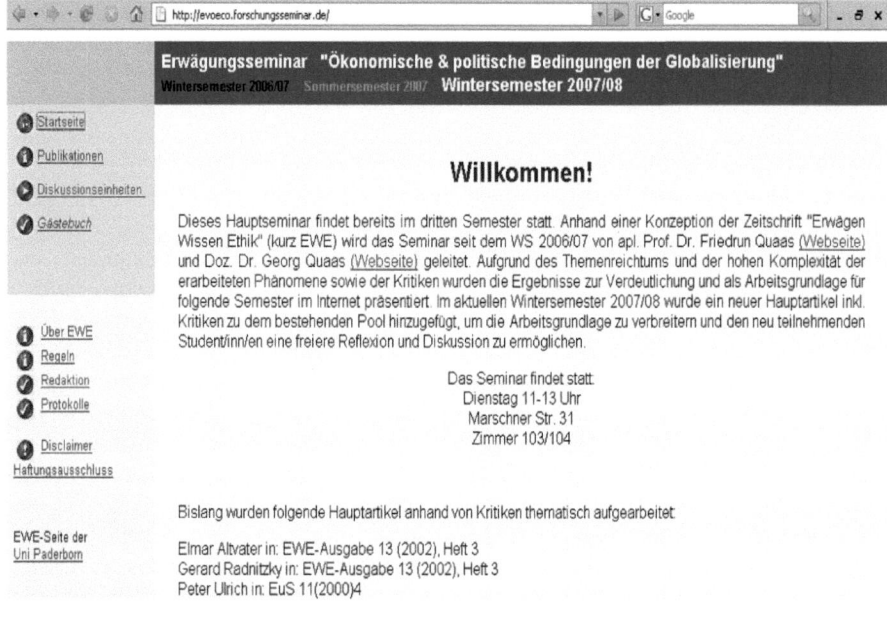

Abbildung 9:   Screenshot der Einstiegsseite des Erwägungsseminars „Ökonomische & politische Bedingungen der Globalisierung" an der Universität Leipzig (30.01.2008)

Friedrun Quaas und Georg Quaas verfolgen dabei Aufbauprozesse über mehrere Semester hinweg, bei denen – wie sie auf der Einstiegsseite zu ihrem gemeinsamen Seminarangebot „Ökonomische & politische Bedingungen der Globalisierung" im Wintersemester 2007/08 betonen – aufgrund „des Themenreichtums und der hohen Komplexität der erarbeiteten Phänomene sowie der Kritiken [...] die Ergebnisse zur Verdeutlichung und als Arbeitsgrundlage für folgende Semester im Internet präsentiert" werden (s. Abb. 9).

Für eine vergleichende Analyse der unterschiedlichen Positionen werden bisher zwei grundlegende Wege beschritten: Zum einen werden die Hauptartikel auf Grundbegrifflichkeiten und ihre Termini hin analysiert und dann untersucht und geprüft, wie diese in den Kritiken erörtert werden (s. Abb. 10). Zur Darstellung der Ergebnisse wird eine tabellarische Auflistung gewählt; die jeweiligen Textstellen sind alle über einen Link erreichbar. Hinsichtlich der Untersuchung der EWE-Kritiken wird arbeitsteilig vorangegangen, d. h. in Einzel- oder Teamarbeit werden einzelne EWE-Kritiken von den Studierenden (und Lehrenden) bezüglich der Grundbegrifflichkeiten und Termini des Hauptartikels untersucht. In der tabellarischen Übersicht wird unter der Rubrik „Verlinkung zu Kritik" angegeben, wer welche EWE-Kritik untersucht hat und als relevant zur Klärung der aufgeführten Begriffe einschätzt. Dabei wird immer die Autorin bzw. der Autor der EWE-Kritik genannt, also z. B. haben die Studentin Eva-Maria Schenk und der Student Markus Karig die Kritik von Hartmut Elsenhans analysiert und halten diese relevant für eine Begriffsklärung zum Stichwort „Kapitalismus, grundlegende Funktionsweise", was im Hauptartikel in den Abschnitten (4), (5), (7), (8), (10), (11), (12), (19), (21) erörtert wird. Von der tabellarischen Übersicht kann man direkt zu den entsprechenden Passagen im Hauptartikel wie zum Analyseergebnis von Schenk und Karig klicken.

Abbildung 10:   Screenshot zur „tabellarischen Auflistung wichtiger Begriffe" eines EWE-Hauptartikels mit einer Zuordnung von Kritiken der Studierenden (30.01.2008)

In ihrer Arbeit haben die Leipziger zur Verständigung über die unterschiedlichen Referenzen von Kritiken die Unterscheidung zwischen Kritiken 1. Stufe, Kritiken 2. Stufe, Kritiken 3. Stufe usw. eingeführt (vgl. Abb. 11). Die „in der Publikation von EWE erschienen[en] Kritiken sind Kritiken 1. Stufe"; die Untersuchung der Studierenden, inwiefern in den Kritiken „ein Aspekt des Hauptartikels aufgegriffen wurde und ob Alternativen dargestellt wurden [...] wurde als *Kritik 2. Stufe* bezeichnet" (Zitat vom Screenshot der Abb. 11).

Erwägungsseminar "Ökonomische & politische Bedingungen der Globalisierung"

Wintersemester 2006/07   Sommersemester 2007   **Wintersemester 2007/08**

Kritiken

Die Seminarteilnehmer/innen entschieden sich für den Begriff *Kritik n-ter Stufe*, um die Ebenen (Kritik, Meta-Kritik, Meta-Meta-Kritik usw.) zu verdeutlichen. In der Publikation von EWE erschienen Kritiken sind Kritiken 1.Stufe, die von den Studenten zum Teil bearbeitet wurden. Analysiert wurde, ob ein Aspekt des Hauptartikels aufgegriffen wurde und ob Alternativen dazu dargestellt wurden. Diese Arbeit wurde durch Abstimmung im Erwägungsseminar als *Kritik 2.Stufe* bezeichnet.

Die Navigationsleiste zur Linken ermöglicht den direkten Zugriff auf die jeweilige Stufe der Diskussion/Kritiken, wobei die Kategorie *Phänomene* den Versuch der Verknappung/Darstellung der Inhalte in einer Bearbeitungsschablone darstellt. Die Studenten/innen waren ab dem Sommersemester 2007 dazu angehalten, die Kritiken unter dem Fokus der innerhalb des Seminars verabschiedeten Phänomene-Matrix zu bearbeiten, um eine systematische und systematisierbare Reflexion der Kritiken 1.Stufe zu erhalten.

Die unterhalb angegebenen LINKS stellen eine Übersicht der verfügbaren Texte zu den Hauptartikeln dar und geben Aufschluss über den Bearbeitungsstand der jeweiligen Diskussionseinheit.

Abbildung 11:   Screenshot zur Unterscheidung zwischen Kritiken verschiedener Stufen. (24.1.2008)

Die Kritiken 2. Stufe werden den jeweiligen Kritiken des Hauptartikels ebenfalls wieder in einer tabellarischen Übersicht zugeordnet und sind von hier aus verlinkt (s. Abb. 12).

Erwägungsseminar "Ökonomische & politische Bedingungen der Globalisierung"
Wintersemester 2006/07   Sommersemester 2007   **Wintersemester 2007/08**

Kritiken 2.Stufe *(Diskussionseinheit zu Altvater)*

Startseite
Publikationen
Diskussionseinheiten
Gästebuch

Kritiken 0.Stufe
Kritiken 1.Stufe
Kritiken 2.Stufe
Kritiken 3.Stufe
Kritiken 4.Stufe

Kritik 2. Stufe	Titel	Adressat
Elmar Altvater:	*Replik:* Das System ist robust. Doch mangelt es an menschlicher Sicherheit	Alle
...	Ende der EWE-Diskussionseinheit Kritiken des Erwägungsseminars:	...
Thomas Köhler:	„Entbettung und Einbettung – Akteure und Moral im Kapitalismus"	Antweiler, Christoph
Alexander Schubert:	„Ist der Kapitalismus überwindbar?"	Fauth, Dieter
J. Baumgärtel:	„Kapitalismus ist nicht nur wirtschaftliches Strukturgeschehen"	Gerstenberger, Heide
Alexander Schubert:	„Technik als Vehikel der Kapitalakkumulation"	Ropohl, Günter

Abbildung 12:   Überblick zum Stand der erarbeiteten Kritiken 2. Stufe, d. h. der Kritiken der Studierenden zu den EWE-Kritiken, die hier als Kritiken 1. Stufe gelten (30.01.2008)

So hat z. B. nach Abb. 12 der Student Thomas Köhler eine Kritik 2. Stufe zur EWE-Kritik von Christoph Antweiler verfasst. Wie man in der Abb. 12 erkennen kann, zählt für die Leipziger auch die Replik des EWE-Hauptartikelverfassers Elmar Altvater zu einer Kritik 2. Stufe, weil sie sich – wie die Kritiken der Studierenden – auf die Kritiken 1. Stufe, das sind die EWE-Kritiken, bezieht. Setzen sich die Studierenden nicht nur mit den EWE-Kritiken, sondern auch der EWE-Replik auseinander, so wird eine solche Auseinandersetzung in Leipzig unter der Rubrik ‚Kritik 3. Stufe' abgelegt.

Unter der Rubrik ‚Kritik 3. Stufe' findet man nicht nur Kritiken von Studierenden und Lehrenden, die sich mit kompletten EWE-Diskussionseinheiten (bestehend aus Hauptartikel, Kritiken und Replik) auseinandersetzen oder die oben beschriebene Analyse von Grundbegrifflichkeiten abgelegt (s. Abb. 10). Hier wird auch ein weiterer, zweiter grundlegender Weg der Arbeit im Erwägungsseminar dokumentiert, nämlich die Erstellung von Analysetafeln, bei der die Kritiken einer EWE-Diskussionseinheit vergleichend nach bestimmten Kategorien analysiert werden (s. Abb. 13).

Die Screenshots aus den Arbeiten in den Leipziger Erwägungsseminaren geben einen Eindruck, wie man eine Aufarbeitung und gemeinsame systematische Analyse netzgestützt betreiben kann.[19] Wie dies sich immer umfassender hin zu einem forschenden Lehren und forschenden Studieren entwickeln mag, wird bei einem Blick in den ersten Abschnitt eines Beitrags von Georg Quaas deutlich, der in der Rubrik ‚Kritiken 4. Stufe (Diskussionseinheit zu Altvater)' zu lesen ist:

((0)) Diesen Webseiten liegt die Idee einer im Prinzip unbegrenzten Diskussion zugrunde. Zwar hat es auch in EWE bzw. EuS bereits Zweitrunden gegeben, doch blieben diese auf wenige Fälle beschränkt. Ob dafür ein breiteres Bedürfnis vorhanden ist, muß sich erst noch erweisen. Mein persönliches Bedürfnis beruht darauf, daß meine Kritik in EuS (hier: Kritik erster Stufe) offenbar zu allgemein oder philosophisch gehalten war, um Altvater eine handfeste Antwort zu entlocken. Im Nachhinein muß ich einräumen, daß er in seiner Replik mir gegenüber zurecht feststellt: „Ob sein Begriff der ‚Mediation' hilfreich ist, sei dahingestellt. Er verbleibt im Text seltsam unaufgehellt." – Im folgenden möchte ich nun weniger jenen Begriff „aufhellen", sondern noch einmal und *unter Berücksichtigung der Probleme, die die Studierenden in den Erwägungsseminaren diskutiert haben – hier zum Teil dokumentiert als Kritiken zweiter und dritter Stufe –* die mir wesentlich erscheinenden Fragen aufwerfen. Als Beispiel dafür kann der von Eva Poppe anhand der Trezzini-Kritik thematisierte Ökopessimismus Altvaters benannt werden, der allerdings in einem breiteren Kontext kritisiert werden sollte. (http://evoeco.forschungsseminar. de/k4s_quaas_altvater.html, Zugriff 30.11.2008; Kursivsetzung von B. B.).

---

[19] Ausführlich zur Arbeit in einem Leipziger Erwägungsseminar vgl. Friedrun Quaas u. a. 2007.

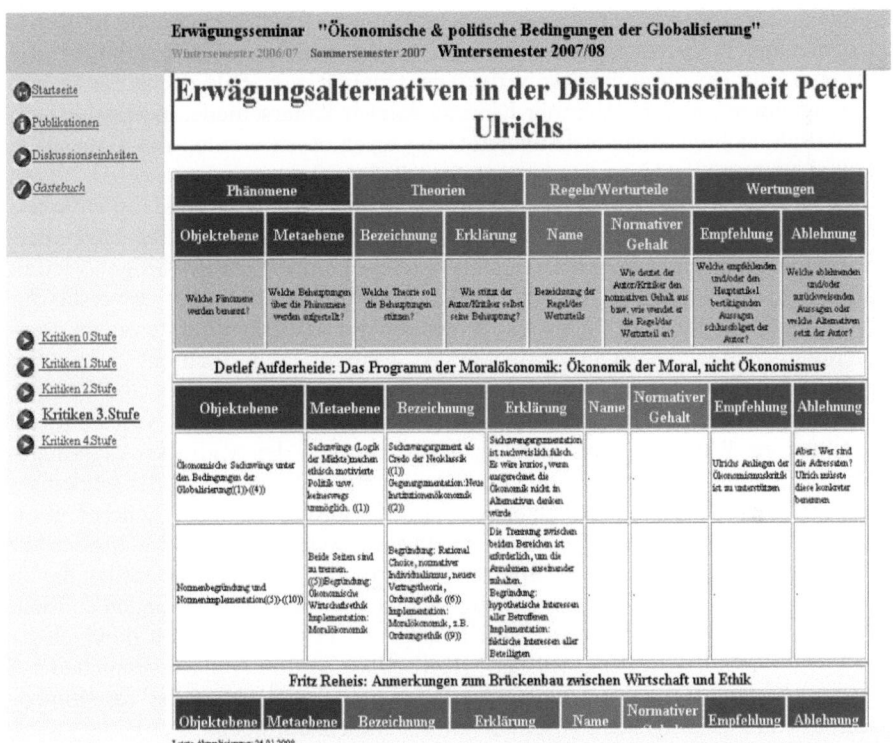

Abbildung 13: Screenshot einer Analysetafel von Friedrun Quaas, hier ist nur die Analyse der ersten EWE-Kritik (von Detlef Aufderheide) sowie der Beginn der nächsten Analyseeinheit erkennbar (24.01.2008)

Es ist zu erforschen, mit welchen Arten von Systematiken man welche Niveaus an Zusammenstellungen von jeweiligen problemadäquaten Alternativen zu erschließen vermag. Intuitive Sammlungen in Listen sind etwa von Taxonomien zu unterscheiden, die sich entweder nur auf vorfindbare oder auf denkmögliche Alternativen beziehen mögen. Beispielsbezogene Begriffsklärungen, mit deren Hilfe die unterschiedlich vielfältige Verwendung gleicher Termini geklärt wird, sind von solchen zu differenzieren, die keine erläuternden Beispiele nutzen. Werden Beispiele herangezogen, ist zu beachten, ob gleiche oder verschiedene Beispiele genutzt werden und ob gleiche Beispiele immer gleich oder verschieden interpretiert werden, um jeweils vorliegende Vielfalt zu analysieren, usw. Vor allem sind Methoden für approximationsfähige Konzepte zu entwickeln, die verschiedene

Systematiken von Alternativenzusammenstellungen und unterschiedliche Reflexionsniveaus so unterscheiden helfen, dass man mit ihnen Orientierungen und Kriterien zur Bestimmung der reflexiven Qualität von Bildungs-, Lern- und Lehrangeboten gewinnt. Von der Klärung solcher Unterschiede, die unabhängig von Möglichkeiten einer Netzunterstützung erschlossen werden müssten, wenn man zu nachvollziehbaren Verbesserungen und Aufbauprozessen der jeweiligen Niveaus von Erwägungszusammenstellungen gelangen will, wird es entscheidend mit abhängen – so meine abschließende These, inwiefern eine Netzunterstützung hilfreich für einen klärungsförderlichen Umgang mit jeweiliger Vielfalt und insbesondere qualitativen Alternativen sein könnte, oder eher zu verstärkter Unübersichtlichkeit führt. Welches Umdenken auf dem Weg hin zu einem computerunterstützten erwägungsorientierten Lernen und Lehren (computer supported deliberative learning = CSDL) auf Seiten der Informatik und Technik erforderlich ist, wird deutlich, wenn man Einschätzungen wie die von Reinhard Keil liest, nach dem wir uns erst am „Übergang von den tradierten Lernumgebungen als „Einbahnstraßen des Lernens" hin zur individuellen oder gemeinsamen und auch zeitgleich zu nutzenden Lernstätten und lernförderliche[n] Infrastrukturen" (2006: 60f.) befinden. Perspektivisch scheinen mir die Chancen für ein netzunterstütztes erwägungsorientiertes Lernen und Lehren wesentlich davon abzuhängen, inwiefern es gelingen wird, die technischen Entwicklungen auf dem Weg hin zu einer „Ko-aktive[n] Bearbeitung von Lernobjekten mit durchgängiger Verfügbarkeit an allen Lernorten" (Keil 2006: 73) mit Antwortversuchen auf die angedeuteten Fragen nach verschiedenen Systematiken bei der Zusammenstellung von zu erwägenden Alternativen zusammenzubringen.

Literatur

Ballin, Dieter et al. (2004): Fit in Mathe. 1. Klasse. München: KHSweb.de Bildungssoftware

Berntzen, Detlef / Gehl, Marcus / Hempel, Margit (Hrsg.) (2006): Zukunftswerkstatt Lehrerbildung: Neues Lehren und Lernen durch E-Learning. Der didaktische Mehrwert von E-Learning-Konzepten in der Lehrerbildung. Tagungsdokumentation. Münster, 7. Juli 2005

Blanck, Bettina (2005a): Umgang mit Vielfalt und Alternativen als Herausforderung für Forschung, Lehre und Praxis. Vorschläge zur Arbeit mit der Diskussionszeitschrift »Erwägen Wissen Ethik« als Forschungsforum und Forschungsinstrument. In: Erwägen Wissen Ethik 16. 4. 537-551

Dies. (2005b): Leitende Ideen und Fragen für erwägungsorientiertes Studieren. In: Erwägen Wissen Ethik 16. 4. 552-553

Dies. (2005c): Leitende Ideen und Fragen für erwägungsorientiertes Lernen in der Grundschule. In: Erwägen Wissen Ethik 16. 4. 554-555

Dies. (2006a): Erwägungsdidaktik für Politische Bildung. In: Politisches Lernen 24. 3/4. 22-37

Dies. (2006b): Diskutieren mit der Methode der »erwägungsorientierten Pyramidendiskussion« – ein Beispiel für computerunterstütztes erwägendes Lernen. In: Berntzen, Detlef (Hrsg.) (2006): 70-98

Dies. (2007): Denken in Möglichkeiten mit der »3-Fach-Schüttelbox«. In: Praxis Grundschule 30. 3. 14-17

Dies. (2011): Vielfaltsbewusste Pädagogik und Denken in Möglichkeiten. Theoretische Grundlagen und Handlungsperspektiven. Eingereichte Habilitationsschrift. Paderborn

Dies. / Schmidt, Christiane (2005): »Erwägungsorientierte Pyramidendiskussion« im virtuellen Wissensraum [open]sTeam. In: Tavangarian, Djamshid / Nölting, Kristin (Hrsg.) (2005): 67-76

Frederking, Volker (1996): Wer bin ich? Was soll ich tun? Philosophische Selbstbestimmung zwischen fundamentalistischer Herausforderung und Neuer Unübersichtlichkeit. In: Philosophische Ethik. Zeitschrift für Didaktik der Philosophie und Ethik. 18. 1. 40-50

Gostmann, Peter / Messer, Serena (2007): Kultur erwägen oder Das Seminar als narratives Netzwerk. Eine Bemerkung über open[s]team und die Didaktik der Soziologie. Bericht aus einem Seminar. In: Erwägen Wissen Ethik. 18. 2. 313-320

Hampel, Thorsten / Heckmann, Patricia (2005): Deliberative Handling of Knowledge Diversity – The Pyramid Discussion and Position-Commentary-Response Methods as Specific Views of Collaborative Virtual Knowledge Spaces. In: SITE. 2005 Proceedings. 1942-1974

Ders. / Keil-Slawik, Reinhard / Selke, Harald (2005): Verteilte Wissensorganisation mit semantischen Räumen. In: i-com. 1. 34-40

Heckmann, Patricia (2004): Medienbrüche in kooperativen Lernsystemen – Individuelle Sichten auf Räume. Diplomarbeit vorgelegt am Lehrstuhl Informatik, Fachgruppe Informatik und Gesellschaft, Dr. rer. nat. Thorsten Hampel, Universität Paderborn, September 2004. http://www.open-steam.org/Dokumente/diplomarbeiten.html (patricia_heckmann_diplomarbeit.pdf)

Herzig, Bardo u. a. (Hrsg.) (2010): Jahrbuch Medienpädagogik 8. Medienkompetenz und Web 2.0. Wiesbaden: VS Verlag für Sozialwissenschaften

Hug, Theo (Hrsg.) (2007): Didactics of Microlearning. Concepts, Discourses, and Examples. Münster, New York: Waxmann

Keil, Reinhard (2006): Zur Rolle interaktiver Medien in der Bildung. In: Ders. / Schubert, Detlef (Hrsg.) (2006): 59-77

Keil, Reinhard (2010): E-Learning 2.0 vom Kopf auf die Füße gestellt. In: Herzig, Bardo u. a. (Hrsg.) (2010): 121-146

Ders. / Schubert, Detlef (Hrsg.) (2006): Lernstätten im Wandel. Innovation und Alltag in der Bildung. Münster u. a.: Waxmann

Loh, Werner (2008): Entscheidungsniveaus und Wissenschaft – Eine Problemskizze am
Beispiel von Messen und Klassischer Aussagenlogik. In: Yousefi, Hamid Reza et al.
(Hrsg.) (2008): 119-137

Meister, Dorothee M. / Meise, Bianca (2010): Emergenz neuer Lernkulturen - Bildungsaneignungsperspektiven im Web 2.0. In: Herzig, Bardo u. . (Hrsg.) (2010): 183-199

Müller, Frank (2004): Selbstständigkeit fördern und fordern. Weinheim und Basel: Beltz

Quaas, Friedrun und die Studierenden Ronny Bechmann, Nils Bretschneider, Mathias
Hagen, Ulrike Mühler, Simone Schüller, Sebastian Thieme, Marliese Weissmann
(2007): Erwägung als Prozess der Selbstorganisation. Seminarbericht zur Erwägung
einer Grundsatzfrage der Evolutorischen Ökonomik. Auf Basis der EWE-
Diskussionseinheit zu „Beharrung und Wandel – ist wirtschaftliche Evolution theo-
riefähig?" (EWE. 15. 2004. 1. 33-143). In: Erwägen Wissen Ethik. 18. 2. 161-194

Quaas, Georg (2007): Widerspruchsdenken und erwägendes Denken – persönliche Erfahrungen, Einsichten und Erwartungen. In: Erwägen Wissen Ethik 18. 2. 321-326

Schmidt, Christiane (2007a): Small Steps Towards a Culture of Deliberative Learning:
Media Supported Pyramid Discussions. In: Hug, Theo (Hrsg.) (2007): 313-323

Schmidt, Christiane (2007): Erfahrungen mit der Methode der erwägungsorientierten Pyramidendiskussion bei der Konstruktion von Interviewleitfäden im Rahmen der Einführung in qualitative Forschung. Bericht aus einem Seminar. In: Erwägen Wissen
Ethik 18. 2. 327-334

Schulte, Ulrike (2005): Diskursive Ausgestaltung virtueller Wissensräume am Beispiel
der Erwägungswissenschaften. Diplomarbeit vorgelegt am Lehrstuhl Informatik,
Fachgruppe Informatik und Gesellschaft, Dr. rer. nat. Thorsten Hampel, Universität
Paderborn 2005. http://www.open-steam.org/Dokumente/diplomarbeiten.html (ulrike schulte diplomarbeit.pdf)

Tavangarian, Djamshid / Nölting, Kristin (Hrsg.) (2005): Auf zu neuen Ufern! E-Learning
heute und morgen. Münster u. a.: Waxmann

Yousefi, Hamid Reza / Fischer, Klaus / Lüthe, Rudolf / Gerdsen, Peter (Hrsg.) (2008):
Wege zur Wissenschaft. Eine interkulturelle Perspektive. Grundlagen, Differenzen,
Interdisziplinäre Dimensionen. Nordhausen: Traugott Bautz

Neue Medien im interdisziplinären Musikunterricht – Geschichte, Chancen und Beispiele

Michael Ahlers

1   Vorwort

Interdisziplinarität im Musikunterricht – das klingt modern, aufgeschlossen und inspiriert. Der folgende Beitrag wird darlegen, wie so genannte Neue Medien[1] innerhalb eines fächerübergreifenden und Fächer verbindenden Unterrichts ihren Teil dazu beitragen können. Um jedoch nicht den Eindruck entstehen zu lassen, dass die Neuen Medien hierbei grundsätzlich als Initiator fungieren oder die Idee des Austausches und der Kooperation mit anderen Fächern erst mit der Integration eben jenes Medientypus entstanden sei, soll einleitend an die antike Aufteilung des Lehr- und Lernsystems in die *septem artes liberales* erinnert werden.

Zur Vorbereitung bzw. als Propädeutikum für das Studium der Theologie, Jurisprudenz oder Medizin erachteten es bereits die Römerinnen und Römer[2] als einem ‚freien Manne‘ (lat. *homo liber*) ziemlich, sich mit den Techniken und Fähigkeiten – und in diesem Sinne waren die *artes* zu verstehen – des so genannten *trivium* und des *quadrivium* auseinanderzusetzen. Innerhalb des *trivium* (später: Dreiweg) befinden sich in dieser Unterteilung diejenigen Fächer, welche sich mit der Sprache auseinandersetzen: Grammatik, Rhetorik und Logik bzw. Dialektik. Fächer also, die sich mit logisch-argumentativen Aspekten auseinandersetzen. Im *quadrivium* (später: Vierweg) hingegen finden sich die mathematischen Fächer oder generell gesagt Fächer, die sich mit Zahlen beschäftigen, namentlich Arithmetik, Geometrie, Musik und Astronomie, wieder. Es mag in diesem Zusammenhang etwas verwundern, die Musik im *quadrivium* zu finden. Basierend auf Pythagoras wurde hier jedoch spezieller Fokus auf die Zahlenverhältnisse und die damit zu erklärende harmonische Ordnung der Welt gelegt. Den Einzeldisziplinen wurden Symbole zugeordnet (vgl. Abb. 1).

---

[1] Als ‚Neue Medien‘ werden in diesem Aufsatz Medien bezeichnet, die auf Daten in digitaler Form zugreifen. Meist wird dieser Begriff synonym zu ‚digitale Medien‘ gebraucht und schließt den Gebrauch des Computers mit ein. Für eine ausführlichere Diskussion des Begriffes sei auf Pabst-Krüger verwiesen (vgl. Pabst-Krueger 2006).
[2] Aus Gründen der Lesbarkeit bedient sich der vorliegende Artikel nachfolgend meist männlicher Substantive, schließt die weibliche Form der Begriffe jedoch selbstverständlich mit ein.

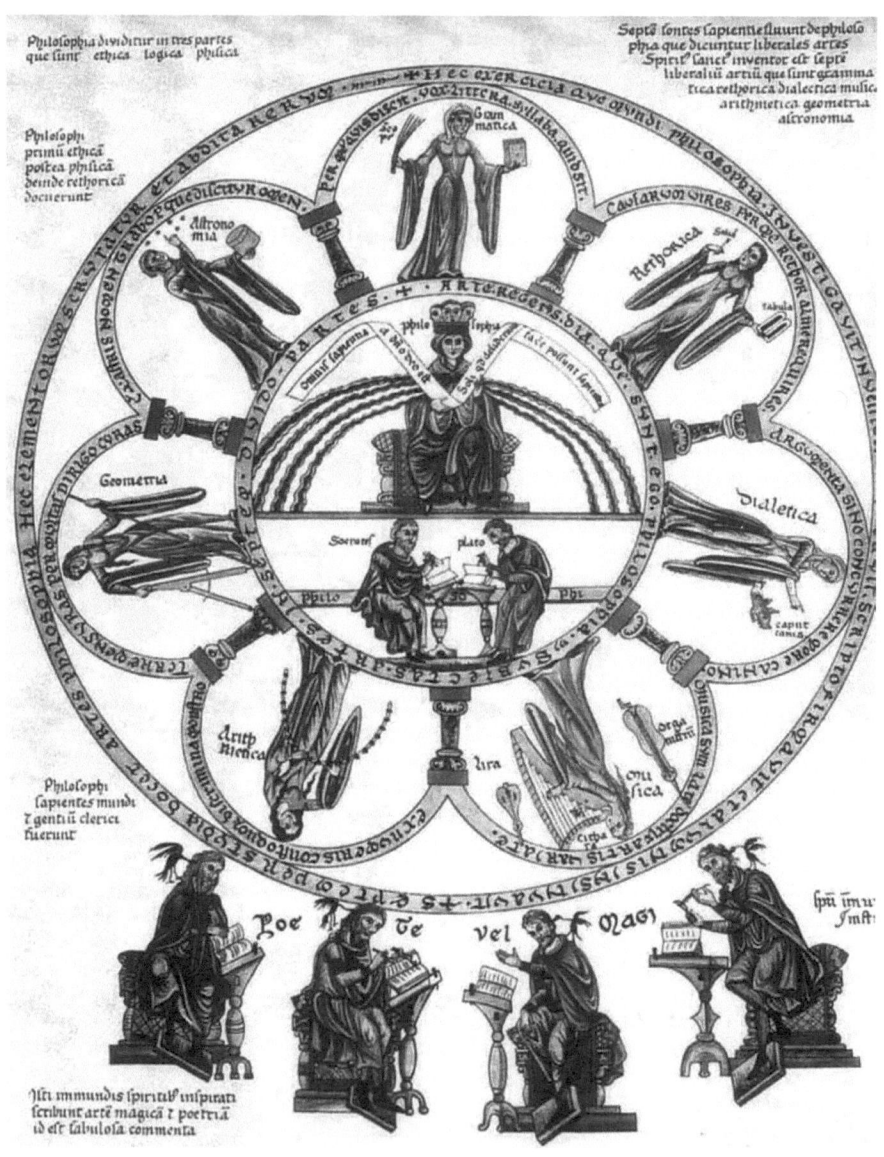

Abbildung 1:   septem artes liberales

Neben den in Abbildung 1 offensichtlichen Darstellungen von Musikinstrumenten wurden zur Illustration des Studienfachs Musik auch häufig Verhältnis-Metaphern verwendet, welche die Unterteilung der Oktave gemäß Pythagoras darstellten.

Das Fach Musik wurde also bereits schon zu früheren Zeiten in einen Fächerkanon eingeordnet, der im besten Sinne als *inter-disziplinär* bezeichnet werden kann. Selbstverständlich fehlen in der antiken oder römischen Aufteilung des Bildungssystems noch Fächer, die das Spektrum einer heutigen humanistischen Ausbildung ausmachen. Der Grundgedanke dieser Einteilung wird jedoch im weiteren Verlauf des Aufsatzes noch einmal aufgegriffen und anhand von Beispielen aktueller Unterrichtsprojekte illustriert.

2 Mediennutzung und die Rolle der Musik

Jugendliche im Alter zwischen 12 und 19 Jahren wachsen heute in Haushalten mit reichhaltiger medialer Ausstattung auf, dies belegen die Zahlen der Studie „Jugend, Information, (Multi-)Media (JIM)" des Medienpädagogischen Forschungsverbundes Südwest (2010). Die Jugendlichen selbst besitzen vor allem eigene Handys oder MP3-Player und knapp 80% beider Geschlechtsgruppen verfügen über einen eigenen Rechner (vgl. Abb. 2).

Zu den beliebtesten Arten der Mediennutzung gehören das Kommunizieren mit Freunden sowie das Hören von Musik. Diese wird derzeit vorwiegend über MP3-Player rezipiert. So ist es wenig verwunderlich, dass schon die JIM-Studie 2006 aussagt, dass 79% der befragten Schüler mehrmals pro Woche bzw. täglich Musik auf ihrem MP3-Player hören (vgl. Abb. 3). Als neue Entwicklung der Jahre 2006-2010 lässt sich beschreiben, dass dreiviertel der Jugendlichen während ihrer täglichen Onlinenutzung im Umfang von ca. zwei Stunden (vgl. JIM 2010: 28) ebenfalls ‚nebenbei' Radio oder Musik hören.

Innerhalb der MNT-Justierungsstudie (vgl. Oehmichen 2007) wird außerdem deutlich, dass die Jugendlichen im Alter zwischen 14 und 19 Jahren in dieser Untersuchung vorwiegend den Nutzertypen ‚Junge Wilde' (37% der Befragten) und ‚Zielstrebige Trendsetter' (38% der Befragten) zuzuordnen sind. ‚Junge Wilde' werden charakterisiert mit den Worten „hedonistisch, materialistisch, konsumorientiert, Selbstbezüglichkeit und -unsicherheit, adoleszentes Verhalten […]" (ebd.: 228) und ‚Zielstrebige Trendsetter' mit „pragmatische Idealisten und selbstbewusste Macher, breite Interessen, Erfolgsorientierung, Vollausschöpfung der Möglichkeiten neuer Medien […]" (ebd.) Beiden Typen gemein ist eine intensive Nutzung digitaler Medien, wenn auch mit unterschiedlicher Intention. Es zeigt sich deutlich, dass die Entwicklung im jugendlichen Alter eine Konzent-

ration auf zwei Typen mit sich bringt, wobei derzeit bei den männlichen Nutzern
die ‚Jungen Wilden' dominieren.

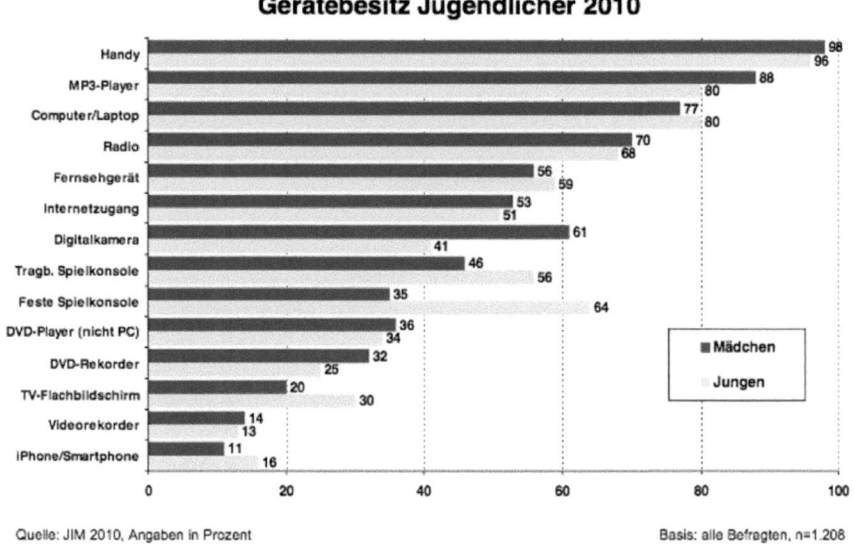

Abbildung 2:   Gerätebesitz Jugendlicher 2010

Als Zwischenfazit lässt sich also an dieser Stelle sagen, dass deutsche Jugendli-
che heute intensiven und diversifizierten Umgang mit Neuen Medien im privaten
Umfeld pflegen. Sie verfügen über den Zugriff auf nahezu jegliches Medium und
kommunizieren innerhalb ihrer Peergroups mit und über digitale Medien wie
Handys oder Computer. Das Hören von Musik ist hierbei neben dem Treffen von
Freunden die beliebteste Freizeitbeschäftigung.

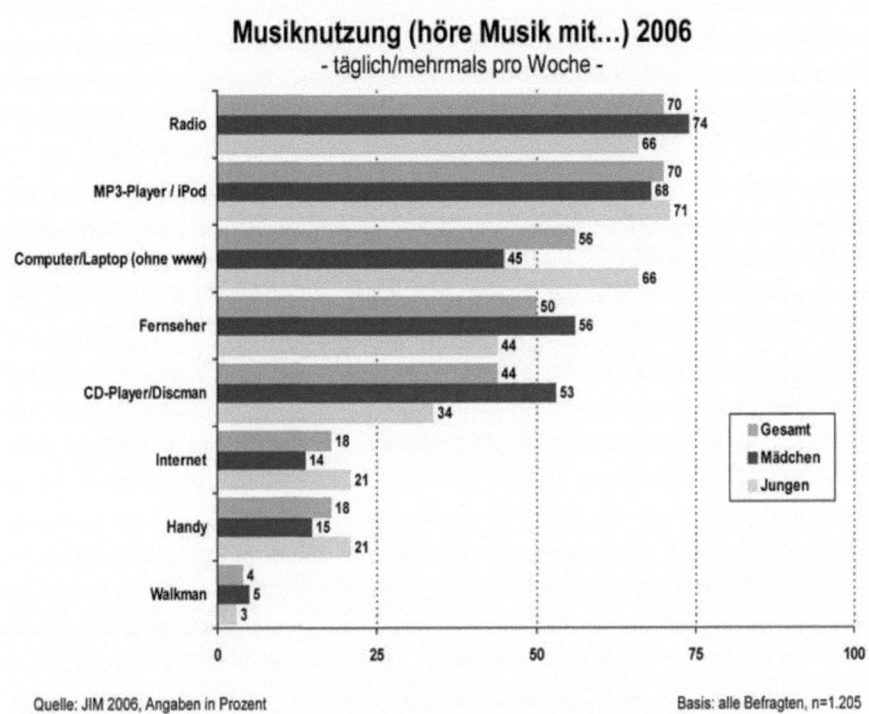

Abbildung 3:   Mediennutzung (höre Musik mit....) 2006

3   Mediensozialisation mit Musik?

Sozialisation wird im Zusammenhang des Artikels verstanden als „Mitgliedwerden in verschiedenen soziokulturellen Kontexten" (Hurrelmann / Ulich 1991 zit. nach: Müller et al. 2002). Dieser Prozess läuft nicht selten selbstorganisiert bzw. selbstinduziert ab:

Jugendliche sozialisieren sich selbst

- durch Sympathie mit bestimmten Kulturen, Milieus und Szenen, denen sie möglicherweise angehören wollen,
- durch die Auswahl spezifischer Sozialisationskontakte,

- durch das Mitgliedwerden in selbstgewählten Kulturen, insbesondere musikalischen Jugendkulturen, wobei sie sich die gewählte Symbolwelt aneignen,
- durch die Konstruktion von Identität durch (zeitweilige) Übernahme eines bestimmten Lebensstils. (Müller 1995 zit. nach: Müller et al. 2002: 14/15)

Nach Auffassung von Boehnke und Münch (2001) und Münch (2002) können der Musik bei der Bewältigung von Entwicklungsaufgaben (vgl. Havighurst 1982) wichtige Funktionen zufallen. Diese Entwicklungsaufgaben sind definiert als „[...] die Bewältigung der physischen Reife, die Aufnahme enger Freundschaftsbeziehungen, das Erlernen von Fairness, die Eingliederung in eine Gleichaltrigengruppe, die Aufnahme sexueller Beziehungen, die Herausbildung einer Persönlichkeit, der Umgang mit vermehrter Eigenständigkeit und Eigenverantwortlichkeit, die Herausbildung einer politischen Orientierung und die Vorbereitung auf Elternschaft [...]" (Boehnke / Münch 2001). Müller et al. (2002) fassen zusammen:

> Durch die selbstgestaltete Mitgliedschaft in selbstgewählten musikalischen oder medial geprägten Jugendkulturen entwickeln und präsentieren sie Identität, probieren Lebensstilorientierungen aus, suchen sich in Musikinterpreten und -interpretinnen oder Medienfiguren ihre eigenen Vorbilder und Idole, integrieren sich in die Gruppen der Peers, indem sie deren musikalische oder mediale Interessen teilen, eignen sich umfassendes Wissen z. B. über ihre Lieblingsmusik an, tauschen sich in ihrer Peergroup darüber aus. Ggf. bereiten sie sich dadurch sogar auf einen möglichen beruflichen Werdegang, beispielsweise im Musik- und Medienbereich, vor. Nach Wallbaum [...] kann bei sinnkonstruierend-imaginativer ästhetischer Wahrnehmung davon ausgegangen werden, dass Jugendliche in musikalischen Praxen die Entwicklungsaufgabe ‚Bildung' bewältigen bzw. sich selbst sozialisieren. (Müller et al. 2002: 20)

Etwas konkreter auf die beschriebenen Entwicklungsaufgaben bezogen, ordnet Münch (2002) innerhalb seines Forschungsdesigns den Aufgaben konkrete musikalische Zusammenhänge und Tätigkeiten zu:

Entwicklungsaufgaben	Musik
1. Enge Freundschaftsbeziehungen / soziale Bindungsfähigkeit	Gemeinsame Begeisterung für einen und intensive Auseinandersetzung mit einem musikalischen Bereich (z. B. Engagement in einem Fanclub, Mitglied in einer Punk-Clique)
2. frühe Selbständigkeit / Autonomie	Entwicklung eines eigenen Musikgeschmacks in Abgrenzung gegenüber dem Elternhaus
3. Berufsvorbereitung	Der Umgang mit Musik als Berufsziel (MusikerIn, MusikjournalistIn, MusiklehrerIn usw.); Erwerb von englischen Sprachkenntnissen

4. Politische Orientierung	Gewinnung politischen Wissens durch Songtexte, InterpretInnen usw.; politische Positionierung mit Hilfe von Musik
5. Zukunftsorientierung / Leben als Erwachsene	Mitglieder musikbezogener Jugendkulturen oder InterpretInnen als Vorbilder in Erwachsenenrollen
6. Identitätsentwicklung / Lebensstilorientierung	Mitglieder musikbezogener Jugendkulturen oder InterpretInnen als mögliche Identitätsentwürfe
7. Reife/ Autonomieentwicklung	Hinwendung zur „erwachsenen Musik" und eigenem Musikgeschmack (auch wenn dieser nicht von vielen anderen Jugendlichen geteilt wird)
8. Peergruppenintegration	Adaption der Musikpräferenzen des erhofften FreundInnenkreises; gemeinsames Musizieren
9. Physische Reifung	Extensive Körpererfahrung durch Bewegung zur Musik
10. Sexuelle Beziehungen	erste Erfahrungen durch „parasozialen" Kontakt zu Stars, Moderatoren usw.; Verliebtsein in MusikinterpretInnen

Abbildung 4: Musik und Entwicklungsaufgaben (Münch 2002: 73)

Und an gleicher Stelle fasst er die Ergebnisse der Studie wie folgt zusammen:

> Aus einer bestimmten Motivation heraus mit Musik umzugehen, sich Musik allgemein sehr aktiv zuzuwenden oder selbst Musik zu machen, kann bei der Bearbeitung verschiedener Entwicklungsaufgaben hilfreich sein. Gleichzeitig kann eine ganz bestimmte Entwicklungsaufgabe über verschiedene musikbezogene Umgangsweisen bearbeitet werden, d. h. es gibt kein endgültige ‚Festlegung‘, auf welche Weise Entwicklungsaufgaben ‚musikalisch‘ zu bearbeiten sind. (Münch 2002: 79)

Man kann also resümieren, dass der Musik nicht nur durch ihre Wichtigkeit innerhalb der Rezeptionsprozesse heutiger Jugendlicher eine wesentliche Aufgabe zuteil wird, sondern die der Musik genuinen Eigenschaften und die mit ihr verbundenen Tätigkeiten und Verhaltensweisen darüber hinaus auch zur Bewältigung von Entwicklungsaufgaben hilfreich sein können. Um jedoch eine medienkritische bzw. relativierende Sichtweise zum Konzept der *Mediensozialisation* nicht außer Acht zu lassen, schließt dieser Abschnitt mit einem Zitat von Siegfried J. Schmidt:

> Durch Mediensozialisation und unvermeidlichen intensiven Mediengebrauch verändert sich auch das, was man als ontologische Frage bezeichnen könnte, nämlich die vermeintliche Sicherheit, zwischen wirklich und nichtwirklich, wahr und falsch, authentisch und fiktiv eindeutig und dauerhaft unterscheiden zu können. Statt von einer relativen Homogenität des Medien-

nutzungsverhaltens sollte man von einer Pluralität der Mediennutzung durch produktive Mediennutzer ausgehen. Dabei muß vor allem der Fehler vermieden werden, historische Standards der Printmediennutzung wie Referenz oder wahr/falsch-Bewertung als verbindliche Standards der Nutzung aller Medien quasi ‚hochzurechnen'. Jedes Medium eröffnet produktiven Nutzern eigene und neue Nutzungsformen, die dann fast beliebig gegenseitig übertragbar sind, wenn es keine Leitmedien und keine kanonische Nutzungsform mehr gibt - wie etwa heute. (Schmidt 1997: 51)

4   Konzepte zur Integration der Neuen Medien in den Musikunterricht

Die musikpädagogische Fachgeschichte hat sich seit dem Ende der 1980er-Jahre mit der Integration des damals noch sehr neuen Mediums Computer befasst. Ausgehend von dem damaligen Stand der Technik und der desolaten Ausstattungssituation an den allgemein bildenden Schule erwuchsen innerhalb der Diskussion schnell zwei Lager, welche sich mit dem aus heutiger Perspektive zeitlich gegebenen Abstand als Technik-Pessimisten und Euphoriker bezeichnen lassen.[3]

Während die Pessimisten auf die Geschichte des Faches verwiesen und damit eine generelle Verweigerung von technischen Mittlern und eine Hinwendung zum ‚reinen Musizieren' und der Analyse von Musik forderten[4] einforderten, versuchte die technikaffine Autorenschaft, sämtlichen Musikunterricht durch den Einsatz des Computers besser zu gestalten und andere Medien komplett zu ersetzen. Erst Mitte der 1990er-Jahre setzte mit einer pragmatischen Wende auch eine durchweg sachliche Auseinandersetzung ein und dem Thema wurde in fachdidaktischen Publikationen Raum zur Präsentation von Unterrichtsprojekten und konzeptionelle Weiterentwicklungen eingeräumt. Es haben sich seit dem Jahr 2000 insgesamt fünf Autoren eingehend mit Teilaspekten des Einsatzes des Computers innerhalb ihrer Dissertationsprojekte befasst (vgl. Auerswald 2000; Rheinländer 2002; Gerhardt 2004b; Strasbaugh 2006; Pabst-Krüger 2006).

Es kann zu dem Zeitpunkt des Erstellens dieses Artikels (2006) behauptet werden, dass mittlerweile ein allgemeiner Konsens innerhalb des Faches besteht über die Notwendigkeit der Verwendung und die Vorteile, die der Computer bei der Realisierung bestimmter Unterrichtsinhalte haben kann. Alle genannten Konzepte innerhalb der Monographien rekurrieren größten Teils auf Ideen, die Mitte der 1990er-Jahre entstanden sind. Verkürzt gesagt, wird der Computer heute als ‚ein Medium unter vielen' angesehen und seine Verwendung wird in

---

[3] Vgl. für einen fachgeschichtlichen Abriss: Gerhardt (2004b), Pabst-Krüger (2006) und Strasbaugh (2006)
[4] Dies stand in der Tradition der Frankfurter Schule. Oftmals zur Argumentation herangezogen, wenn auch häufig falsch eingesetzt, wurde deshalb auch T.W. Adornos „Einleitung in die Musiksoziologie" (1968).

den Lehr- und Bildungsplänen fast aller Bundesländer für den gesamten Musikunterricht der Sekundarstufen vorgegeben. Dies führt leider nicht dazu, dass eine
tatsächliche Verwendung im heutigen Musikunterricht ‚automatisch' stattfinden
würde, was innerhalb der *kritischen Anmerkungen zum Ist-Zustand* weiter unten
nochmals aufgegriffen wird.

5   Beispiele interdisziplinärer Unterrichtsprojekte

Nachfolgend sollen einige Unterrichtsprojekte kurz vorgestellt werden, die
exemplarisch für einen Fächer verbindenden Unterricht stehen und zeigen sollen,
wie und wo die Neuen Medien hierbei zur Realisation der Teilaufgaben oder des
gesamten Projektes beigetragen haben. Die Beispiele sind der musikpädagogischen Literatur der vergangenen zehn Jahre entnommen und wurden zum Zweck
dieser Publikation in ihrer Darstellung verkürzt. Die Quellen können dem Litera-
turverzeichnis entnommen werden.

5.1 Musik und Sprache

Um die eingangs erwähnte Verbindung wieder aufzunehmen, beginnt dieser
Abschnitt zunächst mit Ideen für das *trivium*. Viele Autorinnen und Autoren
haben Unterrichtsprojekte beschrieben, die erfolgreich in Kooperation der Fächer
Musik und Deutsch oder Musik und dem Fremdsprachenunterricht durchgeführt
wurden. Ein wichtiges Hilfsmittel hierbei ist der so genannte ‚Pianorollen-
Editor', den es in jedem Audio-/MIDI-Sequenzer gibt. Der Sequenzer selbst ist
ein Werkzeug, mit dem man Musik aufnehmen, bearbeiten, schneiden und wie-
der ausgeben kann. Dabei funktioniert die Oberfläche mit den Metaphern einer
(Mehrspur-) Tonbandmaschine und eines integrierten Mischpultes. Der erwähnte
Editor selbst ist den Pianorollen nachempfunden, die bereits nach der letzten
Jahrhundertwende in den Welte-Mignon-Klavieren zum Einsatz kamen (vgl.
Abb. 4). Alle ‚Striche' können eingespielt oder über ein Stiftwerkzeug einge-
zeichnet werden. Gerade die letztgenannte Vorgehensweise macht den
Pianorollen-Editor zu einem Werkzeug, mit dem auch junge Schüler sehr schnell
Musik ‚komponieren' können. Ohne die zu Beginn eher hinderliche oder ‚ab-
schreckende' Notation der Musik kann über das Zeichnen des eigenen Namens,
eines Gegenstandes oder von Wortgebilden der konkreten Poesie Klang erzeugt
werden. Alle Balken im Zentrum des Editors sind jeweils einer Tonhöhe zugeordnet. Entlang der vertikalen Positionslinie werden diese Tonhöhen entspre-

chend ihrer Länge auf der X-Achse abgespielt. In Abbildung 5 sieht man ein Beispiel für die klingende Umsetzung eines Wortes der konkreten Poesie.

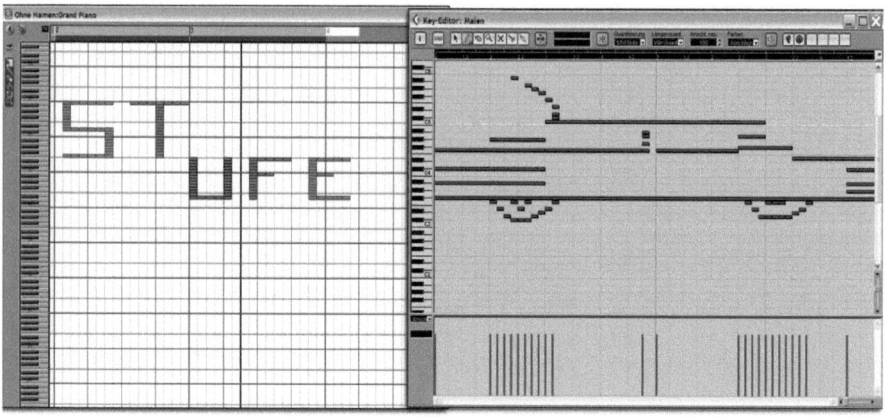

Abbildung 5:   Pianorollen-Editor

Darüber hinaus sind Hörspiele, Filmvertonungen und Podcasts selbstverständlich ein wichtiger Bereich für spannende Unterrichtsprojekte. Den Musikern können in diesen Zusammenhängen mehrere Aufgaben zuteil werden: von dem Sammeln von Geräuschen mit dem Mikrofon, über den Schnitt der Aufnahmen, bis hin zur Montage aller Elemente sind viele Projekte beschrieben, die in unterschiedlicher Form (auf der Webseite, innerhalb von Präsentationen, live aufgeführt, als Stream usw.) der schulischen Öffentlichkeit präsentiert wurden.

Da die meisten Sequenzer auch über die Möglichkeit verfügen, eine Video-spur in das Arrangement mit einzubinden, bieten sich Synchronisations-Übungen und die Erstellung von mehrsprachigen Videos für den Fremdsprachenunterricht an. In diesem Zusammenhang wurde in der Fachliteratur auch sehr häufig das Programm *Music maker* der Firma Magix eingesetzt, weil dessen Video-Funktionalitäten umfangreicher gestaltet sind als bei anderen Sequenzern und – bedingt durch den hohen Bekanntheitsgrad unter den Schülern – eine lange Ei-narbeitungsphase hinfällig ist.

Ein asynchrones Kompositionsprojekt über Landesgrenzen hinweg soll an dieser Stelle nicht unerwähnt bleiben, da es en passant auch die Fremdsprach-kenntnisse der Schüler mit schulte (Münch / Janssen 1999): Schüler aus zwei Ländern arbeiteten an einer Sequenzer-Datei, die sie nach Bearbeitung per E-Mail an die jeweils andere Schule verschickten. So entstand neben der eigentli-chen Komposition auch ein reger schriftlicher Austausch über (klang-) ästhetische Fragen, Alltägliches und Produktionsspezifisches. Projekte dieser Art sind aufgrund der erweiterten Bandbreite heutiger Internetanschlüsse mittlerweile auch synchron durchführbar. Entsprechende Projekte gibt es im professionellen Sektor bereits seit einiger Zeit.

Zuletzt können Sprache und Geräusche selbst auch mittels der Technik der Bricollage eklektisch arrangiert, verfremdet, bearbeitet, geschnitten und somit dekonstruiert werden. Es lassen sich viele Vorgehensweisen und Stilmittel der Postmoderne an diesem Vorgehen veranschaulichen und erlernen.

5.2 Musik und Kunst

Wie oben beschrieben können selbstverständlich auch in Kooperation mit dem Kunstunterricht Collagen von akustischem und visuellem Material angefertigt werden. Sollte das Thema Video(-kunst) im Zentrum stehen, kann auch die Film-AG der Schule mit angesprochen werden, damit die zeitliche Basis zur Realisierung der Projekte erweitert wird. Die Musikklassen können innerhalb der Teams das Klangdesign, das Sammeln von O-Tönen und – bei entsprechender Qualifikation der Beteiligten – die Komposition des Soundtracks übernehmen.

Ein weiterer Ansatzpunkt liegt abermals in der Verwendung alternativer Visualisierungen wie dem Pianorollen-Editor. Hier bieten sich in den unterschiedlichen Produkten Möglichkeiten, mindestens einen Parameter der Musikwiedergabe (z. B. Lautstärke) farblich zu gestalten. Bis vor einigen Jahren gab es noch ein Programm namens *Kandinsky Music Painter* auf dem deutschsprachigen Markt, das eine Übersetzung der von den Schülern erstellten Farbkleckse, Linien und Kreise in Musik übernehmen konnte. Leider ist dieses Produkt nicht mehr erhältlich, hat es doch viele Autoren zu interessanten Unterrichtsprojekten bewegen können.

Der bereits erwähnte *Music maker* offeriert innerhalb seiner Programmfunktionen eine große Fülle an Videobearbeitungs-Effekten, Standbild- und Textintegration, sowie für die musikalische Arbeit mit jungen Schülern viele vorproduzierte Bausteine, welche nur per ‚Drag and Drop‘ in das Arrangement gezogen werden müssen. Diese multimedialen Fähigkeiten der Oberfläche sind ideal für die Zusammenarbeit unterschiedlichster Fächer, ohne auf eine lange Einarbeitungszeit in professionellere Software Rücksicht geben zu müssen.

5.3 Musik und Physik

Die physikalischen Grundlagen der Musik sind Thema der Sekundarstufe eins. Durch die Integration Neuer Medien lassen sich viele Parameter der Musik besser darstellen und abstrakte Größen wie Hertz oder Dezibel werden innerhalb von Analyse-Programmen optisch ansprechend aufbereitet. Ein konkretes Projekt verwendete dreidimensionale Frequenzanalysen von Stücken aus der Pop-/Rockmusik und der Klassik. In Abbildung 6 sieht man eine solche Analyse, die einen musikalischen Ausschnitt entlang einer Zeitachse und einer Frequenzachse darstellt.

Abbildung 6:   Synthesizer EduSynth

Die Schüler sollten in der Einheit anhand der unterschiedlichen ‚Berge und Täler' mutmaßen, um welche Stücke es sich dabei handelt, bevor sie dann weitere Informationen sowohl über die Interpreten als auch die physikalischen Grundlagen erhielten. Im Sinne einer auditiven Wahrnehmungs- und Gehörschulung könnten auch weitere Analyse-Instrumente wie ein Spektrum-Analyzer oder eine Pegel- und Panorama-Anzeige zur Erweiterung des Instrumentariums von Physik- und Musiklehrern beitragen.

Ein handlungsorientierter Ansatz des Entdeckens und Ausprobierens liegt dem Synthesizer *EduSynth* der Firma Native Instruments zugrunde. Dieser kann sowohl dem Erlernen von Fachbegriffen der Klangsynthese dienen, da innerhalb der Oberfläche durch das Klicken auf eines der Fragezeichen neben den Baugruppen informative Texte über diese eingeblendet werden (vgl. Abb. 6). Der Synthesizer kann aber auch – live gespielt oder über einen Sequenzer gesteuert – der Erzeugung von Geräuschen für Hörspiele dienen. Es können konkrete Sounds kreiert oder auch ‚nachgebastelt' werden, da die Nutzer ihre eigenen Klänge innerhalb einer Bibliothek ablegen und jederzeit wieder laden können.

5.4 Musik und Mathematik

Die beiden Fächer Musik und Mathematik sind seit Pythagoras eng miteinander verknüpft und so ist es nicht verwunderlich, dass sich nicht nur viele künstlerisch-ästhetische Ideen, sondern auch eine Reihe von Unterrichtseinheiten mit Zahlen, Zahlenverhältnissen und Mathematik im weitesten Sinne beschäftigen.[5] Das Monochord-Instrument, mit dem Pythagoras die Unterteilung der Oktave illustrierte, wird auch heute wieder – meist selbst gebaut – in schulischen Projekten eingesetzt.

Das musikalische Würfelspiel, ursprünglich eine Art Gesellschaftsspiel des 18. Jahrhunderts, bei dem anhand von Tabellen nummerierte Melodiebausteine ausgewürfelt und aneinandergefügt werden können, welche anschließend eine fertige Komposition ergeben, ist eine häufig publizierte Idee (vgl. u. a. Bührig 1991: CD-ROM). Als Vorlage der frühen Artikel dient der Würfel von Wolfgang Amadeus Mozart, es gibt aber auch Tabellen von J. Haydn oder C. P. E. Bach. Mittlerweile sind die Ideen als MIDI-Dateien realisiert oder laufen als JAVA-Applets auf Internetseiten.

Natürlich bilden Zahlen auch selbst die Grundlage vieler serieller und dodekaphoner Kompositionen, was wiederum als Idee für Unterrichtsprojekte dienen kann (vgl. Rheinländer 2001: 16-23). Letztlich kann auch die Verbindung von Zahlen, Tönen und sprachlichen Zeichen in Form des Morse-Alphabets zu spannenden Einheiten mit Computer führen (vgl. Lugert 2002).

---

[5] vgl. für einen historischen Abriss: Enders (2005)

6   Kritische Anmerkungen zum Ist-Zustand

Sowohl die JIM-Studie als auch die Daten aus den Media Perspektiven verheißen zunächst die ‚Ankunft' der digitalen Medien im privaten Umfeld heutiger Schülerinnen und Schüler. Diese Medien werden darüber hinaus nicht nur erworben, sondern auch in zunehmendem Umfang häufig genutzt (s. Abschnitt 1). Lange wurde durch zahlreiche Initiativen, wie „Schulen ans Netz" oder „D21" – darauf hingearbeitet, deutsche Schulen in ebenfalls ausreichendem Umfang mit adäquater Hard- und Software auszustatten. Basierend auf den Zahlen der BMBF-Studie aus dem Jahr 2005 kann attestiert werden, dass die Schulen mittlerweile das europäische Kriterium von 15 Schülern pro PC hinlänglich erfüllen. Fraglich ist jedoch in diesem Zusammenhang, inwieweit sich die inzwischen gute Ausstattung auf den Einsatz der Neuen Medien im alltäglichen Unterricht auswirkt.

Dem privaten Bereich der Ausstattung und Mediennutzung gegenüber stehen aber die Zahlen aus der Studie „IT-Ausstattung der allgemein bildenden und berufsbildenden Schulen in Deutschland" des Bundesministeriums für Bildung und Forschung aus dem Jahr 2005 und des „(N)Onliner-Atlas", einer Befragung von 1150 Schülern im Alter zwischen 14 und 29 Jahren. In beiden Studien wird den Fächern Kunst und Musik attestiert, dass die Verwendung der Neuen Medien (BMBF: 8%, (N)Onliner-Atlas: 5%) innerhalb des Unterrichts hier weit unter den Werten der naturwissenschaftlichen Fächer (24-73%) und denen der Fremdsprachen (18-22%) liegt. Es ergibt sich also eine Diskrepanz zwischen dem Vorhandensein aktueller Hard- und Software und deren Verwendung. Als Denkanstoß seien hier die Daten der Erhebungen von Eichert / Stroh (2004) und Gerhardt (2004b) genannt, die über Einstellungen von Musiklehrern, Medienkompetenz und den Einsatz Neuer Medien gearbeitet haben und hierin mögliche Gründe in der vergleichsweise zaghaften Umgangsweise sehen.

7   Schluss

Neue Medien sind im jugendlichen Alltag angekommen und werden von diesen intensiv genutzt. Die schulische Realität im Musikunterricht sieht bis dato allerdings noch anders aus. Obwohl die Konzeptionen bereits länger diskutiert und verabschiedet worden sind, ist die große Zahl der musikpädagogischen Unterrichtseinheiten, die in den vergangenen Jahre publiziert wurde, wenig bis gar nicht in der Praxis angelangt.

Vielleicht liegt hier eine Chance des interdisziplinären Unterrichts. Um sich nicht permanent dem Legitimationsdruck innerhalb des Fächerkanons aussetzen zu müssen und nicht allein in den Momenten der Außendarstellung der Schule –

sprich bei Abschlussfeiern u. ä. – ernst genommen zu werden, sollten Musikleh-
rer mit ihren Fachkollegen im projektorientierten Unterricht nach Anknüpfungs-
punkten und spannenden gemeinsamen Ideen suchen, die sich mit den gegebenen
Lehr- und Bildungsplänen realisieren lassen. Dem Fach Musik kommt hierbei
sicherlich eine Sonderstellung zugute, da es viele Anknüpfungspunkte für eine
Zusammenarbeit mit anderen Fächern geben kann. Zusätzlich kann bei der Integration von Musik als Medium oder Vermittler darauf gezählt werden, dass hier
grundsätzlich am Erfahrungshorizont der Schüler angesetzt wird, dies belegen
die Nutzungszahlen der genannten Studien. Es bleibt jedoch allein Aufgabe der
jeweiligen Lehrer, ungewöhnliche oder bewährte Verbindungen zwischen den
Inhalten aufzuspüren, um die eigene Motivation und die Neugier der Schüler
stets auf einem hohen Level halten zu können.

Literatur

Adorno, T. W. (1968): Einleitung in die Musiksoziologie. Zwölf theoretische Vorlesun-
gen. Frankfurt/M.: Suhrkamp

Ahlers, M. / Lugert, W. D. (2003): MusicMaker. Ein Programm nicht nur zum Spielen.
In: Praxis des Musikunterrichts. 73. Oldershausen: Institut für Didaktik Populärer
Musik. 32-37

Arbeitsgemeinschaft Rundfunkwerbung (2007): Media-Perspektiven. Daten zur Medien-
situation in der Bundesrepublik. Frankfurt/Main: Vertrieb Media Perspektiven

Arnold, H. / Wehle, B. (2005): Vertonung von Elfchengedichten. In: Knolle, N. / Enders,
B. (Hrsg.) (2005): DVD-ROM

Auerswald, S. (2000): Der Computer im handlungsorientierten Musikunterricht: didaktischer Stellenwert und methodische Konzeptionen. Augsburg: Wißner. (= Forum
Musikpädagogik, Bd. 40)

Barthelmes, J. (2001): Funktionen von Medien im Prozess des Heranwachsens. Ergebnisse einer Längsschnittuntersuchung bei 13- bis 20-jährigen. In: Media Perspektiven.
5. 2. 84-89

Boehnke, K. / Döring, N. (Hrsg.) (2001): Neue Medien im Alltag. Die Vielfalt individueller Nutzungsweisen. Lengerich: Pabst

Boehnke, K. / Münch, T. (2001): Radio, Musikfernsehen und Internet in der Entwicklung
Jugendlicher. In: Boehnke, K. / Döring, N. (2001): 77-100

Bruhn, H. / Oerter, R. / Rösing, H. (Hrsg.) (1997): Musikpsychologie. Ein Handbuch. 3.
Aufl. Reinbek: Rowohlt (= rowohlts enzyklopädie)

Bührig, D. (1991): Musikalisches Würfelspiel mit „Pattern". Ein Computerspiel für den
Musikunterricht. In: Musik und Bildung. 1. 35-36

Bundesministerium für Bildung und Forschung (2005): IT-Ausstattung der allgemein
bildenden und berufsbildenden Schulen in Deutschland. Bonn, Berlin: o. V.

Eichert, R. / Stroh, W. M. (2004): Medienkompetenz in der musikpädagogischen Praxis. In: Gembris, H. / Kraemer, R. / Maas, G. (Hrsg.) (2004): 36-65

Enders, Bernd (2005): Mathematische Musik - musikalische Mathematik. Saarbrücken: Pfau

Fries, H. (2000): Intracult. Mit dem Computer zwischen den Kulturen. In: Musik und Bildung. 5. 28-31

Fromm, M. (2005): EduSynth. Soundeffekte zu Brickfilms designen. In: Praxis des Musikunterrichts. 81. Oldershausen: Institut für Didaktik Populärer Musik. 36-45

Gembris, H. / Kraemer, R. / Maas, G. (Hrsg.) (2004): Vom Kinderzimmer zum Internet. Musikpädagogische Forschung und Medien. Augsburg: Wißner (Musikpädagogische Forschungsberichte, Bd. 9)

Gerhardt, B. (2001): Musik verklebt. Collagen mit Logic Fun. In: Musikunterricht und Computer. 2. 12-15

Gerhardt, B. (2003): „Umwelt-Zerstörung-Global" – Interdisziplinär vernetzte Zugänge. Schülerinnen und Schüler präsentieren Musikvideos und Websites. In: Musikunterricht und Computer. 5. 24-26

Gerhardt, B. (2004a): Cut, Copy & Paste. Logic Lugert im Unterricht. Oldershausen: Lugert

Gerhardt, B. (2004b): Internet und Musikunterricht: Bestandsaufnahme und Perspektiven. Augsburg: Wißner (Forum Musikpädagogik, Bd. 64)

Gerhardt, B. (2006): Multimediale Kompositionen. Multimedial-minimalistisch, multimedial-interkulturell.   Unter: http://www.lehrer-online.de/url/multimediale-kompositionen.php (17.01.2011)

Havighurst, R. J. (1982): Development tasks and education. 7. Aufl. New York: McKay

Hemker, T. / Müllensiefen, D. (Hrsg.) (1997): Medien - Musik - Mensch. Neue Medien und Musikwissenschaft. Hamburg: von Bockel

Hurrelmann, K. / Ulich, D. (1991): Gegenstands- und Methodenfragen der Sozialisationsforschung. In: Hurrelmann, K. / Ulich, D. (Hrsg.) (1991): 21-54

Hurrelmann, K. / Ulich, D. (Hrsg.) (1991): Neues Handbuch der Sozialisationsforschung. 4. Aufl. Weinheim und Basel: Beltz

Jahnz, R. (1992): Klingende Grafik aus der Sprühdose. Der Kandinsky-Music-Painter im Unterricht. In: Die grünen Hefte. 34. Oldershausen: Institut für Didaktik Populärer Musik. 40-41

Janosa, F. (1999): Music maker – Pädagogische Möglichkeiten einer Musik-Software. In: Praxis des Musikunterrichts. 59. Oldershausen: Institut für Didaktik Populärer Musik. 41-44

Knolle, N. / Enders, B. (Hrsg.) (2005): Me[i]Mus. Neue Medien als Werkzeug, Musikinstrument und Thema im Musikunterricht. Materialien für den Musikunterricht der Sek. I und II. Magdeburg, Würzburg: Otto-von-Guericke-Universität Magdeburg, Hochschule für Musik Würzburg

Lugert, W. D. (2002): Der Heute-Jingle. Morsen im Musikunterricht. In: Praxis des Musikunterrichts. 72. Oldershausen: Institut für Didaktik Populärer Musik. 4-15

Medienpädagogischer Forschungsverbund Südwest (MPFS) (2006): Jugend, Information, (Multi-) Media (JIM). Basisuntersuchung zum Medienumgang 12- bis 19-Jähriger in Deutschland. Stuttgart: o. V.

Medienpädagogischer Forschungsverbund Südwest (MPFS) (2006): Jugend, Information, (Multi-) Media (JIM). Basisstudie zum Medienumgang 12- bis 19-Jähriger in Deutschland. Stuttgart: o. V.

Morsey, B. (1991): Der Computer als Instrument zur Veranschaulichung von Musik. Erfahrungen und Empfehlungen zum Einsatz von Musikprogrammen. In: Musik und Unterricht. 06. Seelze: Friedrich. 48-53

Müller, R. / Glogner, P./ Rhein, S./ Heim, J. (Hrsg.) (2002): Wozu Jugendliche Musik und Medien gebrauchen. Jugendliche Identität und mediale Geschmacksbildung. Weinheim und München: Juventa

Müller, R. / Glogner, P. / Rhein, S. / Heim, J. (2002): Zum sozialen Gebrauch von Musik und Medien durch Jugendliche. In: Müller, R. / Glogner, P. / Rhein, S. / Heim, J. (2002): 9-26

Münch, T. (2002): Musik, Medien und Entwicklung im Jugendalter. In: Müller, R./ Glogner, P. et al. (Hrsg.) (2002): 70-83

Münch, T. / Janssen, H. (1999): Ideenbörse – „Globales Komponieren". In: Musik und Bildung. 1. 34-35

Oehmichen, E. (2007): Die neue MedienNutzerTypologie MNT 2.0. In: Media Perspektiven. 5.226-234

Pabst-Krueger, Michael (2006): Musikstunde-ONLINE: musikpädagogische Fortbildung im virtuellen Klassenraum. Hildesheim: Olms

Quast, R. (1988): Neue Technologien in der Popmusik – eine Unterrichtseinheit. In: Populäre Musik im Unterricht. Heft 23. Oldershausen: Institut für Didaktik Populärer Musik. 26-32

Rheinländer, M. (2001): Zahlenmusik. Ein Unterrichtsprojekt für die Sekundarstufe II. In: Musikunterricht und Computer. 2. 16-23

Rheinländer, Matthias (2002): Der Computer – Instrument im Musikunterricht – Instrument des Musikunterrichts. Oldershausen: Lugert

Rösing, H. (1997): Musik im Alltag. In: Bruhn, H. / Oerter, R. / Rösing, H. (Hrsg.) (1997): 113-130

Schläbitz, N. (1998): Das Medium spielt die Musik dazu. Musikalische Metamorphosen mit dem Computer. In: Musik und Bildung. 5. 1998. Mainz: Schott. 12-19

Schmidt, S. J. (1997): Konstruktivismus als Medientheorie. In: Hemker, T. / Müllensiefen, D. (Hrsg.) (1997): 39-59

Strasbaugh, L. G. (2006): Digitale Medien im Musikunterricht. Ansätze zur Didaktik und Methodik des computergestützten Musikunterrichts. Berlin: PDF-Dissertation

Zuther, D. (2002): Projekt: Hörspiel. In: Musikunterricht und Computer. 4. Oldershausen: Lugert. 14-18

kunst://computer

Marc Fritzsche

Computer und ein Großteil der dazugehörigen Software werden nicht für ein pädagogisches, künstlerisches oder gar kunstpädagogisches Umfeld hergestellt. Hardware, Peripheriegeräte, Betriebssysteme, Programme und Benutzeroberflächen werden meist aus technischer Perspektive konstruiert. ‚Normale‘ Benutzer versuchen, sich auf diese Sichtweise einzustellen – und scheitern immer wieder. Eine intuitive Benutzung ist durch die Einführung grafischer Benutzeroberflächen überhaupt erst möglich geworden. Von einer vollständigen Realisierung dieses Konzepts sind wir aber noch weit entfernt. Erschwerend kommt hinzu, dass wir in zunehmendem Maß davon abhängig werden, Computer nutzen zu können. Zu oft ist der Computer noch die unantastbare Black Box, der wir zwar gelegentlich Pest und Cholera an den virtuellen Hals wünschen, deren Benutzungsprotokoll wir aber nur unwesentlich beeinflussen zu können glauben. Der Computer scheint uns seine Nutzung zu diktieren. Anders ausgedrückt kann man unser Verhältnis zu Technik und Inhalt als computer://computer bezeichnen. Analog zur Schreibweise für den Zugang zum World Wide Web (http://www.adresse.de) symbolisiert die erste Buchstabenfolge die Lesart oder Nutzungsweise (das ‚Protokoll‘) der zweiten. Auf eine dem Computer angepasste Weise (computer://…) nutzen wir das Gerät (…://computer). Was für Bürotätigkeiten mittlerweile normal erscheint, bedeutet im (kunst-)pädagogischen Umfeld oft den Offenbarungseid. Ich schlage vor, eine Nutzung im Sinne von kunst://computer anzustreben und Lernende wie Lehrende dazu zu befähigen. Der vorliegende Text zeigt praxisorientiert Möglichkeiten, diese Forderung zumindest teilweise einzulösen. Dazu sind gegenüber avantgardistischen fachdidaktischen Konzeptionen einige ‚Simplifikationen‘ nötig (vgl. Meyer 2001: 15). Ich greife dabei auf Erfahrungen zurück, die innerhalb des hessischen Modellprojekts „MuSe Computer" (vgl. Boysen-Stern / Laute 2003) im Rahmen des BLK-Programms „Kulturelle Bildung im Medienzeitalter"[1] in den Jahren 2000 bis 2003 gemacht wurden. Im Anschluss wurden die Verfahrensweisen und Erkenntnisse in ein Projekt der hessischen Lehrerfortbildung überführt.

---

[1] vgl. http://www.lehrer-online.de/kubim.php (17.01.2011)

1   Computereinsatz in der Schule

Die Frage, ob am Anfang des 21. Jahrhunderts in der Schule Computer eingesetzt werden sollen, ist beantwortet. Allerdings wird ein einfaches ‚Ja!' der Sa-
che nicht gerecht. Genaues Hinschauen und Augenmaß sind unabdingbar. Viele
Lernprozesse funktionieren hervorragend ohne Computer. Andere können durch
den Einsatz der Geräte verbessert oder erweitert werden. Eine dritte Sorte ist nur
mit dem und durch den Computer möglich. Trotz und wegen der rasanten technischen Entwicklung bleibt es elementar, die Lernprozesse der ersten Art in allen
Fächern zu identifizieren und weiterhin zu initiieren. Bei den möglichen Verbesserungen und Erweiterungen durch den Einsatz neuer Technologien ist die
Kenntnis des mit dem Computer Möglichen unabdingbar. Wesentlich bleibt aber
das pädagogische Abwägen von Vor- und Nachteilen. Im Zweifelsfall sind oft
die technisch weniger aufwändigen Lösungen effektiver. Dies kann bedeuten,
den Computer nicht oder nur eingeschränkt einzusetzen. Auch bei der dritten
Sorte ist Augenmaß gefragt: Der Einsatz von Computern kann sehr schnell zum
Selbstzweck werden. Hauptaufgabe für die Lehrenden ist hier, das Primat des
Inhalts über die Technik sicherzustellen. Gleichwohl lässt sich beim Einsatz von
Computern die zunächst rein medienbezogene Begeisterung der Lernenden ge-
winnbringend für die inhaltliche Auseinandersetzung nutzen.

2   Expertentum der Lernenden oder der Lehrenden?

Kinder und Jugendliche haben heute in den meisten Fällen zu Hause Zugang zu
einem Computer. Die Diskrepanz zur Mediensozialisation der Lehrenden schlägt
sich bei allen Beteiligten häufig in der Vermutung nieder, Schülerinnen und
Schüler seien kompetenter in der Nutzung des Geräts. Das ist nur teilweise richtig. Heutige Kinder und Jugendliche sind ‚digital natives', bei deren Geburt Digi-
taltechnik bereits verbreitet war und die völlig selbstverständlich mit ihr auf-
wachsen. Daraus könnte man schließen, dass sie diese wie eine zweite ‚Mutter-
sprache' fließend ‚sprechen'. Die Schulpraxis zeigt jedoch, dass es mit dem
Expertentum oft nicht weit her ist. Zwar zeigen insbesondere Jungen großes
Interesse an Computerspielen. Auch ist die aktive Internetnutzung weit verbreitet. Aber schon sinnvolle Suchstrategien im Netz sind nur einem Teil vertraut.
Die Kenntnisse bezüglich Textverarbeitung sind sehr durchwachsen. Wenn ich
im Unterricht der Sekundarstufe I nach Vorerfahrungen mit Bildbearbeitung,
Videoschnitt oder gar Animation frage, ist die Zahl der Meldungen noch durch-
weg sehr gering bei nur marginalen Steigerungsraten in den vergangenen Jahren.
Zusammenfassend lässt sich feststellen, dass Schülerinnen und Schüler in der

rezeptiven Mediennutzung meist große Erfahrung haben, im produktiven Bereich aber erhebliche Defizite aufweisen, besonders bei kunstnahen Verfahren. Beinahe zwangsläufig mangelt es ihnen daher auch an der Fähigkeit, sich vom Medium kritisch zu distanzieren. Richtig ist, dass die ‚digital natives' im Durchschnitt bei der Verwendung von Computern nur wenige Hemmungen haben. Oft haben sie trotz ihres geringeren Alters bereits mehr Lebenszeit am Rechner verbracht als ihre Lehrkräfte. Darin liegt natürlich ein Vorsprung für die Jüngeren, aber seine Auswirkungen sind nur durch eine Art selbst erfüllender Prophezeiung seitens der Älteren so groß. Wenn diese nämlich die undifferenzierte Sicht übernehmen, dass die bloße Nutzung eines Bruchteils der Möglichkeiten einer Maschine tatsächliches Expertentum hervorbringt, behindern sie die inhaltliche Auseinandersetzung, auf die sie eigentlich spezialisiert sind oder sein sollten. Der Zugang bleibt technisch, und diesbezüglich sind die Schülerinnen und Schüler tatsächlich oft weiter.

Daraus lassen sich zunächst drei Forderungen ableiten: Erstens dürfen Lehrende sich nicht vom technischen Vorsprung der Lernenden abschrecken lassen. Dazu bedarf es allerdings einer Souveränität, die sich daraus speisen könnte, dass die Lehrkraft normalerweise einen inhaltlichen und erfahrungsbezogenen Vorsprung hat. Nehmen wir an, ein Schüler kenne sich bereits mit der Benutzung eines Bildbearbeitungsprogramms aus. Niemand würde glauben, dass er nur deswegen am Rechner bessere Bilder herstelle als seine Lehrerin. Allerdings wird er wegen seiner guten Programmkenntnis mehr Zeit haben, sich mit Inhalten zu befassen. Damit zweitens, die Lehrkräfte sich nicht ständig mit technischen Fragen aufhalten und souveräner mit Unzulänglichkeiten von Hard- und Software umgehen können, brauchen sie eine technische Befähigung, die sie entlang inhaltlicher Aufgaben erwerben. Lehrerinnen und Lehrer aller Fachrichtungen müssen heute bereits in der Ausbildung zur Benutzung der digitalen Medien befähigt werden, und zwar mindestens so, dass sie sie in Bezug auf Texte und auf Bilder rezeptiv wie produktiv nutzen und darüber reflektieren können.[2] Die Lehrerfortbildung muss hierbei gewährleisten, dass auch die ‚Eingeborenen' des analogen Zeitalters auf einen aktuellen Stand gebracht werden. Neue technologische Entwicklungen sind pädagogisch zu wenden und mit Augenmaß in Aus- und Fortbildung zu integrieren. Drittens sind die Inhalte gegenüber der Technik zu betonen. Viel zu oft lautet die Frage ‚Wie bekommen wir den Computer dazu,

---

[2] Die diesbezügliche Fachdiskussion kann hier nicht wiedergegeben werden, nur soviel: In allen Schulfächern werden wie im ‚richtigen Leben' ständig Bilder verwendet. Deshalb müssen alle Unterrichtenden neben ihrer als selbstverständlich geltenden Zuständigkeit für Texte auch ihre Kompetenz für Bilder erkennen und entwickeln (vgl. Freiberg 1998: 12-17) Horst Rumpf hat anlässlich der Tagung „Menschenbilder – Menschen bilden" in Braunschweig zu Recht darauf verwiesen (vgl. Rumpf 2004), dass bei einigen Mathematikaufgaben der PISA-Studie handfeste bildbezogene Kompetenzen Voraussetzung zur Lösung waren.

dies oder jenes zu tun?', ohne vorher zu überlegen, warum wir es überhaupt versuchen sollten. In der Kunstdidaktik gilt der reine Techniklehrgang zu herkömmlichen Produktionsweisen (Bleistiftzeichnung etc.) als nicht mehr zeitgemäß. Dies ist unter erschwerten Rahmenbedingungen auf die Nutzung digitaler Medien im Unterricht zu übertragen: Die Erkundung eines Programms ohne inhaltliche Aufgabe ist nicht sinnvoll – gerade weil die Technik aufgrund von hohem Aufwand, großer Komplexität und Fehleranfälligkeit tendenziell geeignet ist, Inhalte zu überdecken.

3   computer://computer

Offizielle Vorgaben und reale Schulpraxis können erheblich von diesen Forderungen abweichen. Eine frühe Analyse lieferte Ernst Wagner bereits 1992 mit seinen kritischen Anmerkungen zur Geringschätzung des Inhalts im Angesicht der neuen Technik (vgl. Wagner 1992: 55-59). Wenn sich Lehrkräfte hessischer Gymnasien an den Lehrplan für Kunst halten wollen, erhalten sie unerwartet detaillierte „Hinweise zur digitalen Bildgestaltung und zu Computerpräsentationen" (Hessisches Kultusministerium 2005: 4). Bereits diese Überschrift lässt einen technikbezogenen, nicht von der Kunst aus gedachten Zugang befürchten. In der Folge wird kleinteilig dargelegt, dass und wie in einem Bildbearbeitungsprogramm mit Ebenen und Objekten gearbeitet werden soll. Motiviert wird dies aus der beabsichtigten Vorbereitung „auf Studium und Berufswelt" (ebd.). Konsequenterweise werden im „Übergangsprofil von der Jahrgangsstufe 9 in die gymnasiale Oberstufe" unter dem Stichwort „Digitale Bildbearbeitung" als „erworbene Qualifikationen und Kenntnisse" genannt: „Herstellung visueller Nachrichten. Auseinandersetzung mit Bildbearbeitung und Bildverarbeitung" (ebd.: 32).

Die Defizite des Lehrplans sind gravierend, und zwar auf zwei Ebenen: Erstens wird nur innerhalb einer technisch bestimmten Sichtweise argumentiert, die noch dazu durch ihre Detaillierung den technischen Stand zum Zeitpunkt ihres Verfassens als Grundlage für den Kunstunterricht festschreibt. Inhalte, Fragen, Anlässe zur Auseinandersetzung sind erkennbar nachgeordnet. Dies trifft übrigens für den gesamten Plan zu – was die Lage nicht verbessert. Zweitens gibt es kaum Spielraum für diejenigen Bereiche der Kunst (und ihrer Didaktik), die sich erst mit den digitalen Medien entwickeln. Torsten Meyer beispielsweise fordert eine „Kunstpädagogik im Neuen Medium" (statt mit den Neuen Medien), die „eine fachspezifische Auseinandersetzung mit dem ‚Neuen Medium' pflegt. Nicht so sehr durch den Einsatz des Computers beim Bilderproduzieren oder durch die Auseinandersetzung mit Bildern, die per Computer produziert wurden, sondern dadurch, dass sie den Bezug zur Gegenwartskunst pflegt" (vgl. Meyer 2004: 417-421). Der Autor nennt als ein neues Medium das Weltweit-Werden, das er mit WWW abkürzt. Aus der Engführung des hessischen Lehrplans scheint diese Denkweise unerreichbar. Man muss kein Verfechter von Meyers Ansichten sein, um dies bedenklich zu finden. Arbeit mit dem Computer im Kunstunterricht basiert meist auf der Verwendung von Photoshop oder anderen mehr oder weniger anspruchsvollen Programmen. Dabei wird gelegentlich übersehen, dass der Einsatz eines professionellen Programms noch kein professionelles Arbeiten von Lehrenden oder Lernenden bewirkt. Auf anderen Gebieten ist die Sicht hier klarer: Teure Pinsel sind für guten Unterricht oder gute Bilder weder notwendig noch gar hinreichend, dennoch kann ihr Einsatz positive Auswirkungen haben. Beim Arbeiten mit dem Computer verstellt ein spezifisches Phänomen den Blick: Das Medium drängt sich nach vorn (vgl. Fritzsche 2001: 144-159). Hunderte Menüs, Untermenüs, Symbole mit Tausenden von Auswahl- und Einstellmöglichkeiten fordern experimentelles Erkunden geradezu heraus. Vielen Lernenden kommt diese Herangehensweise entgegen; mit Lehrgängen wären sie nur schwer zu erreichen. Schon tappt hier auch die Lehrkraft in die Falle, obwohl sie eigentlich den pädagogischen Überblick behalten müsste: Sie lässt die Schüler ziellos das Programm ‚erkunden' und hält das für Kunstunterricht. Es fehlt, wie beim berüchtigten ‚freien Thema', der Rahmen zur inhaltlichen Auseinandersetzung.

Am deutlichsten erkennbar wird dies bei der Verwendung von Filtern. Allein über ein Dutzend ‚Kunstfilter' mit Tausenden von Variationsmöglichkeiten sind verfügbar. Interessanterweise zielen sie fast ausschließlich auf analoge künstlerische Techniken (Aquarell, Ölfarbe getupft etc.), ohne sie jemals erreichen zu können. Im Gegenteil: Bildern, die durch Filter ‚gejagt' wurden, wirken eher flach und kunstfern. Man sieht ihnen in der Regel an, dass sie von schnell zu errechnenden Effekten bestimmt werden. Ähnliches trifft auf Versuche zu, am Computer Malweisen mit Maus oder Grafiktablett zu imitieren. Vielversprechender sind Möglichkeiten, die außerhalb des Rechners nicht oder nur mit sehr viel Aufwand erzielt werden können. Digitales Arbeiten erlaubt vielfaches Rückgängigmachen. Das Speichern von Zwischenergebnissen ist im Computer problemlos möglich. Keine analoge Realität kann da mithalten. Serielles Arbeiten wird vereinfacht. Es liegt nahe, hier ‚Original und Kopie' zu thematisieren, weil unmittelbare Bezüge auf die Arbeit der Schülerinnen und Schüler Ausgangspunkt der Diskussion sein können. Ausprobieren wird am Rechner einfacher und gefahrloser, aber ohne Reflexion auch belangloser. Manipulationen bezüglich Bildgröße, Farbgebung, Helligkeit, Kontrast etc. sind mit vergleichsweise wenig Aufwand realisierbar.

Die gängige Praxis in der Schule ist darauf ausgerichtet, Computerbenutzung als (immer noch: neue) Kulturtechnik zu vermitteln. Das ist zweifellos wichtig und soll hier nicht denunziert werden. Man darf aber nicht aus den Augen verlieren, dass mindestens im ästhetischen Bereich hiermit nur Grundlagen geschaffen werden. Die eigentliche Arbeit liegt nicht darin, die Funktionen von Photoshop zu erlernen, sondern das Programm im Sinne einer Gestaltungsabsicht einzusetzen – oder es nicht zu benutzen, wenn es dieser Absicht nicht dient. Dazu bedarf es der Auseinandersetzung mit einer Aufgabe, einer Frage, einem Problem. Querdenken ist nötig und die Öffnung von Sinneskanälen, dazu Eigensinn und kritische Reflexion.

4   kunst://computer

Arbeit am Computer ist normaleweise sehr körperfern. In Aktion sind meist nur die Augen und die Hand an der Maus, die zweidimensionale Bewegungen ausführt. Diese werden auf dem Bildschirm zweidimensional und immateriell umgesetzt, sind also doppelt körperlos und wegen der Beschränkung auf das Sehen eher un-sinnlich. Auch hieraus begründet sich eine gewisse Renitenz der Kunstlehrerinnen und -lehrer gegenüber dem Einsatz von Computern für die Kunst. Ängste beziehen sich neben der befürchteten eigenen Unzulänglichkeit darauf, dass im Wortsinn wesentliche Qualitäten des Kunstunterrichts verloren gehen könnten. Dem gegenüber steht der Technikeifer einiger, vornehmlich männlicher Kollegen. Beide Positionen blenden aus, dass der Computer systembedingt unmittelbare, also körperliche Erfahrungen und Produktionsweisen nicht ersetzen kann. Gleichwohl kann mit ihm die Palette dessen, was im Kunstunterricht möglich ist, erheblich erweitert werden. Aus meiner Sicht führt am wohl dosierten, pädagogisch abgewogenen Computereinsatz im Kunstunterricht spätestens ab der Sekundarstufe kein Weg mehr vorbei. Die Frage ist auch nicht, ob sich die Entwicklung aufhalten lässt, sondern wie wir sie im Sinne der Lernenden und der Kunst beeinflussen können.

Henning Freiberg hat erstmals 1995 seine Doppelstrategie formuliert, nach der einerseits medial bedingte Defizite aufgegriffen und ihnen durch sinnliche Erfahrungen und kunstnahe Verfahrensweisen entgegengewirkt werden solle. Andererseits forderte er die Entwicklung von erkenntnisorientierter Medienkompetenz (vgl. Freiberg 1998: 12-17). In der Praxis erscheint eine Verbindung von analogen und digitalen Verfahrensweisen sinnvoll. Dies ist möglich unter verstärkter Nutzung von Schnittstellen zur Eingabe (Scanner, Kamera, Grafiktablett, Tastatur, Maus, Sensoren etc.) und Ausgabe (Drucker, Bildschirm, Beamer, Lautsprecher etc.), auch auf Arten, die vom Hersteller nicht vorgesehen sind. Ein künstlerischer Prozess kann dabei in einem künstlerischen ‚Crossover' den mehrfach alternierenden sequentiellen Einsatz analoger und digitaler Verfahrensweisen umfassen. Ein Anfang ist es, den Computer gewissermaßen vom Thron zu stoßen. Nicht die unantastbare Black Box ist mehr gefragt, sondern das gestaltbare Werkzeug und Medium. Wenn beispielsweise beim Einscannen einer Wand der Deckel des Scanners stört, sollte man ihn entfernen. Experimente mit flüssiger Farbe auf der Scannerscheibe sind möglich – hinderlich ist nur die Vorstellung, das ginge nicht. Wem das zu heikel ist, der kann sein Gerät mit Frischhaltefolie o.ä. schützen. Einige Prinzipien haben sich als hilfreich in der Praxis erwiesen. Je weniger kompliziert der Computer eingesetzt wird, desto einfacher wird es für Schülerinnen und Schüler, sich dem künstlerischen Inhalt zu nähern. Dies kann bedeuten, statt der neuesten Version von Photoshop ein einfacheres Programm einzusetzen, wenn die daraus erwachsenden Beschränkungen unproblematisch sind.

- Je mobiler, desto besser: Selbst der beste Kunstraum ist nicht für alle Verfahrensweisen geeignet. Wenn ein Computer auf der Wiese vor der Schule benötigt wird, geht das am besten mit einem Notebook und einem Scanner, der über USB-Kabel mit Strom versorgt wird. Praktisch, aber teuer und nicht zwingend nötig sind akkubetriebene mobile Drucker.
- Oft genügt ältere Hard-und Software. Längst hat die Leistungsfähigkeit aktueller Computer den Rahmen dessen verlassen, was wirklich benötigt wird. Fünf gebrauchte Rechner, vorzugsweise eines einheitlichen Modells, sind bei lokalen Firmen oder als günstige Leasing-Rückläufer oft einfacher zu beschaffen als drei neue Geräte, die der Schulleiter genehmigen muss. Viele Programme sind günstig oder kostenlos legal aus dem Internet zu beschaffen.[3]

Kunstunterricht sollte wie Kunst mehrere Sinne ansprechen. Das gilt auch und besonders für den Einsatz von Computern. Notebooks mit USB-Scannern können verwendet werden, um Kontaktabzüge der Umwelt herzustellen und zu bearbeiten und diese neu wahrzunehmen. Nadeldrucker lassen sich umbauen, um Texte kinetisch auszugeben. Zur künstlerischen Nutzung des Geräts gehört es, experimentell vorzugehen und Zufallsergebnisse nach ‚falscher' Bedienung

---

[3] Z. Zt. werden Windows 98 SE und Windows 2000 kostenlos an Bildungseinrichtungen abgegeben, wenn damit ältere Rechner ausgerüstet werden (http://www.microsoft.com/education/freshstart/ FsSplash. aspx, 17.01..2011). Zahlreiche Bildbearbeitungsprogramme sind verfügbar, beispielsweise gimp (http://www.gimp.org, 17.01.2011) oder das noch in der Entwicklung befindliche Artweaver (http://www.artweaver.de, 17.01.2011).

kreativ zu wenden. Abgebrochene Scans, ungewollte Fehlfarben oder verwischte Ausdrucke können neue Wege in der Gestaltung eröffnen. Die kreative Wendung von Fehlern im Sinne der eigenen Gestaltungsabsicht und ihrer Weiterentwicklung führt Zufallsprinzipien in die Computernutzung ein. Wenn eine Farbe beim Ausdrucken ausgeht oder der Druckkopf nach Abnutzung mehr Satellitentröpfchen als ‚richtige‘ Bildpunkte produziert, kann das Ausgangspunkt für die weitere Arbeit sein. Im ‚Crossover‘ von analogen und digitalen Verfahren werden die Schnittstellen zwischen beiden Bereichen verstärkt genutzt. Digitale (Zwischen-) Ergebnisse werden auf unterschiedlichsten Materialien ausgedruckt – gerade Tintenstrahldrucker sind oft sehr hilfreich in der Verarbeitung von Folien, dickeren Papieren etc. auch jenseits dessen, was die Hersteller für geeignet halten. Die Ausdrucke werden überarbeitet, wieder eingescannt und digital weiter gestaltet. Die Lernenden werden von der Lehrkraft in der Entwicklung von Wechsel- und Abbruch- sowie Qualitätskriterien unterstützt: Wann bringen mich analoge Möglichkeiten weiter als digitale und umgekehrt? Wann habe ich ein zu konservierendes Zwischenergebnis vor mir, wann ein Endergebnis? Wie erreiche ich eine Gestaltung, bei der das Inhaltliche vor dem Technischen steht? Den Beamer nicht mehr als digitalen Overheadprojektor zu nutzen, sondern als Teil einer multimedialen Installation ist ein weiterer Weg, der neue Möglichkeiten eröffnet.

In der Unterrichtsorganisation hat es sich als erfolgversprechend erwiesen, verschiedene Stationen mit analogen und digitalen Angeboten einzurichten. Ohne Vorgabe von Wechselzeiten wird die Selbst- und Gruppenorganisation angesichts umrissener Arbeitsmöglichkeiten gefördert. Je nach Lerngruppe kann es aber auch sinnvoll sein, zeitliche Vorgaben zu machen und so sicherzustellen, dass die Schülerinnen und Schüler nicht am Computer ‚kleben bleiben‘. Ziel bleibt es letztlich, in der Kunst-Werkstatt möglichst viele Möglichkeiten parallel anzubieten und die Auswahl den Lernenden zu überlassen. Erfahrungsgemäß funktioniert dies nur zufriedenstellend, wenn die Computer in unmittelbarer räumlicher Nähe verfügbar sind und nicht dem ausschließlichen Regiment des IT-Beauftragten der Schule unterstellt sind. Realistisch ist eine Ausstattung des Kunstraumes mit drei bis fünf (gerne auch mehr) Computern, Scannern und einem Farbdrucker. Wünschenswert, aber nicht zwingend, sind bei den beiden letztgenannten Geräten solche, die im Format A3 arbeiten.

Der Einsatz digitaler Medien in der skizzierten Form lässt noch einmal deutlicher als herkömmlicher Kunstunterricht erkennen, dass der 45-Minuten-Takt kunstfeindlich ist, die organisatorisch bedingte räumliche Separierung von Teilaspekten hinderlich und Kunstunterricht im Klassenraum eigentlich unmöglich. Ausgehend von der Kunst sind idealerweise die Gegebenheiten – Raum, Zeit, Werkzeuge – anzupassen, nicht die Menschen. Gerade angesichts schulischer Restriktionen ist es nötig, die Schere im Kopf nicht zu mächtig werden zu lassen. Unterstützung für entsprechende Vorhaben kann aus der ganzen Schulgemeinde kommen. Schülerinnen und Schüler zeigen Interesse, Eltern stellen Forderungen, Lehrerinnen und Lehrer streben einen aktuellen Stand an. Der Wettbewerb mit Nachbarschulen kann geschickt zur Entwicklung neuer Schwerpunkte genutzt werden.

Dabei ist zu verdeutlichen, dass der Computer umfangreiche Möglichkeiten bietet, aber das Bisherige nur ergänzen und erweitern kann. Der Drang von Kindern und Jugendlichen, Medien zu konsumieren, lässt sich erfahrungsgemäß relativ leicht dahingehend erweitern, sie aktiv produzierend zu verwenden und dies dann auch zu reflektieren. Bei Lehrkräften muss oft zuerst die Angst bekämpft werden, sich ohne Vorkenntnisse nicht fortbilden zu können und ständig am technischen Stand der Schülerinnen und Schüler gemessen zu werden, den sie in ihrer Phantasie sowieso nie erreichen können. In der eigenen Erprobung stellen sie dann oft fest, dass sie auf ihre bildbezogenen Kompetenzen zurückgreifen können, ohne die Maschine vollständig beherrschen zu müssen. Darin werden sie unterstützt, wenn Workshops analog zum Unterricht konzipiert werden. Schon durch Beschreibung und Reihenfolge der Schritte wird induziert, den bildnerischen Inhalt vor die Technik zu stellen. Bei der Arbeit beispielsweise am Thema Selbstporträt werden zuerst Vorerfahrungen aktualisiert und mögliche Gestaltungsabsichten formuliert, bevor der Umgang mit Hard- und Software erläutert wird. Meist entwickeln die Kolleginnen und Kollegen Spaß daran, den Computer im dargestellten Sinn ‚gegen den Strich zu bürsten'. Wenn sie dann noch verstehen, dass sie als Bildexpertinnen und -experten einen Vorsprung haben und zunächst ‚nur' auf der technischen Seite Nachholbedarf haben, hebt das die Stimmung weiter. Zusätzlich werden ihre Fähigkeiten angesprochen, pädagogische und kunstdidaktische Entscheidungen zu treffen und sich mit den Ergebnissen der Lernenden auseinanderzusetzen. Strategisch ist es meist geschickter, gegenüber Schulleitungen und anderen Entscheidungsträgern mit den ‚Neuen Medien' zu argumentieren statt mit dem Kunstunterricht. Wenn dann die nötigen Türen geöffnet sind, hindert uns nichts daran, wieder die Kunst in den Mittelpunkt zu stellen.

5 Ausblick

Da in der Lehrerfortbildung die Schulpraxis im Vordergrund steht, bleibt in der bisherigen Umsetzung außen vor, dass sich aus der technischen Entwicklung und insbesondere ihrer Anwendung in der Gegenwartskunst Implikationen für die fachdidaktische Diskussion ergeben, die über das skizzierte Konzept hinausweisen. Das dargestellte Konzept vereint die Vor- und Nachteile praxiserprobter Ideen auf sich. Es ist in der Schule umsetzbar und somit ein wichtiger Baustein für den kunstnahen Einsatz digitaler Medien im Unterricht. Notwendige Fortschreibungen werden die technische Entwicklung reflektieren: SmartBoards sind erste Geräte, die simultan der Ein- und Ausgabe dienen. Navigationssysteme können die körperliche Interaktion erweitern. Die Idee der ‚Wearables‘ als in die Kleidung integrierte Computer wird Ansatzpunkte bieten, wenn sie auf dem Massenmarkt verfügbar ist.

Spannend wird es, Torsten Meyers „Kunstpädagogik im Neuen Medium" auf den Schulalltag zu transferieren. Das von ihm skizzierte „Fach für Schnittstellen" kann weit über bisherige Konzepte hinausweisen. Bis dahin ist die künstlerische Nutzung der digitalen Medien im Kunstunterricht ein guter Anfang.

Zitierte Literatur

Boysen-Stern, Hans-Jürgen / Laute, Günter (Hrsg.) (2003): MuSe-Box. Wiesbaden: Hessisches Landesinstitut für Pädagogik

Freiberg, Henning (1998): Thesen zur Bilderziehung im Fach Kunst. Plädoyer für ein neues Fachverständnis in der Bild-Mediengesellschaft. In: Kirschenmann, Johannes/ Peez, Georg (Hrsg.) (1998): 12-17

Fritzsche, Marc (2001): Ein Medium drängt sich nach vorn. Computer in der Kunst-Werkstatt oder Kunst in der Computer-Werkstatt? In: Kirchner, Constanze / Peez, Georg (Hrsg.) (2001): Werkstatt: 144-159

Hessisches Kultusministerium (2005): Lehrplan Kunst. Gymnasialer Bildungsgang. In: CDROM – Lehrpläne, Ausgabe 2005. Wiesbaden: Hessisches Kultusministerium . Auch unter: http://lernarchiv.bildung.hessen.de/archiv/lehrplaene/gymnasium/kunst/ LPGymKunst.pdf/view_image_or_ file (9.2.06)

Meyer, Torsten (2002): Interfaces, Medien, Bildung. Paradigmen einer pädagogischen Medientheorie. Bielefeld: transcript

Meyer, Torsten (2004): Prioritäre Themen der [Lehrer/-innen-] Bildung und von wo aus sie gedacht werden könnten: Ästhetische Bildung im Neuen Medium. In: Ermert, Karl / Brinkmann, Annette / Lieber, Gabriele (Hrsg.) (2004): 246-257

Wagner, Ernst (1992): „Jeder handhabt die Technik, kaum einer weiß, was für eine Geschichte zu erzählen ist." Grundsätzliche Gedanken zum Computereinsatz im Fach Kunsterziehung. In: Computer + Unterricht 7. 55-59

Weiterführende Literatur

BDK e.V. (2001): Positionspapier „Digitale Medien und Kunstunterricht". In: BDK-Mitteilungen. 3. 42-45

Boysen-Stern, Hans-Jürgen (2004): MuSe Computer. Multisensueller Kunstunterricht unter Einsatz der Computertechnologie. In: Kirschenmann, Johannes / Wenrich, Rainer / Zacharias, Wolfgang (Hrsg.) (2004): 429-435

Ermert, Karl / Brinkmann, Annette / Lieber, Gabriele (Hrsg.) (2004): Ästhetische Erziehung und neue Medien. Zwischenbilanz zum BLK-Programm „Kulturelle Bildung im Medienzeitalter". Wolfenbüttel: Bundesakademie für kulturelle Bildung

Freiberg, Henning (1995): Thesen zur Bilderziehung im Fach Kunst. Plädoyer für ein neues Fachverständnis in der Bild-Mediengesellschaft. Erstmals erschienen in: BDK-Mitteilungen 2. 95. 21-23

Kirchner, Constanze / Peez, Georg (Hrsg.) (2001): Werkstatt: Kunst. Anregungen zu ästhetischen Erfahrungs-und Lernprozessen im Werkstattunterricht. Hannover: BDK

Kirschenmann, Johannes (2001): Irritationsästhetik in der Medienbildung. In: Kunst + Unterricht 257. 38-43

Kirschenmann, Johannes / Peez, Georg (Hrsg.) (2004): Computer im Kunstunterricht. Werkzeuge und Medien. Sekundarstufe. Donauwörth: Auer

Kirschenmann, Johannes / Peez, Georg (Hrsg.) (1998): Chancen und Grenzen der Neuen Medien im Kunstunterricht. Hannover: BDK

Kirschenmann, Johannes / Wenrich, Rainer / Zacharias, Wolfgang (Hrsg.) (2004): Kunstpädagogisches Generationengespräch. Zukunft braucht Herkunft. München: kopaed

Meyer, Torsten (2004): „complication made imaginable". In: Kirschenmann, Johannes / Wenrich, Rainer / Zacharias, Wolfgang (Hrsg.) (2004): 417-421

Pazzini, Karl-Josef (2004): Ästhetisches Lernen im Kontext von Kunst mit Neuen und Alten Medien. In: Ermert, Karl / Brinkmann, Annette / Lieber, Gabriele (Hrsg.): (2004): 20-40

Pazzini, Karl-Josef (1999): Kulturelle Bildung im Medienzeitalter. Bund-Länder-Kommission für Bildungsplanung und Forschungsförderung. 77. Bonn: BLK. Auch unter: http://www.pedocs.de/volltexte/2008/219/pdf/heft77.pdf (17.01.2011)

Peez, Georg / Schacht, Michael (2004): Computereinsatz im Kunstunterricht. Ergebnisse empirischer Bildungsforschung. In: BDK-Mitteilungen. 4. 16-20. Auch unter: http://www.muse-forschung.de/texte/museergeb.htm (17.01.2011)

Peez, Georg / Schacht, Michael (2002): Multimediale Werkstatt. In: Kunst und Unterricht. 260. 17-18. Auch unter: http://www.museforschung.de/texte/medwerk/medwerk.htm (25.8.05)

Peez, Georg / Schacht, Michael: Zusammenfassung des Abschlussberichts innerhalb der wissenschaftlich begleitenden Evaluation des Modellprojekts „Multisensueller Kunstunterricht unter Einbeziehung der Computertechnologie" In: Boysen-Stern, Hans-Jürgen / Laute, Günter (Hrsg.) (2003). Auch unter: http://www.muse-forschung.de/texte/zfg%20muse%20abschlussbericht.pdf (17.1.2011)

Peez, Georg (2005): Evaluation ästhetischer Erfahrungs-und Bildungsprozesse. Beispiele zu ihrer empirischen Erforschung. München: kopaed

Rumpf, Horst (2004): Tagung „Menschenbilder – Menschen bilden" am 19./20.11.04

Zentrum für Kulturforschung (Hrsg.) (2004): Forum Schnittstellen. Neue Medien im Kunstunterricht – eine Analyse der gültigen Bildungspläne 2003. Bonn: Zentrum für Kulturforschung

Autorinnen und Autoren

Dr. Michael Ahlers lehrt und forscht als Akademischer Rat an der Universität Paderborn. Seine Arbeitsschwerpunkte liegen in den Bereichen der Analyse und Didaktik der Populären Musik, der Erforschung digitaler Medien sowie der Kreativitäts- und Improvisationsforschung.
E-Mail: michael.ahlers@uni-paderborn.de

Dr. Carsten Albers vertritt z.Zt. die Didaktik-Professur Literaturen und Kulturen der anglophonen Welt am Englischen Seminar II der Universität zu Köln. Darüber hinaus ist er als Lehrer am Gymnasium St. Michael in Paderborn tätig. Seine Arbeits- und Forschungsschwerpunkte im Bereich der Sprach-, Literatur- und Filmdidaktik des Faches Englisch sind der kreativ-produktionsorientierte Umgang mit Lyrik, der Einsatz von Filmen und Video-Clips im Unterricht sowie multimediale Zugänge zu literarischen Texten. E-Mail: CMAlbers@gmx.de

Dr. Bettina Blanck arbeitet an der Universität Paderborn als Forschungs-redakteurin und Mitherausgeberin der interdisziplinären Diskussionszeitschrift *Erwägen Wissen Ethik* (EWE; http://iug.upb.de/ewe). Ihre Forschungsschwerpunkte sind die theoretische und handlungspraktische Entwicklung des Konzeptes einer Erwägungsorientierung, welches der Zeitschrift zugrunde liegt und auch für Pädagogik und Didaktik relevant ist. E-Mail: ewepad@uni-paderborn.de

Dr. Helmut Felix Friedrich (seit 2006 im Ruhestand) war wisssenschaftlicher Angestellter am Institut für Wissensmedien in Tübingen und hat dort zu den Themen Lernstrategien, selbst gesteuertes Lernen (mit und ohne Medien) sowie Evaluation medienbasierter Lernumgebungen gearbeitet und veröffentlicht.
E-Mail: f.friedrich@iwm-kmrc.de

Marc Fritzsche ist wissenschaftlicher Mitarbeiter am Institut für Kunstpädagogik der Justus-Liebig-Universität Gießen. Zuvor war er als Lehrer im hessischen Schuldienst und als Projektleiter im Lehrerfortbildungsprojekt „MuSe Computer" tätig. Er ist Referent für Internationales beim BDK e.V. Fachverband für Kunstpädagogik. Seine Arbeitsschwerpunkte sind u.a. Kunstpädagogik in/mit digitalen Medien, Gegenwartskunst und die Internationalisierung der deutschen Kunstpädagogik. Web: www.marcfritzsche.de,
E-Mail: marc.fritzsche@kunst.uni-giessen.de

Dr. Silke Grafe ist wissenschaftliche Mitarbeiterin am Institut für Erziehungswissenschaft der Universität Paderborn. Ihre Arbeitsschwerpunkte sind Medienpädagogik in internationaler Perspektive, qualitative und quantitative Medienforschung/Evaluation, medienpädagogische Kompetenz, Medienkompetenz, Standards für die Medienbildung, handlungs- und entwicklungsorientierte Medienerziehung. E-Mail: silke.grafe@upb.de

Dr. Aemilian Hron ist ehemaliger wissenschaftlicher Mitarbeiter am Institut für Wissensmedien in Tübingen. Seine Arbeitsschwerpunkte sind medienbasiertes Lehren und Lernen, Evaluation medienbasierter Lehr-/Lernszenarien sowie Computer Supported Collaborative Learning (CSCL). E-Mail: a.hron@iwm-kmrc.de

Prof. Dr. Bardo Herzig ist Professor für Allgemeine Didaktik und Schulpädagogik unter Berücksichtigung der Medienpädagogik an der Universität Paderborn und Direktor des Paderborner Zentrums für Bildungsforschung und Lehrerbildung (PLAZ). Seine Forschungsschwerpunkte sind Medienkompetenz und medienpädagogische Kompetenz (Modellierung und Messung), videobasierte Unterrichtsforschung, Lehrerbildungsforschung sowie Theorie der Medienbildung. E-Mail: bardo.herzig@upb.de

Dipl.-Inform. Maria Knobelsdorf forscht über biographische Lern- und Bildungsprozesse im Kontext der Computernutzung und verfasst derzeit ihre Dissertation zu diesem Thema. Im Anschluss an ihre Anstellung als wissenschaftliche Mitarbeiterin in der Arbeitsgruppe Informatikdidaktik von Prof. Dr. Carsten Schulte an der Freien Universität Berlin im Zeitraum von 2007 bis 2010 arbeitet sie zur Zeit in der Arbeitsgruppe Informatikdidaktik an der Universität Potsdam. E-Mail: maria.knobelsdorf@fu-berlin.de

Prof. Dr. Johannes Magenheim ist seit 1998 Professor für Didaktik der Informatik an der Universität Paderborn. Seine aktuellen Schwerpunkte in Forschung und Lehre sind neben der Didaktik der Informatik, E-Learning, Knowledge Management und Medienbildung. Er ist in diesen Bereichen an nationalen und internationalen Forschungsprojekten beteiligt, Mitglied einschlägiger Gremien (GI, IFIP u.a.) und Experte der Schweizerischen Akademie der Technischen Wissenschaften. E-Mail: jsm@upb.de

Prof. Dr. Dorothee M. Meister ist Professorin für Medienpädagogik und empirische Medienforschung am Institut für Medienwissenschaft der Universität Paderborn. Ihre Arbeitsschwerpunkte sind qualitative und quantitative Medienforschung/Evaluation, Medienkompetenz, Jugend und Medien, digitale Medien und Weiterbildung sowie Computerspielforschung. E-Mail: dm@upb.de

Prof. Dr. Carsten Schulte ist Professor für Didaktik der Informatik im Fachbereich Mathematik und Informatik an der Freien Universität Berlin. Seine Forschungsinteressen beziehen sich auf das Verstehen von Programmtexten, die didaktische Analyse der Dualität digitaler Artefakte und auf die empirische Untersuchung von Computernutzungserfahrungen und deren Auswirkungen auf informatikbezogenes Lernverhalten. E-Mail: schulte@inf.fu-berlin.de

Thomas Spahn unterrichtet Geschichte und Englisch am Gymnasium Westerstede, hält einen Lehrauftrag an der Carl von Ossietzky Universität Oldenburg und bildet im Auftrag des Goethe-Instituts Lehrer fort. Seine Arbeitsschwerpunkte sind der Einsatz digitaler Medien im Geschichts- und Fremdsprachenunterricht, bilingualer Geschichtsunterricht und Blended Learning in der Lehrerfortbildung. E-Mail: thomas.spahn@uni-oldenburg.de

Dr. rer. nat. Jörn Töpper ist Diplom-Psychologe und arbeitet als wissenschaftlicher Mitarbeiter an der Universität Witten/Herdecke in der Fakultät für Gesundheit, Department für Humanmedizin. Angestellt am Institut für Didaktik und Bildungsforschung im Gesundheitswesen beschäftigt er sich u. a. mit medienpsychologischer Forschung im Bereich computervermittelter Kommunikationskompetenzen und diagnostischen Wissenserwerb; Schwerpunkt dabei ist der Einsatz filmischer Instruktionsmaßnahmen zur personalisierten Wissensvermittlung. E-Mail: joern.toepper@uni-wh.de

Professor Dr. Gerhard Tulodziecki ist emeritierter Universitätsprofessor für Schulpädagogik und Allgemeine Didaktik am Institut für Erziehungswissenschaft in der Fakultät für Kulturwissenschaften der Universität Paderborn. Seine Arbeitsschwerpunkte sind Unterrichtswissenschaft, Medienpädagogik und Lehrerbildung. E-Mail: tulo@uni-paderborn.de

Dr. Wulf Weritz ist Lehrer für Physik, Mathematik, Technik und Pädagogik an der Gesamtschule Paderborn-Elsen. Zwischen 2002 und 2009 war er als abgeordneter Lehrer und Lehrbeauftragter an der Universität Paderborn tätig. Arbeitsschwerpunkte sind neben der Arbeit als Lehrer der oben genannten Fächer die Bereiche allgemeine Didaktik und Medienpädagogik, empirische Unterrichtsforschung und hybride Lernarrangements. E-Mail: wweritz@aol.com

Medienpädagogik